Knaur.

Über den Autor:
Reinhard Marx, geboren 1953, ist Erzbischof von München und Freising.
Davor war er Professor für christliche Sozialethik, Weihbischof in Pader-
born und Bischof von Trier. Als Sozialexperte der Deutschen Bischofs-
konferenz und als Mitglied internationaler Gremien der Katholischen
Kirche hat er sich einen Namen als Kämpfer für Gerechtigkeit und soziale
Verantwortung gemacht.

REINHARD MARX

DAS KAPITAL

EIN PLÄDOYER
FÜR DEN MENSCHEN

unter Mitarbeit von Dr. Arnd Küppers

KNAUR TASCHENBUCH VERLAG

Besuchen Sie uns im Internet:
www.knaur.de

Vollständige Taschenbuchausgabe Juni 2010
Knaur Taschenbuch.
Ein Unternehmen der Droemerschen Verlagsanstalt
Th. Knaur Nachf. GmbH & Co. KG, München
Copyright © 2008 by Pattloch Verlag GmbH & Co. KG, München
Alle Rechte vorbehalten. Das Werk darf – auch teilweise –
nur mit Genehmigung des Verlages wiedergegeben werden.
Redaktion: Inge Broy
Umschlaggestaltung: ZERO Werbeagentur, München
Umschlagabbildung: © www.fotografin-riol.de/
Pressestelle Bischöfliches Ordinariat Trier
Druck und Bindung: GGP Media GmbH, Pößneck
Printed in Germany
ISBN 978-3-426-78360-3

2 4 5 3 1

Inhalt

Anmerkungen zur Zitierweise

Zitate werden direkt im Anschluss an das Zitat belegt mit Autoren- / Herausgebername, ggf. Jahr der Publikation, Seitenangabe.

Die Werke von Karl Marx werden zitiert nach der im (Ost-)Berliner Dietz Verlag seit 1957 herausgegebenen Werkausgabe. Abkürzung: MEW (Karl Marx / Friedrich Engels, Werke).

Päpstliche Enzykliken und andere kirchliche Dokumente werden mit Titel und Ziffer belegt. Beispiel: *Centesimus annus* 44.

Ergänzendes Vorwort
zur Taschenbuchausgabe

Ist die Welt durch die immer noch aktuelle Finanz- und Wirtschaftskrise eine andere geworden? Zuweilen mag man das vermuten, weil zumindest die öffentliche Wahrnehmung dieser globalen Krise sehr stark ist und die Auswirkungen zum Teil erst jetzt in ihrer ganzen Wucht spürbar werden. Viele Medien und Veranstaltungen haben sich schon mit den Ursachen und Auswirkungen dieser weltweiten Krise beschäftigt.

Das Thema ist seitdem zwar mit verschiedenen Schwerpunkten und Akzenten, aber doch beständig auf der medialen, der wirtschaftlichen und der politischen Tagesordnung. Manchmal stehen spezielle Detailfragen zur Klärung an, bei denen die Fachleute mit ihren Kompetenzen gefragt sind. Aber immer wieder geht es in den Diskussionen auch um Wertüberzeugungen, um ethische Prinzipien und um sozialethische Fragen, die von entscheidender Bedeutung für das Gemeinwohl sind.

Und das ist gut, weil wir wirklich eine Grundsatzdebatte über unser Wirtschaftssystem brauchen und deshalb eine Debatte über die ethischen Grundlagen dieses Systems von außerordentlicher Bedeutung ist. Das sind dann keine Themen nur für Spezialisten aus der Finanz- und Wirtschaftsbranche, sondern die Fragen gehen alle an, Arbeitnehmer und Angestellte ebenso wie Arbeitgeber, Lobbyisten und Gewerkschaftsvertreter, Vorstände von börsennotierten Unternehmen und Familienunternehmer, Arbeitslose und Hartz-IV-Empfänger, Politiker in allen Verantwortungsbereichen genauso wie Vertreter der sozialen Einrichtungen und Verbände.

Nach wie vor bin ich fest davon überzeugt, dass sich auch die Katholische Kirche in diesen Fragen vernehmbar zu Wort melden muss. Das war für mich auch der Grund, dieses Buch zu veröffentlichen, das Vorträge und Texte, die aus verschiedenen Anlässen in den letzten zehn Jahren erstellt wurden, in neuer Weise zusammenfasst. Als ich die Arbeiten daran im frühen Herbst 2008 abgeschlossen habe, habe ich die Dimension dieser Krise nicht voraussehen können. Seitdem ist deutlich geworden, dass es nicht um ein paar technische Fehler geht, die gemacht wurden und die leicht zu beheben sind.

Hin und wieder habe ich auch den Eindruck, dass es einfacher sei, wieder zu einem »business as usual« zurückzukehren, ganz so, als ob nichts gewesen sei, und die Krise vorschnell für überwunden zu erklären. Das wird aber nicht weiterführen. Ökonomisch und für die ganze Gesellschaft ist es wichtig, die jetzt anstehenden Probleme sowohl konkret als auch grundsätzlich anzugehen und nachhaltig zu lösen. Es geht schon um sehr grundlegende Fragen, und das System als Ganzes ist auf den Prüfstand gekommen. Gerade diese grundsätzliche Prüfung kann aber dazu beitragen, dass wir die Krise zur Chance wenden können, die zur Neuorientierung beiträgt.

Diese Krise hat noch einmal verdeutlicht, wie eng und vielfältig die weltweiten Beziehungen sind. Die globale Perspektive ist längst fester Bestandteil des alltäglichen Handelns geworden. Und ebenso klar müsste allen Beteiligten sein, dass Globalisierung kein Prozess ist, der sich selbst überlassen werden darf, sondern der gestaltet werden kann und gestaltet werden muss.

Nur weil ein Wirtschaftsbereich stark durch globale Zusammenhänge geprägt ist, kann das ja nicht bedeuten, dass ethische Fragen ausgeklammert werden. Es gibt keine moral-freien Räume, auch nicht im wirtschaftlichen Handeln. Immer geht es auch um Verantwortung und Folgenabschätzung. Wir können auch nicht mehr so tun, als ob wir national begrenzt handeln könnten, ohne dass Entscheidungen Konsequenzen in anderen Ländern der Erde haben.

So hat sich die Finanz- und Wirtschaftskrise bisher schon negativ auf die Erreichung der Milleniumsentwicklungsziele ausgewirkt, so dass sich die Zahl der Armen weltweit nicht verringert hat, sondern sogar erhöht. Wir dürfen aber gerade diese Ziele, auf deren Erreichung die Staatengemeinschaft sich bis 2015 verpflichtet hat, nicht aufs Spiel setzen. Dabei geht es ja nicht um bessere Statistiken und Durchschnittswerte, sondern es geht um Menschen. Es ist national und global vernünftig, nicht das Kapital in den Mittelpunkt zu stellen, sondern den Menschen. Die Wirtschafts- und Finanzkrise hat Menschenleben gekostet, das sollten wir nicht vergessen.

Auch Papst Benedikt XVI. hat in seiner Enzyklika *Caritas in Veritate,* die im Juli 2009 erschienen ist, noch einmal unterstrichen, dass die eine Menschheitsfamilie nur dann tragfähige Institutionen und Strukturen aufbauen kann, die am Weltgemeinwohl orientiert sind, wenn ein gemeinsames ethisches Verständnis möglich ist. Der Heilige Vater fordert auf, die Krise als Chance zu nutzen und eine »neue humanistische Synthese« (*Caritas in veritate* 21) in Gang zu bringen. »Die Krise verpflichtet uns, unseren Weg neu zu planen, uns neue Regeln zu geben und neue Einsatzformen zu finden, auf positive Erfahrungen zuzusteuern und die negativen zu verwerfen. So wird die Krise Anlass zu Unterscheidung und neuer Planung. In dieser eher zuversichtlichen als resignierten Grundhaltung müssen die Schwierigkeiten des gegenwärtigen Augenblicks in Angriff genommen werden« (*Caritas in veritate* 21).

Die Katholische Kirche bringt sich mit ihrer Soziallehre in diese Diskussionen ein. Auf der Grundlage des Evangeliums ergibt sich eine sozialethische Botschaft, die im Geist Jesu nach den Zeichen der Zeit forscht und sich auch nicht scheut, eine normative und kritische Perspektive einzubringen, die allen Menschen guten Willens vermittelbar sein soll. Dazu wollte und will ich auch mit meinem Buch einen Beitrag leisten. Ausgehend von aktuellen Fragestellungen, habe ich in diesem Buch die großen Linien der Katholischen Soziallehre aufgezeigt. Diese Linien haben sich nicht verändert und müssen sich immer wieder neu in den konkreten politischen und gesellschaftlichen Problemlagen bewähren. Deshalb habe ich entschieden, das Manuskript für die Taschenbuchausgabe unverändert zu lassen.

Ich habe mich sehr über die vielen Zuschriften und Einladungen gefreut, die mich seit Erscheinen des Buches erreicht haben. Das hat gezeigt, dass tatsächlich eine Diskussion über die drängenden Fragen verstärkt wurde. Kritik und Zuspruch sind mir gleichermaßen willkommen, weil es wirklich wichtig und auch entscheidend ist, dass wir aus verschiedenen Positionen heraus miteinander im Gespräch bleiben und uns über die Werte verständigen, die unser Leben als Einzelne und als Gemeinschaft prägen. Das ist keine einfache Aufgabe, aber es ist zweifellos lohnend, diese Herausforderung anzunehmen – um des Menschen willen!

München, 5. März 2010

Dr. Reinhard Marx
Erzbischof von München und Freising

Vorwort zur gebundenen Ausgabe

Kirche und Politik – eine spannungsvolle Angelegenheit! Soll ein Bischof sich überhaupt zu Fragen von Wirtschaft und Politik äußern? Ist er dafür kompetent? Hat er dazu einen Auftrag? Dieses Buch antwortet auf diese Fragen mit einem klaren Ja. Die Katholische Kirche hat in der Katholischen Soziallehre eine sozialethische Botschaft, die sich letztlich aus dem Evangelium selbst ergibt. So haben es besonders die Päpste der letzten hundert Jahre gesehen und in ihren Enzykliken und Ansprachen entfaltet.

Dennoch habe ich gezögert, dieses Buch vorzulegen, weil ich doch über grundsätzliche Erwägungen hinaus sehr direkt politische und gesellschaftliche Herausforderungen unserer Zeit aufgreife und damit die Soziallehre der Kirche im Kontext der aktuellen Politik diskutiere. Ich habe dem Drängen des Verlages und seines unermüdlichen Verlagsleiters Bernhard Meuser schließlich nachgegeben, weil ich glaube, dass die großen Linien der Katholischen Soziallehre sich auch in der konkreten politischen Praxis bewähren und weil die großen Herausforderungen, vor denen wir global stehen, ohne Wertüberzeugungen und ethische Prinzipien nicht gelöst werden können. Hier muss die Kirche sich einbringen, auch auf die Gefahr hin, kritisiert zu werden.

Ausgangspunkt der Überlegungen für dieses Buch ist Karl Marx, nicht nur wegen der Namensgleichheit. Der kleine Hinweis aus *Centesimus annus* 26,4 von Johannes Paul II. beschäftigt mich schon viele Jahre. Mit meinen Worten: Die Wende von 1989 beinhaltet nicht nur »die Krise des Marxismus«, sondern auch den Auftrag, nun in einer globalen sozialen Marktwirtschaft die bessere Alternative zur Überwindung von Ungerechtigkeit und Armut zu erarbeiten. Sonst werden die falschen Ideen von Karl Marx und seinen Epigonen erneut Zulauf bekommen. Und das wäre verheerend.

Seit meiner Arbeit im Sozialinstitut Kommende in Dortmund, dann als Professor für Christliche Gesellschaftslehre in Paderborn und schließlich als Bischof habe ich mich auf vielfältige Weise zu sozialethischen Themen geäußert und äußern müssen. Zum Abschluss meiner Lehrtätigkeit habe ich mit meinem Mitarbeiter Helge Wulsdorf ein Lehrbuch zur Christlichen Sozialethik vorlegen können. Manche Artikel, Vorträge, Predigten und Texte sind in den letzten Jahren entstanden. Die Idee, diese vielfältigen Texte und Äußerungen in einer für eine breitere Leserschaft verständlicheren Weise aufzubereiten und zu aktualisieren, hat mich dann doch überzeugt. Die Katholische Soziallehre gehört eben in die allgemeine öffentliche Debatte hinein.

Dieses Buch wäre nicht möglich geworden ohne die intensive Mithilfe von Dr. Arnd Küppers, Assistent am Lehrstuhl für Christliche Gesellschaftslehre der Universität Freiburg. Er hat sich der Mühe unterzogen, die Vielfalt meiner Vorträge, Artikel und Texte zu sichten und nach dem gemeinsam erarbeiteten Konzept etwas aufzubereiten. Ohne ihn gäbe es dieses Buch nicht. Dafür sage ich ausdrücklich Dank, auch für die wunderbare Zusammenarbeit.

Danken möchte ich auch meiner Theologischen Referentin Inge Broy, die die Entstehung dieses Buches intensiv begleitet hat und immer wieder durch Kritik und Ermutigung dabei war. Gerade in der Zeit des Wechsels von Trier nach München war das für mich eine große Hilfe.

Natürlich sei dem Pattloch Verlag herzlich gedankt und vor allem Herrn Bernhard Meuser, der durch seine Hartnäckigkeit mein anfängliches Zögern überwunden hat. Auch ohne ihn gäbe es dieses Buch nicht.

Ich hoffe, dass das Buch Diskussionen – auch kontroverse – hervorruft. Wir brauchen diese Grundsatzdebatte – um des Menschen willen!

München, 21. September 2008

Dr. Reinhard Marx
Erzbischof von München und Freising

Statt einer Einleitung

Marx schreibt an Marx

Sehr geehrter Karl Marx, lieber Namensvetter,

Sie waren zu Ihren Lebzeiten ein entschiedener Atheist und ein kämpferischer Gegner der Kirche. Und deshalb werden es manche Marxisten, die sich als Ihre legitimen Erben wähnen, sicher als eine Art »Majestätsbeleidigung« empfinden, dass ich, ein katholischer Bischof, Ihnen diesen Brief schreibe. Ich tue es trotzdem. Zum einen, weil ich glaube, dass Sie nach Ihrem Tod einsehen mussten, dass Sie sich mit Ihrer Behauptung der Nicht-Existenz Gottes geirrt haben, und dass Sie deshalb gegenüber einem Mann der Kirche inzwischen milder gestimmt sind. Zum anderen, weil ja überliefert ist, dass Sie selbst kurz vor Ihrem Tod einmal gesagt haben: »Ich weiß nur dies: dass ich kein ›Marxist‹ bin« (MEW 22, 69). Dann sollte aber auch, so denke ich, die Meinung einiger kleinlicher Genossen einem fruchtbaren Gespräch zwischen uns beiden nicht im Wege stehen.

Aber dennoch werden Sie sich vielleicht fragen, wieso ich dieses Gespräch mit Ihnen überhaupt aufnehmen möchte. Nun, das hat zunächst einmal mit meiner eigenen Biographie zu tun. Ich habe nämlich nicht nur den gleichen Nachnamen wie Sie, sondern – und das beweist, dass Gott durchaus einen Sinn für hintergründigen Humor hat – ich bin Ende 2001 auch zum Bischof von Trier ernannt worden, jener Stadt also, in der Sie 1818 geboren wurden, in der Sie Ihre Kindheit und Jugend verbracht haben und in der Sie Ihre spätere Frau Jenny kennen und lieben gelernt haben.

Zwar bin ich inzwischen gar nicht mehr in Trier, sondern Erzbischof von München und Freising, aber uns verbindet durchaus noch mehr. Bevor ich Diözesanbischof wurde, habe ich nämlich Christliche Gesellschaftslehre unterrichtet – ein Fach, das von Leuten, die weder mit Ihrem noch mit meinem Denken viel anfangen können, bisweilen als »Herz-Jesu-Marxismus« charakterisiert wird. Diese Leute erkennen ganz richtig, dass die kirchliche Soziallehre ein ganz ähnliches Interesse verfolgt, wie Sie das seinerzeit getan haben: sie möchte soziale Ungerechtigkeiten aufdecken und anprangern, sie möchte den Armen und Ausgebeuteten, denen, die in der Gesellschaft keine Lobby haben, eine Stimme geben und ihnen zu ihrem Recht verhelfen.

Aber wem schreibe ich das ... Sie wissen ja nur zu gut, dass die Kirche bereits im 19. Jahrhundert die Soziale Frage nicht allein Ihnen und der von Ihnen ins Leben gerufenen kommunistischen Bewegung überlassen wollte. Sie waren noch nicht einmal geboren, da haben bereits sozial engagierte Christen wie Franz von Baader (1765–1824) und Adam Heinrich Müller (1779–1829) den im 18. Jahrhundert aufkommenden Kapitalismus scharf kritisiert und auf die Not der in den neuartigen Fabriken schuftenden Arbeiter aufmerksam gemacht.

1848 haben Sie mit Friedrich Engels das *Manifest der Kommunistischen Partei* veröffentlicht. Sie schreiben dort, man könne das kommunistische Programm »in dem einen Ausdruck: Aufhebung des Privateigentums, zusammenfassen« (MEW 4, 475). Im selben Jahr hat der katholische Priester und Abgeordnete des Paulskirchenparlaments Wilhelm Emmanuel von Ketteler in seinen berühmten *Adventspredigten* im Mainzer Dom ebenfalls die damals herrschende Eigentumsauffassung angegriffen, den Egoismus vieler Besitzender und deren Kaltherzigkeit gegenüber der Not der Armen, insbesondere der Arbeiterschaft gegeißelt. Aber anders als Sie wollte Ketteler das Eigentum nicht abschaffen, sondern er betonte schon damals das, was hundert Jahre später in das deutsche Grundgesetz geschrieben wurde: Eigentum verpflichtet. Sein Gebrauch soll zugleich dem Wohle der Allgemeinheit dienen.

Sowohl Ketteler als auch Sie haben sich in den dann folgenden Jahren einen Platz in den Geschichtsbüchern gesichert. Ketteler wurde 1850 auf den Bischofssitz von Mainz berufen. Er ist als »Arbeiterbischof« berühmt geworden, den die Soziale Frage und die Sorge um die Nöte der Industriearbeiterschaft zeitlebens beschäftigt haben. Sie werden sich sicher gut an ihn erinnern, denn seine Findigkeit und Umtriebigkeit sind Ihnen seinerzeit ja gehörig auf die Nerven gegangen. Als Sie 1869 das Rheinland bereisten, haben Sie Friedrich Engels einen Brief geschrieben, in dem Sie sich bitter über das Wirken meines Mitbruders im Bischofsamt beklagt haben: »Bei dieser Tour durch Belgien, Aufenthalt in Aachen und Fahrt den Rhein herauf, habe ich mich überzeugt, dass energisch, speziell in den katholischen Gegenden, gegen die Pfaffen losgegangen werden muss. Ich werde in diesem Sinne durch die Internationale wirken. Die Hunde kokettieren (z. B. Bischof Ketteler in Mainz, die Pfaffen auf dem Düsseldorfer Kongress usw.), wo es passend scheint, mit der Arbeiterfrage« (MEW 32, 371).

Natürlich konnte es Ihnen nicht gefallen, dass sich ein Kirchenmann, sogar ein Bischof, auf die Seite der Arbeiterschaft stellte. Das passte doch gar nicht zu Ihrer schönen Theorie, nach der die Religion »allgemeiner Trost- und Rechtfertigungsgrund« der bürgerlich-kapitalistischen Welt, »das Opium des Volks« ist und nach der die Kirche die »Heiligengestalt der menschlichen Selbstentfremdung« ist (MEW 1, 378 f.). In Ihrer Vorstellung von der damaligen Gesellschaft hätte Ketteler eigentlich die Rolle eines gutmütigen, tumben Büttels der herrschenden Klasse einnehmen müssen, der die Hoffnungslosen auf das Jenseits vertröstet und damit das bürgerlich-kapitalistische System stabilisiert. Das hat Ketteler aber nicht getan. Er hat die Gründung einer christlichen Arbeiterbewegung gefördert. Er hat den Staat aufgefordert, die Arbeiter mit Gesetzen vor Ausbeutung und entwürdigenden Arbeitsbedingungen zu schützen. Und er hat die Arbeiter zur Selbsthilfe ermuntert, hat ihnen geraten, sich zu Gewerkschaften zusammenzuschließen, um gegenüber ihren Fabrikherren mit vereinten Kräften auftreten und so gerechte Lohn- und Arbeitsbedingungen durchsetzen zu können. Vor allem Letzteres war Ihnen zuwider, lief es doch auf ein System hinaus, in dem die Arbeiter sich nicht zusammentun, um Revolution zu machen, sondern um ihre Anliegen gemeinsam mit den Arbeitgebern auszuhandeln.

Damit steht es aus der Sicht des Nachgeborenen nun schon 2 : 0 für meinen Mitbruder. Denn wie schon bei dem Privateigentum, so hat sich auch in dem Konflikt zwischen Arbeit und Kapital im 20. Jahrhundert – zumindest in Deutschland und anderen Industrieländern – nicht Ihr Vorschlag eines radikalen Umsturzes, sondern Ketelers Idee eines staatlichen Arbeits- und Sozialrechts und gewerkschaftlicher Selbsthilfe der Arbeiterschaft durchgesetzt. Einer der wohl bedeutendsten lebenden deutschen Philosophen, Jürgen Habermas, der übrigens viele seiner eigenen Gedanken in Auseinandersetzung mit Ihrem Werk entwickelt hat, hat das einmal so ausgedrückt: »Die rechtliche Institutionalisierung der Tarifautonomie ist zur Grundlage einer reformistischen Politik geworden, die eine sozialstaatliche Pazifizierung des Klassenkonflikts herbeigeführt hat« (Habermas 1981, Bd. 2, 510). Speziell in Deutschland hat sich im Zuge dieses Prozesses die Soziale Marktwirtschaft herausgebildet. Orthodoxe Marxisten, die unverdrossen Ihren Ideen anhängen, tun sich mit einer plausiblen Erklärung dieser Entwicklung in den kapitalistischen Ländern noch heute schwer.

Ich weiß nicht, ob Sie mit der Sünde der Eitelkeit zu kämpfen haben. Wenn ja, sind Sie vielleicht geneigt nun einzuwenden, dass mein historischer Rückblick nur auf Westeuropa und Nordamerika zutrifft, während vor allem in Osteuropa zumindest zwischenzeitlich Ihre kommunistischen »Jünger« den Lauf der Geschichte bestimmt haben. Aber offen gestanden hege ich große Zweifel daran, dass Sie ernsthaft erwägen, zu so umstrittenen und fragwürdigen Personen wie Lenin oder Stalin argumentativ Zuflucht zu nehmen. Außerdem wissen Sie sehr gut, dass nach Ihrer Geschichtsphilosophie in Russland gar keine Revolution hätte stattfinden dürfen. Der Kapitalismus ist ja nach Ihrer Auffassung ein notwendiges Stadium der Geschichte, durch das die Industriegesellschaft gehen muss, bevor die Akkumulation des Kapitals und die Entfremdung der Arbeiterschaft in dem Punkt kulminieren, an dem die Entwicklung in die kommunistische Revolution umschlägt. Das Zarenreich aber war weder industrialisiert noch bürgerlich-kapitalistisch, sondern ein feudalistisch strukturierter Agrarstaat, als die Bolschewisten unter Berufung auf Sie und Ihre Ideen einen kommunistischen Staat errichteten. Insofern war die russische Revolution eher ein Argument gegen als für Ihre Theorien.

Und dort, wo nach Ihrer Prognose die Revolution hätte zuerst stattfinden sollen – in England –, wartet man noch heute vergeblich auf die Erstürmung Westminsters durch das Proletariat. Zwar ist der derzeitige britische Regierungschef Vorsitzender einer nominell sozialistischen Arbeiterpartei, aber das ist doch eher ein Etikettenschwindel.

Wie dem auch sei, ich schreibe Ihnen heute keineswegs, weil es mir eine zweifelhafte Freude bereiten würde, Ihnen zu sagen, dass Sie von der Geschichte Unrecht bekommen haben und Ketteler als einer meiner geistigen und geistlichen

Vorfahren Recht bekommen hat. Ein solches »Nachtreten« entspräche nicht meinem Charakter.

Ich schreibe Ihnen ganz im Gegenteil, weil mir in letzter Zeit die Frage keine Ruhe lässt, ob es am Ende des 20. Jahrhunderts, als der »kapitalistische Westen« im Kampf der Systeme den Sieg über den »kommunistischen Osten« errungen hatte, nicht doch zu früh war, endgültig den Stab über Sie und Ihre ökonomischen Theorien zu brechen. Es sah zwar in der Tat in der zweiten Hälfte des letzten Jahrhunderts ganz so aus, als ob Sie sich geirrt hätten. Die durch das Tarifsystem, die Arbeitnehmermitbestimmung und das ganze Sozial- und Arbeitsrecht zu einer Erwerbsbürgergesellschaft gewandelte kapitalistische Industriegesellschaft hatte die Arbeiter von ausgebeuteten Opfern des marktwirtschaftlichen Systems zu Teilhabern an dessen Erfolgen gemacht. Wohlstand für alle schien möglich. Unter diesen Verhältnissen hatte sich, um noch einmal Habermas zu zitieren, »der designierte Träger einer künftigen sozialistischen Revolution, das Proletariat, *als* Proletariat aufgelöst« (Habermas 1971, 229).

Inzwischen werden wir aber darüber belehrt, dass diese integrierte Erwerbsbürgergesellschaft des 20. Jahrhunderts der historische Ausnahmefall gewesen sei, von dem wir Abschied nehmen müssten. Und das sagen uns nicht etwa die Ihnen und Ihren Theorien verbliebenen Anhänger, sondern das sagen uns manche Wirtschaftsexperten und Politiker. Deren Botschaft lautet: Die heimeligen Zeiten des nationalen Wohlfahrtsstaates sind angesichts der wirtschaftlichen Globalisierung zu Ende und kommen auch niemals wieder. Auf dem neuen, weltweiten Markt gehe das Kapital in die Länder, in denen es sich am freiesten entfalten könne und in denen es der Staat zur Finanzierung seiner Aufgaben am wenigsten belaste und in Anspruch nehme. Insofern stünden auch die Länder in einer internationalen Wettbewerbssituation und müssten ihre Standorte attraktiv für Investoren machen. Im Zuge dieses Standortwettbewerbs ist weltweit zu beobachten, dass die Steuern auf Unternehmenserträge und Privateinkünfte gesenkt werden, während die von allen Bürgern zu zahlenden Verbrauchssteuern und die kommunalen Abgaben steigen. Dass diese Entwicklung vor allem zu Lasten der Ärmeren geht, ist wohl unbestreitbar.

Unattraktiv für die internationale Investorengemeinschaft soll vor allem vieles von dem sein, was den Arbeitnehmern in den hochentwickelten Ländern in den letzten Jahrzehnten lieb und teuer geworden ist: Tariflöhne, ein hoher arbeitsrechtlicher Schutzstandard, Mitbestimmung und ein starker Sozialstaat. Die Devise ist deshalb: Sozialabbau und Deregulierung. Die Gewerkschaften laufen Sturm gegen diese Entwicklung, scheinen aber zunehmend machtlos. Sie können sich in der globalisierten Wirtschaft nämlich nicht mehr darauf beschränken, in nationalen Arbeitskämpfen die Arbeitnehmerinteressen gegenüber den Kapitalinteressen zur Geltung zu bringen, sondern sie müssen auch versuchen, das Kapital zu hindern, das zu tun, was Arbeitnehmer in der Regel nicht so leicht können: das Land zu verlassen. Zähneknirschend stimmen sie deshalb immer häufiger sogenannten »Bündnissen für Arbeit« zu, bei denen Arbeitnehmer für den gleichen, manchmal auch einen geringeren Lohn länger und flexibler arbeiten, um drohende Standortverlagerungen ihrer Betriebe zu verhindern.

Die beschleunigten Möglichkeiten des weltweiten Austauschs von Informationen, Gütern und auch vielen Dienstleistungen haben in dem alten Konflikt zwischen Arbeit und Kapital die Gewichte eindeutig zu Gunsten des Kapitals verschoben. Ein zeitgenössischer Soziologe, Manuel Castells, spricht von der modernen »Netzwerkgesellschaft«, in der die Formel gilt: »Kapital ist im Kern global. Arbeit ist in der Regel lokal.« Damit vergrößern sich die Möglichkeiten der Investoren, Spekulanten und Finanzjongleure, während diejenigen, die zum Erwerb auf ihrer Hände Arbeit angewiesen sind, ins Hintertreffen geraten. »Unter den Bedingungen der Netzwerkgesellschaft ist das Kapital global koordiniert, die Arbeit ist individualisiert. Der Kampf zwischen unterschiedlichen Kapitalisten und diversen Arbeiterklassen ist unter den fundamentalen Gegensatz zwischen der nackten Logik der Kapitalströme und den kulturellen Werten der menschlichen Erfahrung subsumiert worden« (Castells 2001, 533 f.).

Die »Modernisierer«, die die alten Wohlstandsgesellschaften, die hochentwickelten Länder der westlichen Hemisphäre, auf »Globalisierungskurs« bringen wollen, klingen eigentlich überall gleich: Wenn wir uns nicht grundlegend änderten, würden wir die Herausforderungen der neuen Zeit nicht bestehen. Es sei zum Überleben unserer Gemeinwesen zwingend notwendig, endlich einige schmerzliche Wahrheiten zur Kenntnis zu nehmen. Zunächst einmal sollen wir Abschied nehmen von dem alten Ideal einer nivellierten Mittelstandsgesellschaft, in der es keine sozialen Klassen mehr gibt. Die Unterschiede zwischen Arm und Reich würden infolge der Globalisierung und der notwendigen politischen Anpassungsmaßnahmen auch in Europa und Nordamerika in Zukunft wieder zunehmen. Insbesondere die Arbeitnehmer müssten sich auf Einschnitte gefasst machen, denn die Löhne in den hochentwickelten Ländern seien viel zu hoch, um mit den in Entwicklungsländern gezahlten konkurrieren zu können. Wenn die Arbeitnehmer nicht bereit seien, sich von ihrem »Anspruchsdenken« zu verabschieden, seien die Unternehmen gezwungen, in Billiglohnländer abzuwandern und dort zu produzieren.

Aber damit nicht genug: Aufgrund der globalen Konkurrenz der Standorte und des damit einhergehenden Verdrängungswettbewerbs sollen sich die Arbeitnehmer außerdem darauf einstellen, dass immer weniger von ihnen lebenslang ihren Arbeitsplatz werden behalten können. Deswegen sollen sie ihr ganzes Leben lang lernen, um die immer wieder neuen Anforderungen des Marktes erfüllen zu können. Denn wer heute nur über »unterentwickelte« Fähigkeiten verfüge, so belehrt man uns, der werde auch nur noch einen Lohn bekommen können, wie er in den unterentwickelten Regionen dieser Welt gezahlt werde – oder er werde gar keine Arbeit bekommen.

Trotz geringerer Löhne sollen sich die Arbeitnehmer aber darauf einstellen, dass der Staat und die Sozialversicherungen ihnen künftig keinen umfassenden Schutz mehr vor den Wechselfällen des Lebens garantieren können. Deshalb sollen sie mehr Eigenvorsorge betreiben – für das Alter oder für den Fall von Krankheit und Pflegebedürftigkeit. Weltweit bemühen sich Regierungen, in ihrem Wahlvolk Mehrheiten für einen entsprechenden Umbau der nationalen Sozialsysteme zu gewinnen.

Es ist daher inzwischen so weit gekommen, dass das an sich ja positiv besetzte Wort der »Reform« keine zuversichtlichen Energien in den Köpfen und Herzen der Menschen mehr hervorruft, sondern eher Ängste und Befürchtungen. Der Gedanke des Fortschritts, der sich mit Reformprogrammen verbindet, ist der Vorstellung einer notwendigen Anpassung an globale Herausforderungen gewichen – Anpassungen, die in der Regel Einschränkungen und finanzielle Einbußen bedeuten.

Mich als Bischof in der weltumspannenden katholischen Kirche würde es freilich ein wenig beruhigen, wenn ich feststellen würde, dass mit den Herausforderungen für die Menschen in den wohlhabenden Ländern dieser Welt zugleich die Chancen derjenigen in den armen, bisher benachteiligten Regionen steigen würden. Das ist aber leider nicht so. Das Wohlstandsgefälle zwischen armen und reichen Ländern nimmt vielmehr zu; weltweit steigt die relative Armut an. Es zeichnet sich immer deutlicher ab, dass sich im Zuge der weltwirtschaftlichen Entwicklung zwei voneinander grundlegend verschiedene Gruppen von Ländern herausgebildet haben: einerseits Länder, die von der Entwicklung profitieren, andererseits Länder, die den Anschluss verpasst haben und weiter zurückfallen. Aber auch in den Ländern selbst – gerade auch in den sogenannten Schwellenländern – verstärken sich die Unterschiede zwischen Arm und Reich.

Die wirtschaftliche Globalisierung wird dabei im merkantilen Verständnis vorangetrieben. Die Stoßrichtung geht von den reichen Ländern aus in die ärmeren Länder, denen dann nahe gelegt wird, sich nicht abdrängen oder ausgrenzen zu lassen. Das geschieht freilich nicht nur durch gutes Zureden. Der Internationale Währungsfonds (IWF), die Weltbank und die Welthandelsorganisation üben auf Entwicklungsländer einen erheblichen Druck aus, damit diese ihre Kapital- und Gütermärkte öffnen. In einigen auf Kredite dieser Institutionen angewiesenen Ländern haben IWF und Weltbank die grundsätzliche Gestaltung der Wirtschafts- und Sozialpolitik nahezu vollständig an sich gezogen – nicht selten zur Freude ausländischer Spekulanten und zum Schrecken der einheimischen Bevölkerung.

Ich habe überrascht festgestellt, dass Sie, Herr Marx, bereits vor 150 Jahren vorhergesagt haben, uns stehe »die Verschlingung aller Völker in das Netz des Weltmarkts und damit der internationale Charakter des kapitalistischen Regimes« bevor (MEW 23, 790). Schon im *Manifest der Kommunistischen Partei* haben Sie geschrieben: »Die Bourgeoisie hat durch die Exploitation des Weltmarkts die Produktion und Konsumtion aller Länder kosmopolitisch gestaltet. Sie hat zum großen Bedauern der Reaktionäre den nationalen Boden der Industrie unter den Füßen weggezogen. Die uralten nationalen Industrien sind vernichtet worden und werden noch täglich vernichtet. Sie werden verdrängt durch neue Industrien, deren Einführung eine Lebensfrage für alle zivilisierten Nationen wird, durch Industrien, die nicht mehr einheimische Rohstoffe, sondern den entlegensten Zonen angehörige Rohstoffe verarbeiten und deren Fabrikate nicht nur im Lande selbst, sondern in allen Weltteilen zugleich verbraucht werden. An die Stelle der alten, durch Landeserzeugnisse befriedigten Bedürfnisse treten neue, welche die Produkte der entferntesten Länder und Klimate zu ihrer Befriedigung erheischen. An die Stelle der alten lokalen und nationalen Selbstgenügsamkeit und Abgeschlossenheit tritt ein allseitiger Verkehr, eine allseitige Abhängigkeit der Nationen voneinander.«

Und man könnte meinen, man lese eine Kritik an der Politik unserer heutigen internationalen Handels- und Finanzorganisationen, wenn es weiter heißt: »Die Bourgeoisie reißt durch die rasche Verbesserung aller Produktionsinstrumente, durch die unendlich erleichterte Kommunikation alle, auch die barbarischsten Nationen in die Zivilisation. […] Sie zwingt alle Nationen, die Produktionsweise der Bourgeoisie sich anzueignen, wenn sie nicht zugrunde gehen wollen; sie zwingt sie, die sogenannte Zivilisation bei sich selbst einzuführen, d. h. Bourgeois zu werden. Mit einem Wort, sie schafft sich eine Welt nach ihrem eigenen Bilde« (MEW 4, 466).

Betrachtet man die heutige weltwirtschaftliche Entwicklung, scheinen Sie mit Ihrer Auffassung Recht gehabt zu haben, dass das Kapital stetig nach seiner Vermehrung strebt, dass es in diesem Streben im wahrsten Sinne des Wortes grenzenlos ist und dass die Tendenz zur ökonomischen Globalisierung insofern dem Kapitalismus tatsächlich immanent ist.

Und Sie scheinen ferner mit der Prognose Recht gehabt zu haben, dass von dieser Entwicklung vor allem der Kapitalist profitiert, in dessen Händen sich immer mehr Kapital anhäuft. Denn es kann kaum bestritten werden, dass bisher relativ wenige Menschen mit günstigen Ausgangspositionen von dem Globalisierungsprozess profitieren, geschweige denn ihn aktiv mitgestalten können. Im Mai 2003 äußerte sich Papst Johannes Paul II. in einer Ansprache vor Sozialwissenschaftlern dazu in drastischen Worten: »Es ist bestürzend, eine Globalisierung zu sehen, die die Lebensbedingungen der Armen immer schwieriger macht, die nichts beiträgt, um Hunger, Armut und soziale Ungleichheit zu heilen, und die die Umwelt mit den Füßen tritt. Diese Aspekte der Globalisierung können zu extremen Gegenreaktionen führen: zu Nationalismus, zu religiösem Fanatismus, sogar zum Terrorismus.« Es ist unübersehbar, dass es derzeit vor allem in den Industrieländern des Nordens und in einigen Schwellenländern Gewinner der Globalisierung gibt, während sich die Armutssituationen in weniger entwickelten Ländern vielfach vertiefen. Das Gefälle zwischen Reich und Arm steigt in armen wie in reichen Ländern.

Weltweit leben heute eine Milliarde Menschen in extremer Armut; sie müssen mit weniger als einem Dollar am Tag auskommen, was heißt, dass ihr Überleben unmittelbar bedroht ist. Setzt man die absolute Armutsgrenze bei einem Einkommen von weniger als zwei Dollar pro Kopf und Tag an, so schätzt man die Zahl derer, die ihr Leben unter dieser Grenze bestreiten müssen, auf über 2,5 Milliarden. Dieser dramatischen Armut so vieler Menschen steht ein ebenso dramatischer Reichtum einiger weniger gegenüber. Mehr als die Hälfte des weltweiten Vermögens ist in der Hand von nur zwei Prozent der Menschheit; das reichste Prozent der Weltbevölkerung verfügt alleine über 40 Prozent des Weltvermögens. Auf die ganze ärmere Hälfte der Menschheit verteilt sich dagegen lediglich ein einziges kümmerliches Prozent des Weltvermögens (Davies u. a. 2006).

Aber Sie scheinen nicht nur mit Ihrer Theorie von der fortschreitenden Akkumulation und Konzentration des Kapitals Recht gehabt zu haben, sondern auch mit Ihrer These von der Zentralisation des Kapitals, also der »Expropriation von Kapitalist durch Kapitalist, Verwandlung vieler kleineren in weniger größere Kapitale. [...] Das Kapital schwillt hier in einer Hand zu großen Massen, weil es dort in vielen Händen verlorengeht« (MEW 23, 654). Im globalen Wettbewerb können sich kleinere und mittlere Betriebe tatsächlich immer schwerer gegen die Konkurrenz der Großen, insbesondere der »Global Player« behaupten. Um das festzustellen, reicht schon ein Blick in die Innenbezirke europäischer oder nordamerikanischer Städte, in denen es immer weniger kleine Händler und Fachgeschäfte gibt. Sie werden verdrängt von der Konkurrenz der großen Handelsketten und Discounter. Von dieser Krise des Einzelhandels sind inzwischen auch die großen Kaufhausketten ergriffen worden. Nicht wenige Bürgermeister fürchten angesichts dieser Entwicklung eine zunehmende Verödung der Innenstädte.

Ebenso wie viele Fachgeschäfte gehen immer mehr mittelständische Unternehmen unter dem Globalisierungsdruck in die Knie. Von ehedem 68 deutschen Rundfunk- und Fernsehgeräte-Herstellern gibt es heute noch ganze zwei als selbständige Unternehmen. Die übrigen 66 sind in größeren Unternehmen aufgegangen, vom Markt verschwunden oder existieren nur noch als Markenzeichen, das nunmehr auf Geräten ausländischer, oft asiatischer Hersteller bei einigen Kunden die Illusion von »Made in Germany« aufrechterhält.[1] Selbst ein großes Traditionsunternehmen wie Grundig mit einst fast 40 000 Beschäftigten musste 2003 Insolvenz anmelden. Mit der Billigkonkurrenz aus Asien konnte das Unternehmen nicht mehr mithalten. Und so wurde es von einem Symbol des deutschen Wirtschaftswunders zu einem Menetekel für den Wirtschaftsstandort Deutschland.

Was für die Tendenz bei den Betrieben und Unterneh-

---

1 Vgl. Der Spiegel 19/2005, 73.

men gilt, ist auch bei dem Einkommen der Einzelnen zu beobachten: Die Schere geht auseinander – vor allem in den USA, dem kapitalistischen »Musterland«, das in Europa als Vorbild angepriesen wird. Dort ist es tatsächlich zu beobachten: Die Reichen werden immer reicher, die Armen werden immer ärmer, und die ehemals breite, sozial abgesicherte Mittelschicht gerät unter Druck. Von 1973 bis 1994, so rechnet der amerikanische Ökonom Lester C. Thurow vor, ist das reale Bruttoinlandsprodukt der USA um 33 Prozent pro Einwohner gestiegen. Der durchschnittliche Wochenlohn für Arbeiter und Angestellte in nicht leitender Funktion fiel im gleichen Zeitraum jedoch um 19 Prozent. 1994 waren die amerikanischen Löhne für diese Arbeitnehmergruppe wieder auf demselben Stand wie Ende der fünfziger Jahre. Das erklärt die erschreckende Zunahme der Zahl der »working poor« in den Vereinigten Staaten, also derjenigen Menschen, die trotz Vollzeitbeschäftigung unterhalb der Armutsgrenze leben.

Im gleichen Zeitraum hat sich das Einkommen der Spitzenverdiener jedoch vervielfacht. Verdiente ein amerikanischer Manager Anfang der siebziger Jahre im Durchschnitt ungefähr das Fünfundzwanzigfache von einem Industriearbeiter, so war es knapp 30 Jahre später bereits das Fünfhundertfache. In den achtziger Jahren setzte eine ähnliche Entwicklung in Großbritannien ein.

In den kontinentaleuropäischen Ländern, in denen sich starke Gewerkschaften gegen die Durchsetzung von Lohnkürzungen stemmen und hohe arbeits- bzw. sozialrechtliche Schutzstandards Entlassungen schwierig und teuer machen, stellten die Unternehmen hingegen immer weniger Mitarbeiter ein. So entwickelte sich parallel zu der angelsächsischen Tendenz der Reallohnverluste in Westeuropa das Phänomen einer strukturell verfestigten Massenarbeitslosigkeit.

Eine wahrhafte Zentralisation des Kapitals aber findet in

den Händen der Reichsten der Reichen statt. Laut dem US-Wirtschaftsmagazin Forbes gibt es im Jahr 2008 weltweit 1125 Milliardäre. Sie besitzen zusammen rund 4400 Milliarden Dollar (2760 Milliarden Euro). Zum Vergleich: Das Bruttoinlandsprodukt Deutschlands beträgt rund 2400 Milliarden Euro. Die Zahl dieser »Superreichen« steigt von Jahr zu Jahr. 2007 gab es weltweit 946 Milliardäre, 2006 793, und Mitte der achtziger Jahre des letzten Jahrhunderts waren es erst 140. Ich will mit diesen Zahlen keinen Neid schüren. Und ich will erst Recht nicht behaupten, dass ein Reicher ein schlechter Mensch wäre, bloß weil er reich ist.

Es geht mir an dieser Stelle überhaupt nicht darum, das Leben und Handeln Einzelner moralisch zu beurteilen. Ich möchte vielmehr eine weltwirtschaftliche Entwicklung skizzieren, in der ich beunruhigend viel von dem erkenne, worüber Sie, Herr Marx, geschrieben haben.

Ist es also an der Zeit, bei Ihnen Abbitte zu leisten? Ist der Traum vom Wohlstand für alle in einer marktwirtschaftlichen Ordnung ausgeträumt? Ist der Kapitalismus eine Episode der Geschichte, die zwar länger dauert, als Sie im 19. Jahrhundert vermutet haben, die aber doch irgendwann zu Ende gehen wird, weil das kapitalistische System an seinen inneren Widersprüchen zugrunde gehen wird?

Dass es solche inneren Widersprüche gibt, kann kaum bestritten werden. Der heutige Bundespräsident Horst Köhler hat in seiner Zeit als Chef des Internationalen Währungsfonds einmal festgestellt: »Die extremen Ungleichgewichte in der Verteilung der Wohlfahrtsgewinne werden mehr und mehr zu einer Bedrohung der politischen und sozialen Stabilität.« Dieser Satz dürfte auch für die eifrigen Kapitalisten unverdächtig sein.

In der Tat stellt sich die Frage, wie unsere freiheitlichen Gesellschaften der westlichen Hemisphäre überleben wollen, wenn sie einerseits die Demokratie, also politische Gleichheit für alle propagieren, sich aber andererseits eine Wirtschaftsstruktur leisten, in der die Ungleichheiten in der Verteilung der materiellen Güter und damit auch der Lebenschancen immer weiter zunehmen. Sie, Herr Marx, haben davon gesprochen, dass die bürgerlich-kapitalistische Gesellschaft eine bloß formelle Freiheit garantiert, die reelle Freiheit der Menschen aber sträflich missachtet. Und Sie haben vorhergesagt, dass die Menschen sich das, was ihnen verweigert wird, irgendwann nehmen werden.

Noch ist es freilich nicht so weit; die von Ihnen prophezeite Revolution des Proletariats lässt weiter auf sich warten. Aber der Kapitalismus steht in unseren Tagen erkennbar unter Rechtfertigungsdruck, vielleicht so sehr unter Rechtfertigungsdruck wie in den letzten hundert Jahren nicht mehr. Das ist noch nicht einmal 20 Jahre nach dem Sieg über den großen ideologischen Gegenspieler, den Sowjetkommunismus, mehr als erstaunlich.

Die Anti-Globalisierungsbewegung ist zu einer weltumspannenden politischen Größe geworden, die Menschen ganz unterschiedlicher geographischer und sozialer Herkunft in dem Widerstand gegen das internationale kapitalistische Regime vereint. Gewerkschafter und Intellektuelle, Sozialisten und Christen, Jugendliche und Rentner, Studenten und Landarbeiter protestieren Seite an Seite.

Und nicht nur an der Basis tut sich etwas, sondern auch an der Spitze mancher Staaten. Südamerika etwa erlebt einen in der Geschichte noch nicht da gewesenen Linksruck. Der venezolanische Präsident Hugo Chávez führt sich gelegentlich auf wie ein »linker Messias« Lateinamerikas und probt mit seinem »bolivarischen Sozialismus« den Aufstand gegen das internationale Wirtschaftssystem und die auf dem Kontinent einst allmächtigen Vereinigten Staaten. Er hat die Ölindustrie Venezuelas weitgehend verstaatlicht, amerikanische und europäische Konzerne teilweise enteignet und aus dem

Land vertrieben, er duldet Landbesetzungen auf dem Grund und Boden ausländischer Unternehmen, droht mit der Verstaatlichung des Bankensektors und dem Austritt aus IWF und Weltbank.

Auch die meisten anderen lateinamerikanischen Länder haben inzwischen mehr oder weniger linke Regierungen. In ihrer Mehrzahl halten diese zwar gebührenden Abstand zu Chávez und seinem Programm; sie proben keine sozialistische »Revolution von oben«. Aber sie haben auch zu den USA ein distanziertes Verhältnis. Nach Jahrzehnten enger wirtschaftlicher Zusammenarbeit bringen heute viele Südamerikaner dem großen Nachbarn aus dem Norden Misstrauen, nicht selten offene Feindseligkeit entgegen. Sie sehen in den USA den Hauptakteur eines kapitalistischen »Neoimperialismus«. Die Vereinigten Staaten ihrerseits blicken verständlicherweise mit Sorge auf diese Entwicklungen in ihrer für sie so wichtigen Nachbarschaft.

Aber nicht nur in vielen Entwicklungs- und Schwellenländern nimmt die Zahl derer zu, die sich partout dem verweigern, was die Globalisierung ihnen angeblich abverlangt. Auch in den alten Industrienationen wehren die Menschen sich zunehmend. Zahlreiche Regierungen, die einen allzu großen Eifer dabei an den Tag gelegt haben, durch Reformen in der Wirtschafts- und Sozialpolitik ihre Länder auf Globalisierungskurs zu bringen, sind abgewählt worden.

Manche Entwicklung in den letzten Jahren und Monaten hat ein Übriges getan, um die Ängste der Menschen vor der Globalisierung zu schüren und ihr Vertrauen in die Marktwirtschaft zu erschüttern. Unternehmen streichen Milliardengewinne ein und bauen gleichzeitig Arbeitsplätze ab. Manager verdienen Millionen und kritisieren gleichzeitig das »Besitzstandsdenken« der Arbeitnehmer. Und die internationale Finanzmarktkrise zeigt, wie stark schon heute anonymes Kapital unser Schicksal bestimmt. Banken und Fonds verspekulieren Milliarden, die Zeche zahlen andere: Nachdem man sich jahrelang jede Einmischung des Staates in den Markt verbeten hat, muss der Steuerzahler nun für die Spekulationsverluste der Banken einstehen. Mehr als neun Milliarden Euro haben die staatseigene Kreditanstalt für Wiederaufbau (KfW) und die Bundesregierung zur Rettung der Düsseldorfer Privatbank IKB ausgegeben. Die Frankfurter Allgemeine Zeitung hat vorgerechnet, dass damit jeder deutsche Steuerzahler rund 125 Euro unfreiwillig für eine Bank bezahlt hat, die anschließend ein amerikanischer Finanzinvestor von nahezu allen Risiken befreit praktisch geschenkt bekommen hat.[2]

Und das ist ja kein deutscher Sonderfall. In Großbritannien hat die Regierung die Hypothekenbank Northern Rock mit hohem finanziellem Aufwand vor dem Kollaps gerettet. Und die US-Regierung bewahrte zunächst die Investmentbank Bear Stearns vor dem Untergang, indem sie Risiken der Privatbank bis zu einer Höhe von 30 Milliarden Dollar auf die amerikanische Notenbank übertrug; und dann wurden die beiden größten Baufinanzierer der USA, Fannie Mae und Freddie Mac, in staatliche Obhut genommen, was die amerikanischen Steuerzahler ebenfalls noch viele Milliarden kosten wird. Und dem Versicherungsriesen American International Group AIG kam die US-Regierung gar mit einem Kredit von bis zu 85 Milliarden Dollar (60 Milliarden Euro) zu Hilfe.

Das sind alles private Unternehmen, deren sehr gut bezahlte Manager über Jahre hinweg immer undurchschaubarere, waghalsigere Geschäfte gemacht haben und die mit ihren Finanzprodukten die Gier ihrer Kunden angestachelt haben. Diese Leute wussten durchaus, dass sie dabei hohe Risiken eingehen. Aber das waren ja nicht ihre Risiken, son-

---

2 Vgl. Frankfurter Allgemeine Zeitung v. 22.8.2008.

dern die Risiken ihrer Kunden und ihrer Unternehmen. Und weil die moderne Wirtschaft ja durch und durch vernetzt ist und weil der Finanzmarkt in gewisser Weise so etwas wie das Herz des ganzen Systems ist, muss nun die ganze Gesellschaft, müssen Bürgerinnen und Bürger, die mit diesen durchaus fragwürdigen Geschäften überhaupt nichts zu tun haben, für die Verluste mit ihren Steuergeldern einstehen. Die Gewinne werden privatisiert, die Verluste werden sozialisiert. Wenn das die Devise ist, dann darf man sich nicht wundern, dass laut einer Studie der Bertelsmann Stiftung 60 Jahre nach Einführung der Sozialen Marktwirtschaft 73 Prozent der Deutschen die wirtschaftlichen Verhältnisse hierzulande für ungerecht halten.

Wird der Lauf der Geschichte Ihnen am Ende also doch Recht geben, Herr Dr. Marx? Wird der Kapitalismus letztlich doch an sich selbst zugrunde gehen? Ich sage es Ihnen ganz offen: Ich hoffe das nicht. Das hat mehrere Gründe. Zum einen sehe ich nicht, wie außerhalb eines marktwirtschaftlichen Systems die große Zahl der heute weltweit lebenden Menschen mit den notwendigen Gütern und Dienstleistungen versorgt werden könnte. Das alternative Modell der Zentralverwaltungswirtschaft im Sowjetkommunismus jedenfalls ist vollständig gescheitert, wie es Papst Leo XIII. fast dreißig Jahre vor der Oktoberrevolution 1917 vorausgesehen hatte (vgl. *Rerum novarum* 3).

Mir ist bewusst, dass nicht Sie, sondern Ihre bolschewistischen »Jünger« dieses Wirtschaftssystem erdacht und ins Werk gesetzt haben. Aber wo auch immer im Lauf der Geschichte Menschen versucht haben, Ihr Programm der *Vergesellschaftung* der Produktionsmittel zu verwirklichen, lief es letztlich auf eine *Verstaatlichung* hinaus. Das sollte Ihnen zu denken geben. Und diese ungeheure Konzentration wirtschaftlicher Macht in den Händen einer kleinen herrschenden Clique führte regelmäßig auch in die politische Diktatur, bisweilen in die totalitäre Diktatur. Sie haben ganz sicher nicht gewollt, dass in Ihrem Namen der Sowjetkommunismus errichtet werden würde. Aber dass er in Ihrem Namen errichtet werden *konnte*, daran sind Sie mit Ihren Schriften keineswegs unschuldig.

Die Folgen Ihres Denkens waren letztendlich verheerend. Der »real existierende« Sozialismus hat in den Staaten Osteuropas, wie Kardinal Joseph Ratzinger, der heutige Papst Benedikt XVI., im Jahr 2000 geschrieben hat, »ein trauriges Erbe zerstörter Erde und zerstörter Seelen« hinterlassen (Ratzinger 2000, 9). Ich glaube, man kann hier erkennen, wie ein vollständig falsches Menschenbild, umgesetzt in ein politisches Programm, sich ganz gegen den Menschen richtet, mit furchtbaren Auswirkungen. In seiner Enzyklika *Spe salvi* beschreibt Papst Benedikt XVI. sehr treffend Ihren grundlegenden Irrtum: »Er hat vergessen, dass der Mensch immer ein Mensch bleibt. Er hat den Menschen vergessen, und er hat seine Freiheit vergessen« (*Spe salvi* 21).

Insofern bleibe ich – trotz allen Respekts für Ihre scharfsinnigen Beobachtungen und Gedanken – ein entschiedener Gegner Ihrer Theorien. Ich bleibe der Tradition meines Mitbruders Bischof Ketteler treu, der sich wie Sie gegen einen primitiven und grenzenlosen Kapitalismus gewendet hat, der das marktwirtschaftliche System aber nicht abschaffen, sondern sozial weiterentwickeln wollte. Ketteler hat schon 1869 gefordert, für die unbestreitbaren »einzelnen schlimmen Folgen desselben die entsprechenden Heilmittel zu suchen und auch die Arbeiter, soweit möglich, an dem, was an dem System gut ist, an dessen Segnungen, Anteil nehmen zu lassen« (Ketteler Werke I. 2, 438).

Dass es im 20. Jahrhundert in den frühindustrialisierten Staaten tatsächlich gelungen ist, diese Forderung umzusetzen, war keineswegs die Abkehr von dem »Königsweg« eines absolut freien Marktes. Dieser »Königsweg« war schon damals eine Sackgasse, und er ist es auch heute noch. Der sozialreformerische Ansatz, den Kapitalismus zu »zähmen« und ihn durch ordnungspolitische Rahmensetzung zur Sozialen Marktwirtschaft hin weiterzuentwickeln, war der einzig richtige Weg, und dieser Weg ist auch heute ohne vernünftige Alternative. Das ist keine christliche Sozialromantik. Für diesen Weg stehen auch die Namen von großen liberalen Ökonomen wie Ludwig Erhard, Walter Eucken, Franz Böhm, Alexander Rüstow, Wilhelm Röpke und Alfred Müller-Armack, um nur einige zu nennen. Ihnen war nach der menschlichen Katastrophe des Nationalsozialismus und des Zweiten Weltkriegs klar, dass die Marktwirtschaft nicht als bloß ökonomische, sondern nur als auch dezidiert moralische Alternative zum Marxismus eine Zukunft haben würde.

Ich halte an der damit begründeten Differenz zwischen einer Sozialen Marktwirtschaft und einem ungebremsten Kapitalismus fest. Ich tue das vor allem aus einer tiefen Überzeugung heraus, dass wir die sozialen Beziehungen in unserer Welt nicht nur effizient, sondern auch gerecht gestalten sollten. Wirtschaft ist kein Selbstzweck, sondern hat, wie Alexander Rüstow einmal treffend gesagt hat, »Dienerin der Menschlichkeit« zu sein. Ich hoffe und glaube auch, dass das sehr viele andere Menschen genauso empfinden und denken. Aber auch denen, die diese moralische Überzeugung nicht teilen, rate ich, sich zu überlegen, ob sie nicht wenigstens aus Klugheitserwägungen eine Soziale Marktwirtschaft einem grenzenlosen Kapitalismus vorziehen wollen, denn ein »primitiver Kapitalismus« richtet sich gegen den Menschen und wird deshalb niemals auf Dauer akzeptiert werden. Johannes Paul II. sagt es klar: »Die marxistische Lösung ist zwar gescheitert, aber nach wie vor bestehen Formen der Ausgrenzung und Ausbeutung, insbesondere in der Dritten Welt, sowie Erscheinungen menschlicher Entfremdung, besonders in den Industrieländern, gegen die die Kirche mit

Nachdruck ihre Stimme erhebt. Noch immer leben Massen von Menschen in Situationen großen materiellen und moralischen Elends. Sicher beseitigt in vielen Ländern der Zusammenbruch des kommunistischen Systems ein Hindernis in der sachgemäßen und realistischen Auseinandersetzung mit diesen Problemen, er reicht aber nicht aus, sie zu lösen. Es besteht die Gefahr, dass sich eine radikale kapitalistische Ideologie breitmacht, die es ablehnt, diese Probleme auch nur zu erwägen. Sie geht vom Vorurteil aus, dass jeder Versuch, sich damit auseinanderzusetzen, *von vornherein* zum Scheitern verurteilt sei, da sie die Lösung dieser Probleme in einem blinden Glauben dem freien Spiel der Marktkräfte überlässt.« (*Centesimus annus* 42)

Es ist schon eine merkwürdige Ironie der Geschichte, lieber Namensvetter, diejenigen, die Ihre Theorien heute noch wahr werden lassen könnten, sind nicht nur die Marxisten, sondern auch die Kapitalisten, weil sie zu vergessen drohen, dass Politik anders als Wirtschaft funktioniert und dass man Bürger und Wähler nicht wie Arbeitnehmer entlassen kann.

Ich möchte meinen Brief an Sie beschließen mit einem Satz von Oswald von Nell-Breuning, wie Sie ein Sohn der Stadt Trier und der wohl bedeutendste Vertreter der katholischen Sozialwissenschaften im 20. Jahrhundert: »Die katholische Soziallehre sieht in Marx ihren großen Gegner; sie bezeugt ihm ihren Respekt« (Nell-Breuning 1967, 374).

In diesem Sinne grüßt Sie Ihr

Reinhard Marx
Erzbischof von München und Freising

I

Freiheit, die ich meine ...

Marxismus, Liberalismus und Christentum

Als Bischof begegne ich Menschen ganz unterschiedlicher sozialer Herkunft und Stellung. Das ist eine der schönsten Seiten meines geistlichen Amtes. Und bei diesen Begegnungen erzählen mir viele Menschen von ihren Ängsten und Sorgen. Beim *Bund katholischer Unternehmer* etwa treffe ich auf Inhaber mittelständischer Familienunternehmen, die sich große Sorgen um ihre Betriebe machen. Sie denken dabei keineswegs nur an sich selbst. Sie denken an ihre Kinder, denen sie einmal ein gesundes Unternehmen hinterlassen wollen, aber sie denken auch an ihre Mitarbeiter und deren Familien. Familienunternehmen heißt in deren Fall nämlich nicht selten, dass nicht nur der Betrieb seit über einem halben Jahrhundert oder länger der Familie gehört, sondern dass auch in der Belegschaft einzelne Mitarbeiter schon in der dritten oder vierten Generation dort arbeiten.

Solche Unternehmer würden ihre Mitarbeiter niemals als bloßen Produktionsfaktor, als Manövriermasse im Wettbewerb sehen. Solche Unternehmer haben auch keine Aktionäre, können deshalb auch gar nicht auf den Aktienkurs fixiert sein, sondern sie streben in ihrer Firmenpolitik und ihrem Geschäftsgebaren den nachhaltigen Erfolg an, von dem auch die kommenden Generationen noch profitieren werden. Aber auch solche Unternehmer haben Grund zur Sorge.

Sie stöhnen über eine hohe Steuerlast und über eine unflexible Bürokratie. Sie haben Angst, dass das komplizierte Erbschaftsteuerrecht die Zukunft ihrer Betriebe gefährdet. Sie erzählen mir, dass es immer schwerer für sie wird, Kredite von ihren Banken zu bekommen, um notwendige Investitionen zu tätigen. Und sie beklagen sich über allzu starre Tarifregelungen, die auf die Großunternehmen zugeschnitten sind und die zu ihren Bedürfnissen vor Ort nicht passen.

Auch bei der *Katholischen Arbeitnehmerbewegung* begegne ich Menschen mit Sorgen. Es sind Arbeitnehmer, die Angst um ihre Arbeitsplätze haben; Gewerkschafter, die sich fragen, wie sie die Interessen ihrer Mitglieder in Zukunft noch wirksam vertreten können. Ich begegne Menschen, die ihren Arbeitsplatz verloren haben, die jahrelang vergeblich einen neuen Job gesucht haben und die nun zu resignieren drohen. Sie wissen nicht mehr, wie sie ihr bisheriges Leben aufrechterhalten sollen. Damit meine ich keineswegs nur den materiellen Lebensstandard, sondern ich meine die ganze Lebenshaltung: das Vertrauen in Gott und die Welt, in die eigenen Kräfte und Möglichkeiten der Lebensgestaltung; ich meine das Gefühl, in dieser Gesellschaft dazuzugehören und einen Beitrag leisten zu können.

Und ich begegne leider immer mehr Armen in unserem reichen Land. Dafür muss ich nicht erst ein Obdachlosenheim, eine Kleiderkammer oder eine Bahnhofsmission in Trier oder heute in München besuchen. Nein, es reicht aus, dass ich in eine beliebige Pfarrgemeinde in meinem Erzbistum fahre, und zwar nicht nur in der bayerischen Landeshauptstadt, auch in ländlichen Gegenden. Armut ist in unserer Gesellschaft kein Randphänomen mehr. Das macht auf besonders erschreckende Weise die wachsende Kinderarmut deutlich. Bei meiner ersten Begegnung mit der Vollversammlung des Diözesanrates der Katholiken im Erzbistum München und Freising im Frühjahr 2008 haben Mitarbeiterinnen und Mitarbeiter der *Caritas* darüber berichtet, welches Ausmaß die Armut von Kindern in unserem Land inzwischen angenommen hat. Das hat mich tief erschüttert.

Der Vorstandsreferent des Caritasverbandes, Thomas Steinforth, hat gesagt: »So manches Kind aus dem Hasenbergl hat den Marienplatz noch nie gesehen.« Der Stadtteil Hasenbergl ist das, was man einen großstädtischen sozialen Brennpunkt nennt. Hier lebt ein großer Teil der Familien von Sozialhilfe. Unsere Gesellschaft hält für die Kinder, die dort in Notunterkünften und Sozialwohnungen aufwachsen nur wenige Zukunftsperspektiven bereit. Von klein auf sind sie existenziell konfrontiert mit materieller Armut, einer oft schon generationenübergreifenden Abhängigkeit von staatlicher Sozialhilfe, mangelnden Bildungschancen und leider auch häufig mit Gewalt. Diese Kinder sind deshalb besonders gefährdet, in einen unentrinnbaren Kreislauf von Armut und sozialer Abhängigkeit zu geraten oder gar in Sucht und Kriminalität abzurutschen.

Die in der Trägerschaft der Katholischen Jugendfürsorge der Erzdiözese München und Freising stehende Initiative *Lichtblick Hasenbergl* versucht, durch verschiedene sozialpädagogische Projekte diesen Kreislauf sozialer Benachteiligung zu durchbrechen und die Kinder zur Selbsthilfe zu befähigen. In einem neuen Berufsbefähigungsprojekt werden schon Kinder ab einem Alter von 10 Jahren betreut. Dieses Projekt wird erfreulicherweise durch zahlreiche Münchner Unternehmen und Betriebe und auch großherzige private Spender unterstützt. Ihnen allen sei ein herzliches *Vergelt's Gott* gesagt. In solchen Initiativen dürfen wir nicht nachlassen. Wir müssen im Gegenteil noch viel mehr Menschen für derartige Projekte gewinnen.

Aber nicht nur hier gibt es Armut und soziale Not. Pfarrer und Gemeindereferentinnen in ganz »normalen« Landgemeinden berichten von Familien, die ihre Kinder nicht mit zur Messdienerfreizeit schicken wollen, weil sie die Eigenbeteiligung an den Kosten nicht tragen können. Natürlich helfen die Pfarrgemeinden vor Ort in solchen Fällen. Das ist auch mir ein besonderes Herzensanliegen: Die sozialen Ausschlussmechanismen, die in der Gesellschaft wirksam sind, dürfen nicht in unsere kirchlichen Gemeinden hinein verlängert werden. Da stehen wir als Christinnen und Christen alle in einer gemeinsamen Verantwortung.

Aber dennoch haben wir es auch hier mit Armut zu tun. Wir haben es damit zu tun, dass Menschen in ganz konkreten Situationen am sozialen Leben nicht mehr teilnehmen können, ohne dass wir oder jemand anderes ihnen dabei in ausreichender Weise helfen.

Was mich dabei bewegt, wenn ich hier von den so unterschiedlichen, aber auf je ihre Weise ernsten und dringlichen Sorgen der Familienunternehmer und Arbeitnehmer, von Sozialhilfeempfängern und ihren Kindern schreibe, ist Folgendes: Alle diese Menschen erleben einen Verlust an Freiheit. Der Unternehmer sieht einen Verlust seiner wirtschaftlichen Freiheit. Der Gewerkschafter und der Arbeitnehmer sehen einen Verlust an Gestaltungsfreiheit, was die eigenen Arbeitsbedingungen angeht. Der Arbeitslose, der keine neue Beschäftigung findet, empfindet sich als unfrei, weil er nicht mehr Herr über sein berufliches Schicksal ist. Und der Arme ist unfrei, weil er gar nicht mehr die materiellen Möglichkeiten hat, um ein Leben zu führen, wie es die meisten Menschen in seiner Umgebung tun. Und alle diese Menschen haben berechtigte Gründe für ihre Sorgen. Wie kann es aber sein, dass wir so vielfältige Gefährdungen der Freiheit erleben in einer Gesellschaft, von der wir gemeinhin glauben, sie sei so frei wie keine Gesellschaft vor ihr?

In der Tat wird ja in der politischen Geschichte, der Geistesgeschichte sowie der Sozial- und Wirtschaftsgeschichte die

Moderne als das Zeitalter der Freiheit charakterisiert. Seinen Ursprung hat dieses neuzeitliche Freiheitsdenken in dem im 17. Jahrhundert aufkommenden und im 18. Jahrhundert sich entfaltenden politischen Liberalismus, näherhin der Philosophie der Aufklärung. Nach der bekannten Definition von Immanuel Kant (1724–1804) ist Aufklärung »der Ausgang des Menschen aus seiner selbstverschuldeten Unmündigkeit«. Damit ist freilich nur ein erster Hinweis auf die Richtung gegeben, in die sich das neuzeitliche Denken entwickelt hat. Die Philosophie der Aufklärung und die daraus folgenden gesellschaftlichen Veränderungen waren in den verschiedenen Ländern – etwa in England, Frankreich, Deutschland und den Vereinigten Staaten von Amerika – durchaus unterschiedlich akzentuiert. Aber es bestehen geistesgeschichtlich gesehen ganz grundlegende gemeinsame Linien, die es dennoch erlauben, von Aufklärung als Signum einer Epoche und als Voraussetzung der Moderne zu sprechen. Sie weisen hin auf Autonomie, Freiheit, Pathos der Subjektivität, Emanzipation, Selbstbestimmung des Menschen. Diese Linien ziehen sich durch alle Aufklärungsphilosophien und Aufklärungsbewegungen der Neuzeit hindurch.

Als Markstein in der politischen Emanzipationsgeschichte wird die Positivierung individueller Freiheitsrechte betrachtet, wie sie erstmalig 1776 in der *Virginia Bill of Rights* und dann 1789 in der französischen Menschen- und Bürgerrechtserklärung erfolgte. Die Menschenrechte kann man als ein konkretes, geschichtlich gewachsenes Erbe der europäischen und der nordamerikanischen Geschichte bezeichnen. Sie sind gerade deswegen mit unserer gemeinsamen Geschichte so eng verknüpft, weil sie, um geltendes Recht zu werden, in leidvollen Prozessen erst erkämpft und erstritten werden mussten.

Ich will ehrlich sein, und deshalb muss ich leider zugeben: Vor allem in Europa musste die Menschenrechtsidee auch gegen die Kirche durchgesetzt werden. In der Frühphase ihrer Artikulierung wurden die Menschenrechte durch die Kirche aggressiv abgelehnt, die Rede war von einer »Selbstermächtigung des Menschen«, der sich plötzlich an die Stelle Gottes setzen wolle, von einem »Aufstand des Menschen gegen Gott«, und von den »zügellosen Freiheitslehren«, die nicht nur von einer genuin christlichen Ethik, sondern sogar vom Naturrecht abweichen würden (so sogar noch Papst Leo XIII. in seiner Enzyklika *Immortale Dei* von 1885, ein Papst, der in sozialen Fragen weitaus fortschrittlicher dachte).

So weit die Fakten. Aber man muss auch nach den tieferen Gründen für diese zunächst entschiedene Ablehnung fragen. So lässt sich sagen, dass diese Feindschaft gegenüber den Menschenrechten und dem aufklärerischen Freiheitspathos natürlich zu einem Teil erklärbar ist durch den historischen Kontext, in dem diese sich vor allem in Europa herausbildeten: Die französische Revolution mit ihrem antiklerikalen, laizistischen Gestus machte es der Kirche in gewisser Weise leicht, alles miteinander zu vermengen und kollektiv abzulehnen – die gewalttätige Seite der Revolution, den Kampf gegen das gallikanische Staatskirchentum und die Formulierung politischer Freiheitsrechte, die eben auch im Kontext der Revolution stattfand. Dabei wird übrigens leicht vergessen, dass gerade zu Beginn der Revolution der niedere Klerus der Kirche durchaus zu den entschiedenen Verfechtern des Kampfes um mehr Freiheit gehörte. Und – darauf hat der berühmte, aber auch umstrittene Staatsrechtler Carl Schmitt einmal zu Recht hingewiesen – auch später vertraten Persönlichkeiten von großer Bedeutung wie Alexis de Tocqueville (1805–1859) und Charles de Montalembert (1810 bis 1870) »schon einen liberalen Katholizismus, als viele ihrer Glaubensbrüder im Liberalismus noch den Antichrist oder wenigstens den Wegbereiter des Antichrist sahen« (Schmitt 2002, 7).

Es ist dennoch unbestreitbar, dass es einige Zeit gebraucht hat, bis die Kirche als ganze Demokratie und Menschenrechte nicht mehr als Angriff auf sich selbst und ihre Sicht von Welt und Mensch sah, sondern in ihnen einen Weg erkennen konnte, auf dem sich in rechtlich-politischer Sprache ein Teil ihres eigenen Programms, eine Grundoption des Evangeliums ausdrückt. Diese Anerkennung hat mittlerweile aber längst stattgefunden. Die Enzyklika *Pacem in terris* von 1963 gilt als der Meilenstein, mit dem sich die kirchliche Würdigung der modernen Menschenrechte Bahn brach. Papst Johannes XXIII. war der Erste, der die epochale Bedeutung der Menschenrechte als Grundlage des friedlichen Zusammenlebens zwischen den Völkern in einem offiziellen Dokument der katholischen Kirche ohne Wenn und Aber anerkannt hat.

Er selbst war übrigens bereits als päpstlicher Nuntius in Paris an den Beratungen der französischen Delegation zur Vorbereitung der *Allgemeinen Erklärung der Menschenrechte* der Vereinten Nationen von 1948 beteiligt. Der Leiter der Delegation, René Cassin, auf den insbesondere die Begründung der Menschenrechte im Rekurs auf die Menschenwürde zurückgeht, spricht ausdrücklich von den diskreten persönlichen Ermutigungen des päpstlichen Gesandten.

Neben der Enzyklika von 1963 setzte das Zweite Vatikanische Konzil (1962–1965) die entscheidenden Wegmarken im kirchlichen Verständnis der Menschenrechte: insbesondere in seiner Pastoralkonstitution über die Kirche in der Welt von heute, *Gaudium et Spes*, in der die Bedeutung der Würde des Menschen und seine daraus resultierende Freiheit betont wird, und dann speziell in der Erklärung zur Religionsfreiheit, *Dignitatis humanae*, welche die Freiheit des Menschen zur Religion als wesentlichen Ausdruck seiner personalen Würde formuliert und die damit als Prüfstein der kirchlichen Menschenrechtsrezeption gelten kann.

Unser 2005 verstorbener Papst Johannes Paul II. hat in seinem letzten Buch die Idee der Freiheit als den zentralen Konstruktionspunkt seiner Sozialverkündigung bezeichnet, die sich besonders in den drei großen Sozialenzykliken *Laborem exercens* (1981), *Sollicitudo rei socialis* (1987) und *Centesimus annus* (1991) niedergeschlagen hat. Er schreibt wörtlich: »Man kann sagen, dass an der Wurzel all dieser Dokumente des Lehramts das Thema der Freiheit des Menschen steht« (Johannes Paul II. 2005, 61).

Auch für mich selbst ist der Zusammenhang von Freiheit und Evangelium sehr wichtig. Deshalb habe ich mich nach meiner Ernennung zum Bischof für den Wahlspruch entschieden: »Ubi spiritus Domini, ibi libertas.« – »Wo der Geist des Herrn wirkt, da ist Freiheit.« Das ist ein Zitat aus dem Zweiten Brief des Apostels Paulus an die Korinther (2 Kor 3,17). Aber die Freiheit des Menschen ist natürlich nicht das exklusive Ziel des Christentums und der Katholischen Soziallehre. Dieses Ziel verfolgt selbstverständlich auch der Liberalismus. Aber wir würden Karl Marx Unrecht tun, wenn wir bestreiten würden, dass es auch ihm um die Verwirklichung der Freiheit gegangen ist. Auch insofern ist Marx ein typisch neuzeitlicher Denker, der auf dem Boden der aufklärerischen Freiheitsphilosophie steht. Marx wollte das Freiheitsprojekt der Moderne nicht annullieren, sondern er wollte es vielmehr vollenden.

Wogegen er entschiedenen Einspruch erhoben hat, das war die Vorstellung, dass mit der Realisierung der bürgerlichen Gesellschaft und der Kodifizierung von Freiheitsrechten in den Verfassungen des 18. und 19. Jahrhunderts das aufklärerische Ziel der Befreiung des Menschen erreicht sein sollte. Marx hat die nicht ganz unberechtigte Frage gestellt: Was nutzen die bürgerlichen Freiheitsrechte, wenn die Menschen keinen vernünftigen Lohn für ihre Arbeit bekommen und kein Brot kaufen können?

Für die liberale Position hatte Marx nur Hohn und Spott übrig: Die »gleiche Exploitation der Arbeitskraft ist das erste Menschenrecht des Kapitals«, schreibt er im ersten Band von *Das Kapital*. Die liberalen Verfassungen seiner Zeit garantierten für ihn lediglich die Freiheit des Kapitals, die Arbeiterschaft auszubeuten. Der Arbeitsmarkt seiner Zeit, so schrieb er, sei insofern »in der Tat ein wahres Eden der angeborenen Menschenrechte«. Denn Käufer und Verkäufer der Ware Arbeitskraft »sind nur durch ihren freien Willen bestimmt. Sie kontrahieren als freie rechtlich ebenbürtige Personen. Der Kontrakt ist das Endresultat, worin sich ihre Willen einen gemeinsamen Rechtsausdruck geben.« Also müssen am Ende doch auch alle zufrieden sein: »Der ehemalige Geldbesitzer schreitet voran als Kapitalist, der Arbeitskraftbesitzer folgt ihm nach als sein Arbeiter; der eine bedeutungsvoll schmunzelnd und geschäftseifrig, der andre scheu, widerstrebsam, wie jemand, der seine eigne Haut zu Markt getragen und nun nichts andres zu erwarten hat als die – Gerberei« (MEW 23, 191).

Für Marx garantierten die vom politischen Liberalismus erkämpften Freiheitsrechte lediglich eine formelle Freiheit, die sich auf den »abstrakten Staatsbürger« bezog, die aber von den tatsächlichen Lebensbedingungen der Menschen, insbesondere der Industriearbeiterschaft völlig abgehoben war. Damit hatte er freilich nicht ganz Unrecht. Wenn die Eltern damals nicht wussten, was sie ihren Kindern zum Frühstück auf den Tisch stellen sollten, dann half es ihnen nichts, dass der Staat ihnen inzwischen das Recht garantierte, über ihr Eigentum nach Belieben zu verfügen. Und wenn blanke Not Eltern dazu zwang, ihre Kinder statt in die Schule in die Fabrik zu schicken, dann konnten sie es wohl nur als zynisch empfinden, dass ihnen das verfassungsmäßige Recht zugesprochen wurde, selbst über die Erziehung und Bildung ihrer Kinder zu bestimmen.

Marx wollte statt einer bloß formellen Freiheit die reale Freiheit der Menschen verwirklicht sehen. Dafür war es nach seiner Ansicht aber notwendig, den neuzeitlichen, vom politischen Liberalismus durchgesetzten Dualismus von Staat und Gesellschaft aufzuheben: »Erst wenn der wirkliche individuelle Mensch den abstrakten Staatsbürger in sich zurücknimmt und als individueller Mensch in seinem empirischen Leben, in seiner individuellen Arbeit, in seinen individuellen Verhältnissen Gattungswesen geworden ist, erst wenn der Mensch seine ›forces propres‹ als gesellschaftliche Kräfte erkannt und organisiert hat und daher die gesellschaftliche Kraft nicht mehr in der Gestalt der politischen Kraft von sich trennt, erst dann ist die menschliche Emanzipation vollbracht« (MEW 1, 370).

Hinter diesem politischen Programm von Marx steht ein bestimmtes Menschenbild. In seinen frühen Schriften spricht er von der »Selbsterzeugung« des Menschen in seiner Arbeit. Damit meinte er aber nicht die individualistische Vorstellung von der tätigen Selbstverwirklichung des Einzelnen, sondern er sprach von einem »gegenständlichen Wesen« des Menschen, das sich in dem »werktätigen Gattungsleben« realisiere. Dieses Menschenbild ist der Grund, weswegen Marx selbst einmal gesagt hat, er habe die Philosophie vom Kopf auf die Füße gestellt. Nicht der Einzelne steht im Vordergrund, sondern die Gattung, das Kollektiv; und nicht Vernunft, Geist oder Seele machen das Wesen des Menschen aus, sondern seine Arbeit unter dem Regime der herrschenden Produktionsverhältnisse.

Der letztlich unüberbrückbare Gegensatz zwischen einer christlichen Ethik und dem Marxismus ergibt sich nicht aus Marx' ökonomischen Analysen, sondern aus eben diesem Menschenbild, das dem Marxismus zugrunde liegt. Oswald von Nell-Breuning hat das einmal so formuliert: »Wie immer das, was Marx in seinen Begriff der ›gesellschaftlichen Arbeit‹ ökonomisch und soziologisch hineingeheimnisst hat, zu deuten sein mag, weltanschaulich entscheidend und mit dem christlichen Schöpfungsglauben, mit der für jeden Theisten feststehenden Tatsache, dass der Mensch Geschöpf Gottes ist, unvereinbar ist Marxens Lehre, durch die als Auseinandersetzung mit der Natur verstandene ›gesellschaftliche Arbeit‹ sei der Mensch Schöpfer seiner selbst« (Nell-Breuning 1980, 69).

Aus Marx' Menschenbild resultiert auch seine ökonomistisch verengte Überbau-Basis-Vorstellung. Marx wollte die Welt aus einem Punkt heraus verstehen, erklären und kurieren. Nach seiner Theorie sind allein die gesellschaftlich herrschenden Eigentums- und Produktionsverhältnisse für das Schicksal der Menschen entscheidend. Von dieser ökonomischen »Basis« her wollte er alle anderen kulturellen Phänomene als bloßen »Überbau« erklären: die Religion, den Staat, die Familie, Politik, Moral, Kunst und Literatur.

Nun muss ich zugeben, dass ich nie ganz verstanden habe, wie Marx zu der kühnen Überzeugung gelangen konnte, man könne die Entstehung des Christentums oder meinetwegen der homerischen Epen aus den Produktionsverhältnissen der antiken Sklavenhaltergesellschaft oder ein Kunstwerk wie den Isenheimer Altar von Matthias Grünewald aus dem Feudalismus erklären. Mich interessiert hier die Tatsache, dass er nicht nur glaubte, den Staat und die bürgerliche Demokratie aus dem Kapitalismus heraus erklären zu können, sondern dass er Staat und Politik in der kommunistischen Revolution mit dem Privateigentum an den Produktionsmitteln gleich mit abschaffen wollte. Politik, so seine Vorstellung, würde in der kommunistischen Gesellschaft durch rationale Verwaltung, eine Selbstverwaltung der Arbeiter, ersetzt. Der neuzeitliche Dualismus von Staat und Gesellschaft sollte im Kommunismus aufgehoben sein. Insofern war es durchaus richtig, dass seine Zeitgenossen Marx als einen »Staatsfeind« gesehen haben. Es ist jedoch eine bittere Ironie der Geschichte, dass seine Theorien dennoch nicht davor gefeit waren, von Menschen missbraucht zu werden, die im 20. Jahrhundert unter Berufung auf seinen Namen eine totalitäre Staatlichkeit errichtet haben, wie sie die Geschichte bis zu diesem Zeitpunkt noch nicht gesehen hatte.

Insbesondere von katholischer Seite wird gerne gesagt, die Christliche Sozialethik formuliere einen »Dritten Weg« zwischen dem liberalen Individualismus und dem sozialistischen Kollektivismus. Katholische Sozialwissenschaftler haben für diesen »Dritten Weg« sogar einmal einen eigenen Begriff entwickelt: Solidarismus. Dadurch sollte in terminologischer Abgrenzung einerseits zum Individualismus das ursprüngliche Verbundensein der Menschen und damit deren Bezug zum Gemeinwohl betont werden und andererseits im Gegensatz zum Kollektivismus die Freiheit des Einzelnen und das Eigentumsrecht – wiederum in den durch das Gemeinwohl bedingten Grenzen – betont werden.

Der Begriff des Solidarismus ist zwischenzeitlich wieder aus der Mode gekommen, die Rede von einem »Dritten Weg« allerdings keinesfalls. Sie erfreut sich vielmehr größerer Popularität denn je und wird nicht mehr nur von christlichen Sozialwissenschaftlern verwendet.

Deswegen ist es vielleicht sinnvoll, einige Worte darüber zu sagen, was wir in der Christlichen Sozialethik eigentlich meinen, wenn wir von einem »Dritten Weg« sprechen. Zunächst einmal darf diese Rede nicht so verstanden werden, als stünde die kirchliche Soziallehre genau in der Mitte zwischen liberalem Individualismus und sozialistischem Kollektivismus. Wir nehmen zwar eine Position zwischen den Extremen ein, aber es gibt, wenn man so sagen möchte, eine »Schlagseite« zum Liberalismus. Das hat nichts mit einer späten Anbiederung der Kirche an die Moderne zu tun, sondern mit den tiefsten Wurzeln des Christentums. Ich möchte sogar behaupten, dass ohne diese christlichen Wurzeln die Moderne, die neuzeitliche Philosophie der Aufklärung, der Gedanke des autonomen Subjekts gar nicht möglich gewesen wäre.

Von der Tradition der heidnischen Antike her ist der Staat zu sehen als eine Gemeinschaft, die das Gute repräsentiert. Der Mensch kann ohne den Staat, ohne ein geordnetes Gemeinwesen nicht seine volle Entwicklung zum Guten hin finden. Die heidnische Antike konnte sich nicht vorstellen, den Menschen zu trennen von der Gemeinschaft, denn ein gelingendes Leben ohne den Staat war für sie undenkbar. Der Staat repräsentiert das gute Leben, und im Staat und Gemeinwesen allein ist das gute Leben, das gelingende Leben, das Glück möglich. Deswegen trinkt Sokrates lieber den Giftbecher, als sein Gemeinwesen zu verlassen.

Das Christentum hat an dieser Zuordnung von Einzelnem und Gemeinschaft erste Differenzierungen angebracht, unter anderem aus einer historischen Erfahrung heraus: Wenn man eine kleine unterdrückte Minderheit ist, dann kann man sich nicht mit dem Staat identifizieren. Ein Hauch von Dualismus ist durch das Christentum in diese Vorstellungswelt hineingekommen, eine Differenz, die von dem Kirchenvater Augustinus (354–430) aufgegriffen und verstärkt wurde. Sie drückt aus, dass der Mensch zunächst einmal vor Gott steht; dann erst kommt das Gemeinwesen bzw. der Staat. Der Staat wird in gewisser Weise entsakralisiert, wie es auch schon im Neuen Testament deutlich wird. Seine Bedeutung wird zurückgenommen, der Einzelne gewinnt an Profil. Und es bleibt eine merkwürdige Spannung zwischen dem Einzelnen und dem Staat, dem Gemeinwesen, so dass das Politische mit dem Religiösen von der Idee her nicht in eins fallen kann.

Insofern hat das Christentum zur Freisetzung des Politischen, zur Freisetzung der Person in ihrer Eigenverantwortung vor Gott entscheidend beigetragen. In seinen *Selbst-*

gesprächen betont Augustinus: »Gott und die Seele will ich erkennen.« Die Gestalt der Vernunft, mit der Augustinus dieses Selbstgespräch führt, fragt ihn daraufhin: »Ist das wirklich alles?« Seine Antwort lautet: »Das ist alles«. (Augustinus 1954, 60 f.) Hier liegt ein sehr starker individualistischer Zug, der im Christentum begründet ist und eine Differenz darstellt zur klassischen Vorstellung der Polis und der Einheit des Einzelnen mit diesem Gemeinwesen. Hier liegt meines Erachtens kulturgeschichtlich auch der Wurzelgrund, aus dem dann in der Neuzeit die Idee der Freiheit erwachsen ist, die Menschenrechte, die Demokratie und eben auch die Marktwirtschaft.

Von Augustinus bis zu Kant war es freilich ein weiter Weg. Es war vielleicht auch kein geradliniger Weg, aber es war nach meiner Meinung ein konsequenter Weg. Das von der antiken Philosophie geprägte organische Staatsdenken des Mittelalters stand letztlich in einer zu großen Spannung zu dem biblischen Menschenbild der in verantworteter Freiheit handelnden Person, als dass es hätte überdauern können und dürfen.

Durch das Freiheits- und Autonomiepathos der Aufklärungsphilosophie wurde dieses spannungsvolle Denken des Mittelalters aufgesprengt. Notwendigerweise, wie ich eben hinzufügen würde. Und es war durchaus ein »Modernisierungsschub«, den Staat zu entlasten im Bereich der Wahrheitsfragen, der Religion, der Sittlichkeit, und so den Raum der Freiheit des Subjekts immer weiter zu öffnen. Eine kulturpessimistische Sehnsucht nach dem mittelalterlichen Integralismus hilft uns nicht und ist unangemessen, wenn wir die Freiheitsgeschichte nicht als geschichtlichen Irrweg betrachten wollen. Und das kann ich nicht, das will ich nicht.

Wenn man nach den sozialen Konsequenzen des modernen Freiheitsdenkens fragt, kann man zunächst einmal sagen: Das gute und gelingende Leben wird zur Privatangelegenheit, und die Frage des Rechts, der Ordnung des Zusammenlebens der Menschen allein wird zur öffentlichen Angelegenheit. Wir haben mit der Aufklärung zum ersten Mal den Gedanken, dass man den öffentlichen vom privaten Bereich trennen muss und der Staat nicht mehr das gute Leben repräsentiert, sondern lediglich die Regeln eines geordneten Gemeinwesens bestimmt. Das gute Leben und damit die Zielvorstellungen für das gelungene Leben werden vom Einzelnen in seiner Freiheit selbst gewählt: ob er einer Religion anhängt, mit welchem Menschen er sein Leben teilen will, welchen Beruf er ergreifen will, was für ihn wichtig sein soll.

Es ist klar, dass damit keineswegs alle Fragen beantwortet sind. Offen bleibt vor allem, wie denn das Recht, also die Ordnung des Zusammenlebens der Menschen im Staat auszusehen hat und wie Recht und Moral aufeinander bezogen sind. Es gibt hier bekanntlich zwei staatsphilosophische Begründungsstränge, die einerseits auf Thomas Hobbes (1588 bis 1679), andererseits auf Jean-Jacques Rousseau (1712 bis 1778) zurückgehen.

Hobbes hatte ein pessimistisches, dezidiert antiaristotelisches Menschen- und Gesellschaftsbild. Angesichts der zu seiner Zeit tobenden Konfessionskriege braucht es seiner Meinung nach einen starken Staat, der den Einzelnen vor den Übergriffen seiner Mitbürger und der streitenden Konfessionsparteien zu schützen hat. Dargestellt ist dieser neue Denkansatz in einem berühmten Bild, dem Titelblatt von Hobbes' Schrift *Leviathan*. Dort steigt der Leviathan, die große Ungeheuer-Gestalt aus der Bibel, am Horizont auf in der Gestalt eines Königs, in der einen Hand das Zepter, in der anderen Hand den Bischofsstab. In dieser riesigen Gestalt sind die vielen kleinen Menschen dargestellt – der Leviathan, also das Staatswesen, ist zusammengesetzt aus den Vielen. Dieser Staat des Thomas Hobbes regiert mit Macht.

In einer berühmten Formulierung im *Leviathan* heißt es: »sed authoritas, non veritas facit legem«. »Autorität, nicht Wahrheit schafft das Gesetz.« Die Wahrheitsfrage wird also ausgeklammert.

Während bei Hobbes also dunkles Misstrauen unter den Menschen herrscht und als Ausweg die absolute Staatsgewalt propagiert wird, regiert bei Rousseau edler Bürgersinn. Der Staat soll den allgemeinen Willen (*volonté générale*) des Volkes repräsentieren. Individuum und Gemeinschaft rücken hier unter freiheitlichen Vorzeichen wieder eng zusammen. In der Französischen Revolution aber diente diese Idee der volonté générale den Jakobinern zur Rechtfertigung ihrer Terrorherrschaft. Denn der allgemeine Wille im Sinne Rousseaus ist keineswegs der demokratisch ermittelte Mehrheitswille, sondern eine Art objektives Gesamtinteresse bzw. eher ein »gefühlter« Volkswille.

Leidvolle Erfahrungen haben so über die Jahrhunderte gezeigt, dass sowohl des Modell von Hobbes als auch dasjenige von Rousseau ihre gefährlichen Fallstricke haben. Nach ihnen Geborene haben deshalb ihre grundsätzlichen Anliegen aufgegriffen, aber versucht, die Schwachstellen der Theorien zu beseitigen. John Locke (1632–1704) etwa ergänzte Hobbes' Schutz der Bürger voreinander *durch* den Staat um den Schutz der Bürger *vor* dem Staat. Und Georg Wilhelm Friedrich Hegel (1770–1831) wollte die neuzeitlichen Zerrissenheiten wie Rousseau in der sittlichen Einheit eines vernünftigen Staates aufheben, dabei aber einen Raum privater Selbstbestimmung gewahrt sehen.

Letztlich dreht sich auch heute noch die Diskussion innerhalb der politischen Philosophie um diese beiden Begründungsstränge. Beide Varianten haben auch die staatliche Wirklichkeit in Europa und Nordamerika auf unterschiedliche Weise geprägt, letztlich allerdings stärker die angelsächsische Variante in der Tradition von Hobbes und Locke. Das hat dazu geführt, dass die Vorstellungen und auch der Diskurs über das Gute und die Wahrheit immer mehr in das Private abgedrängt wurden. Der Weg der sich beschleunigenden Moderne zeitigte so eine immer größere Erweiterung der Freiheit des Einzelnen, die nach und nach alle Lebensbereiche erfasste: Politik, Religion, Sittlichkeit, Wirtschaft, Kultur.

Mit dieser radikalen Orientierung am Subjekt korrespondiert allerdings auch eine instrumentelle Rationalität. Die Wahrnehmung der Wirklichkeit reduziert sich auf die Frage nach dem Machbaren, dem Verwertbaren. Hier hat mich in meiner Studienzeit die Lektüre der *Dialektik der Aufklärung* von Max Horkheimer und Theodor W. Adorno sehr angesprochen, lange beschäftigt und nachhaltig geprägt. Der Titel dieses Buches, das in den Jahren 1940–44 verfasst wurde, ist Programm. Die beiden Philosophen stellen die Frage, wie die aufgeklärte Zivilisation in die Barbarei von Faschismus und Nationalsozialismus zurückfallen konnte. Und ihre verstörende These ist, dass mit dem menschenverachtenden Totalitarismus kein gleichsam von außen eingedrungener Virus die aufgeklärte Gesellschaft infiziert hat, sondern dass in dem Programm und Pathos der Aufklärung selbst der Keim zur Selbstzerstörung angelegt war. Horkheimers und Adornos Anliegen war deshalb eine Bewusstmachung und Reflexion dieser immanenten Gefahr aufgeklärten Denkens und damit eine »rettende Kritik« der Aufklärung. Dieses Projekt hat mich als junger Student fasziniert, auch wenn ich nicht jeden Gedankengang und jede Schlussfolgerung in dem Buch teilen möchte. Aber der Ausgangspunkt und der Grundgedanke Horkheimers und Adornos bewegen mich immer noch. Wo die Emanzipation des Subjekts grenzenlos wird, da mündet die Freiheit am Ende in neue Zwangszusammenhänge. Diesen Gedanken hat auch Johannes Paul II. in beeindruckender Weise formuliert: »In einer Welt ohne Wahrheit verliert die Freiheit ihre Grundlage, und der Mensch ist der Gewalt der Leidenschaften und offenen oder verborgenen Manipulationen ausgesetzt.« (*Centesimus annus* 46)

Ich selbst möchte es an dieser Stelle folgendermaßen sagen: Wo es in immer geringerem Maß eine verpflichtende Orientierung an allgemeinen moralischen Überzeugungen gibt, da wird das Mögliche auch irgendwann Realität. Diese instrumentelle Rationalität drückt sich heute besonders aus in den Ambitionen mancher Gen- bzw. Biotechniker und der Ökonomisierung nahezu aller Lebensbereiche. Dieser Entwicklung liegt ein zutiefst evolutives Weltbild zugrunde, das Freiheit, Möglichkeit und Vernunft nicht als Geschenke des Schöpfers oder als dem Menschen vorgegebene Horizonte der Verantwortung versteht, sondern als nach vorne offene Prozesse. Damit fehlen aber Kriterien einer Begrenzung oder Entschleunigung, und der Mensch wird letztlich Teil einer Evolution, der er sich in immer größerer Flexibilisierung und Anpassung zu öffnen hat. Dem technologischen Imperativ (»was technisch möglich ist, soll auch getan werden«) entspricht dann der ökonomische Imperativ (»was Gewinne bringt, darf nicht verhindert werden«).

Ich möchte einige Beispiele nennen, um zu verdeutlichen, was ich meine. In den Naturwissenschaften hat die Genforschung in den letzten Jahren sensationelle Erfolge erzielt. Von der Entschlüsselung des menschlichen Genoms erhoffen sich Mediziner Erkenntnisse über das Entstehen von Erbkrankheiten, und Patienten hoffen auf wirksamere Therapien und Heilung. Aber es werden hier auch in einem Ausmaß moralische Grenzen überschritten, wie man es bis vor kurzem ebenfalls nicht für möglich gehalten hätte. Wissenschaftler pochen darauf, dass verbrauchende Embryonenforschung durch ihre verfassungsrechtlich garantierte Forschungsfreiheit legitimiert sei, und sie werben um Unterstützung durch die Öffentlichkeit, der die Möglichkeit eines ewigen Lebens in Gesundheit durch therapeutisches Klonen in Aussicht gestellt wird.

Wenn man auch nur zu bedenken gibt, dass dabei Embryonen getötet werden, dass dabei menschliches Leben einem fremden Zweck unterworfen und vernichtet wird, schlägt einem schon der Vorwurf entgegen, ein fortschrittsfeindlicher Moralist zu sein. Die Devise lautet: Es gibt hier vage Möglichkeiten, irgendwann einmal neue Therapien zu entwickeln, also sollten diese Möglichkeiten genutzt werden. Sollte man erfolgreich sein, gäbe es zudem – oder: vor allem? – eine Menge Geld zu verdienen. Der technologische Imperativ und der ökonomische Imperativ weisen uns gemeinsam den Weg in eine *Schöne Neue Welt*, die wohl noch furchtbarer wäre, als es sich Aldous Huxley je hat vorstellen können.

Auch im Wirtschaftsleben werden in zügelloser Profitgier zunehmend Grenzen überschritten – moralische und rechtliche. Ich meine damit nicht die Geschäftspraktiken irgendwelcher windigen kleinen Betrüger, sondern auch große Unternehmen, Marktführer ihrer Branchen, deren Manager vor einigen Jahren noch als Helden des Aktienmarktes gefeiert wurden. Eines der bekanntesten Beispiele ist der Energiekonzern Enron, einst das siebtgrößte Unternehmen in den USA, das Ende 2001 zusammenbrach. Was in den Trümmern sichtbar wurde, war eine schier unglaubliche Mischung aus Lüge, Betrug, Skrupellosigkeit, Arroganz und Dummheit. Mit massiven Bilanzfälschungen hatte die Unternehmensführung Anleger und Angestellte betrogen. Als die Machenschaften aufflogen und der Konzern pleiteging, verloren Tausende Menschen ihren Arbeitsplatz und zugleich ihre Altersversorgung, die – wie in den USA häufig – zu einem guten Teil auf Aktien des Unternehmens gegründet war. 800 Millionen Dollar Pensionsleistungen waren vernichtet worden – vernichtet von Managern, die sich selbst kurz vor der

Insolvenz noch kräftige Bonuszahlungen hatten auszahlen lassen und so über eine Milliarde Dollar auf eigene Konten gebracht hatten.

Selbstverständlich haben die Verantwortlichen bei Enron nicht nur hochgradig unmoralisch gehandelt, sondern auch kriminell. Sie haben sich dafür vor US-Gerichten verantworten müssen, und sie sind teilweise zu drakonischen Gefängnisstrafen verurteilt worden. Der ehemalige Vorstandsvorsitzende von Enron, Jeffrey Skilling, wurde zu 24 Jahren Haft verurteilt. Da könnte man also einwenden: Na bitte, das System funktioniert doch.

Aber ist das tatsächlich so? Ich glaube, kein System kann auf Dauer alles bloß rechtlich regeln und auf die Moral, den Anstand der handelnden Menschen verzichten. Das gilt auch und besonders für das hochkomplexe Wirtschaftssystem; man kann hier keine wasserdichten Regeln für alle möglichen Eventualitäten finden. Ohne das Ethos des ehrlichen Kaufmanns und der ehrlichen Kauffrau kommen wir in ganz schwieriges Fahrwasser. Im Fall Enron haben nicht nur die führenden Manager des Unternehmens gegen dieses Berufsethos verstoßen. Ohne die Ignoranz, das Wegschauen oder gar die Billigung von Wirtschaftsprüfern und Aufsichtsräten hätten die Enron-Manager ihr betrügerisches System nicht errichten und aufrechterhalten können. Es stellte sich beispielsweise heraus, dass die renommierte Wirtschaftsprüfungsgesellschaft Arthur Andersen – seinerzeit einer der fünf Branchenriesen mit neun Milliarden Dollar Jahresumsatz – in den Skandal verwickelt war. Mitarbeiter des Unternehmens hatten nicht nur die falschen Jahresabschlüsse von Enron abgesegnet, sondern später auch Akten vernichtet und diese damit dem Zugriff der Justizbehörden entzogen. Als das bekannt wurde, war das nach über 90 Jahren Firmengeschichte das Ende von Arthur Andersen. Zurück blieb eine irritierte Öffentlichkeit, die dem Berufsstand der

Wirtschaftsprüfer und den von ihnen testierten Jahresabschlüssen als Hauptinformationsquelle über den wirtschaftlichen Zustand von Unternehmen bislang größtes Vertrauen entgegengebracht hatte.

Und Enron ist leider auch kein krasser Einzelfall. Als sich die amerikanische Öffentlichkeit Mitte 2002 gerade von dem Schock über die ersten Enron-Enthüllungen erholt hatte, flog ein noch dreisterer Bilanzbetrug bei Worldcom auf, dem zweitgrößten Telefonanbieter der USA. Die Börsenaufsicht ermittelte in den Bilanzen des Unternehmens Fehlbuchungen in der Höhe von über elf Milliarden Dollar. Auch in diesem Fall verloren Tausende Menschen Arbeit und Pensionsrücklagen. Und auch in diesem Fall herrschte eine skrupellose Selbstbedienungsmentalität der Verantwortlichen: Trotz der immer dramatischer werdenden tatsächlichen finanziellen Situation des Konzerns hatte der Worldcom-Vorstand seinem Vorsitzenden Bernard Ebbers Kredite in Höhe von 375 Millionen Dollar aus der Firmenkasse bewilligt.

Zahlreiche weitere Fälle ließen sich nennen, nicht so prominente, ihrer Struktur nach aber ähnliche. Als 2002 immer mehr Firmen Fehler in ihren Bilanzen zugeben mussten, wurde der Epidemie sogar ein eigener Namen gegeben: »Enronitis«. Von der seltsamen Krankheit waren zwar vor allem, aber keineswegs nur amerikanische Firmen befallen. Als um die Jahrtausendwende der Neue Markt boomte und eine Menge Leute schnell viel Geld verdienen wollten, kam es auch in Deutschland zu zahlreichen ähnlichen Fällen. Der Niedergang des Neuen Marktes war vor allem auch eine Folge davon, dass die Anleger aufgrund der vielen Skandale in der Branche kein Vertrauen mehr hatten und ihr Geld abzogen.

Auch die aktuelle Finanzmarktkrise, nach der Einschätzung von Experten die schwerste Krise des globalen Finanzsystems seit dem Zweiten Weltkrieg, hat ihre Ursache weniger in irgendwelchen anonymen Automatismen der Globalisierung als vielmehr in der maßlosen Profitgier von Investmentbanken und Hedgefonds, die ihre Jagd nach Traumrenditen in den letzten Jahren weitgehend auf Pump finanziert haben. Jetzt, nachdem die Verantwortlichen sich zum großen Teil bereits mit satten Gewinnen aus dem Staub gemacht haben, platzt die Blase, und es herrscht Katerstimmung.

Was alle diese Beispiele meines Erachtens eindrucksvoll belegen, ist Folgendes: Der vulgärliberale Satz, dass dem Wohl des Einzelnen und dem Wohl des Ganzen schon dann hinreichend gedient sei, wenn jeder unbehelligt vom Staat seinen eigenen Vorteil verfolgen könne, stimmt schlicht und ergreifend nicht. Freiheit kann weder in technizistischer noch in ökonomistischer Verengung hinreichend begriffen werden. Das heißt nicht, dass es keine Forschungsfreiheit oder wirtschaftliche Freiheit geben soll. Aber beide sind nicht grenzenlos. Und solche Grenzen werden eben unter anderem von der Menschenwürde und dem Gemeinwohl markiert. Es muss diese Grenzen geben – um der Freiheit selbst willen. Und diese Orientierung am Gemeinwohl setzt einen moralischen Grundwasserspiegel bei den Akteuren voraus. Die wirklich großen liberalen Ökonomen des 20. Jahrhunderts haben das übrigens sehr gut gewusst.

Wo Freiheit mit Beliebigkeit verwechselt wird, wo Individualismus zum Egoismus degeneriert und wo der Liberalismus zum bloßen Hedonismus pervertiert, da kann die oben angesprochene Rede der Christlichen Sozialethik vom »Dritten Weg« mit einem ersten konkreten, grundsätzlichen Inhalt gefüllt werden. Ich möchte dazu noch einmal das oben angeführte Zitat aus dem letzten Buch von Papst Johannes Paul II. aufgreifen. Unser verstorbener Papst sagt hier, dass der zentrale Konstruktionspunkt der kirchlichen Soziallehre das Thema der Freiheit des Menschen ist. Was er damit genau meint, führt er in folgenden Worten aus: »Die Freiheit wird dem Menschen vom Schöpfer gegeben als Gabe und Aufgabe zugleich. Der Mensch ist nämlich dazu berufen, mit seiner Freiheit die Wahrheit über das Gute anzunehmen und zu verwirklichen. Indem er einen wahren Wert in seinem persönlichen Leben und in der Familie, im wirtschaftlichen und politischen Bereich, auf nationaler und internationaler Ebene wählt und in die Tat umsetzt, verwirklicht er seine eigene Freiheit in der Wahrheit.«

Der verstorbene Papst sieht Freiheit also gebunden an das Wahre und an das Gute. »Die Freiheit«, so betont er, »ist in dem Maße wirkliche Freiheit, wie sie die Wahrheit über das Gute verwirklicht. Nur dann ist auch sie selbst etwas Gutes. Wenn die Freiheit aufhört, mit der Wahrheit verbunden zu sein, und beginnt, sie von sich abhängig zu machen, schafft sie die Voraussetzungen für moralisch schädliche Folgen, deren Ausmaße mitunter unberechenbar sind« (Johannes Paul II. 2005, 61 f.). Ich möchte hinzufügen: Dann schafft sie die Voraussetzungen für neue Abhängigkeiten und Verknechtungen des Menschen.

Wenn selbst in den Wirtschaftsredaktionen deutscher Zeitungen das »Lob der Gier« gesungen wird, dann ist das ein Beispiel für ein solch perverses Verständnis von Freiheit, gegen das gerade wir Christen entschieden Einspruch erheben müssen. Da müssen wir aufstehen und sagen: Das geht so nicht. Wir lassen nicht zu, dass die Sünde gelobt wird. Und wir lassen auch nicht zu, dass der Sünde die Maske der Freiheit aufgesetzt wird.

Manch einer mag in diesen Aussagen die traurige Anhänglichkeit an ein vormodernes Freiheits- und Wahrheitsmodell erkennen. Dabei darf aber nicht vergessen werden, dass die Begründer des Liberalismus und auch die großen Liberalen des 20. Jahrhunderts einen ganz ähnlichen Freiheitsbegriff vertreten haben, dass sie zumindest ein hedonistisches Freiheitsverständnis entschieden abgelehnt haben.

Einer der bedeutendsten liberalen Denker des letzten Jahrhunderts, der Wirtschaftsnobelpreisträger Friedrich August von Hayek (1899–1992), hat zeitlebens vor einem »falschen Individualismus« gewarnt, der Freiheit mit Beliebigkeit verwechselt. In seinem berühmten Buch *Die Verfassung der Freiheit* schreibt er: »Es ist eine Tatsache, die all die großen Vorkämpfer der Freiheit außerhalb der rationalistischen Schule nicht müde wurden zu betonen, dass Freiheit ohne tief eingewurzelte moralische Überzeugungen niemals Bestand gehabt hat und dass Zwang nur dort auf ein Mindestmaß herabgesetzt werden kann, wo zu erwarten ist, dass die Individuen sich in der Regel freiwillig nach gewissen Grundsätzen richten« (Hayek 2005, 83).

Hayek, der bekennender Agnostiker war, aber nie die Kirche verlassen hat und sich auch kirchlich beerdigen ließ, sah zudem in dem religiösen Glauben die einzige zuverlässige Vermittlungsinstanz solcher notwendigen moralischen Überzeugungen. Es war für ihn eine der bedeutendsten Leistungen des Christentums, dass es in Verbindung mit dem römischen Rechtsdenken universelle Regeln des Zusammenlebens der Menschen hervorgebracht hat. Er hat dem heute vorherrschenden rationalistischen Wahrheitsbegriff in der Tradition von Descartes (1596–1650) zutiefst misstraut und demgegenüber die Vernunft des Glaubens betont. Denn seiner Ansicht nach »beruht unsere ganze Zivilisation darauf – und muss darauf beruhen –, dass wir vieles *glauben,* von dem wir nicht *wissen* können, ob es im cartesischen Sinne wahr ist« (Hayek 1981, Bd. 1, 27).

Damit hat Hayek nicht dem religiösen Fundamentalismus das Wort geredet, sondern sich gegen die heute weithin verbreitete Darstellung gewendet, dass Glaube und Vernunft in einem Gegensatz zueinander stünden. Glaube und Wissen, Glaube und Vernunft sind aufeinander bezogen. Papst Benedikt XVI. hat vor Jahren, als er noch Kardinal Joseph Ratzinger war, einmal an der Sorbonne – eher ein Ort der laizistischen Tradition Frankreichs – einen bedeutenden Vortrag gehalten. Und da hat er sehr pointiert herausgearbeitet, dass das Christentum sich als »vernunftgeleitete Aufklärung« verstanden hat, und durchaus auch so verstanden wurde in der antiken Welt. Der Philosoph Justin, der im zweiten Jahrhundert lebte und Märtyrer wurde, versteht das Christentum als die Vollendung der Philosophie, des Denkens, des Suchens nach der Wahrheit. Und die Möglichkeit, die Wahrheit zu finden, gehört zum Menschen. Wenn es keine Wahrheit mehr gibt und kein gemeinsames Sichbemühen um Wahrheit, sondern nur Meinungen, die nebeneinander stehen, dann ist eine Kommunikation über Letztbegründungen oder über letzte Ausrichtungen des Menschen oder über die Frage »Was ist der Mensch?« nicht möglich. Die Frage nach dem Menschen und dem Menschenbild ist aber die zentrale Frage überhaupt.

In seiner *Logik* schreibt Kant, dass sich das Feld der Philosophie auf vier Fragen bringen lasse: Was kann ich wissen? Was soll ich tun? Was darf ich hoffen? Was ist der Mensch? Und dann benennt er die Zuständigkeiten für die Antworten: für die erste Frage interessanterweise die Metaphysik, für die zweite Frage die Moral, für die dritte die Religion, für die vierte die Anthropologie. Aber eigentlich, so fährt Kant dann fort, zielen die ersten drei auf die letzte, die zentrale Frage: »Im Grunde könnte man aber alles dieses zur Anthropologie rechnen, weil sich die drei ersten Fragen auf die letzte beziehen« (Kant, AA, Bd. 9, 25). Alles kreist Kant zufolge – auch bei der Religion, bei der Naturwissenschaft, in der Politik, in der Wirtschaft – um den Menschen, seine Möglichkeiten und seine Grenzen, seine Bestimmung.

In diesem Horizont möchte ich im Folgenden einige Überlegungen zur Freiheit anstellen, insbesondere zu dem Freiheitsverständnis, wie es in dem von Karl Marx kritisierten Kapitalismus wirksam war. Von diesem Kapitalismus des 19. Jahrhunderts begegnen uns heute, wie ich eingangs in meinem fiktiven Brief an meinen Namensvetter geschrieben habe, wieder beunruhigend viele Phänomene. Ich möchte deshalb die Frage stellen, ob auch heute noch eine Marktwirtschaft möglich ist, die das Prinzip der Freiheit auf dem Markt mit dem des sozialen Ausgleichs verbindet. Ich möchte der Frage nachgehen, ob es die Möglichkeit gibt, den berechtigten Sorgen und Anliegen der Menschen, von denen ich eingangs dieses Kapitels berichtet habe, gleichermaßen Rechnung zu tragen: den Sorgen der Unternehmer, der Arbeitnehmer, der Arbeitslosen und der Familien.

Ich bin der festen Überzeugung, dass die genuin christliche Perspektive durchaus einen Beitrag dazu leisten kann, Antworten auf diese Fragen zu finden, die heute nicht nur Christinnen und Christen, sondern sehr viele Menschen bewegen. Wenn ich diesen christlichen Standpunkt hier einbringen möchte, dann geht es mir nicht darum, Gott zu beweisen. Aber man kann die Frage nach dem Menschen und seiner wirklichen Freiheit meines Erachtens nur umfassend beantworten, wenn man Gesichtspunkte mit einbezieht, die nicht nur dem naturwissenschaftlichen oder ökonomischen Paradigma gehorchen, also der Logik: Was bringt es? Funktioniert es? Kann ich es experimentell abrufen? Wirft es Gewinn ab?

So lässt sich die Frage nach der Freiheit des Menschen nicht erschöpfend beantworten. Das ist für mich ein wichtiges Anliegen, das ich einbringen möchte. Es hat nichts zu tun mit einem Rückfall *vor* die Aufklärung, sondern mit der Erweiterung der Perspektive über den Menschen und seine Hoffnungen, seine Möglichkeiten.

Durch diese Erweiterung der Perspektive wird auch kein »christlicher Fremdkörper« in die »säkularisierte Moderne« eingebracht. Denn so säkularisiert, wie manche denken, ist die Moderne keineswegs. An der Oberfläche mag es so

scheinen, mag die Bindung an die Kirchen bei vielen abnehmen, aber subkutan fließt christliches Blut durch die Adern
dieser Gesellschaft. Der in Hannover lehrende Philosoph
Detlef Horster hat einmal festgestellt: »Alle unsere grundlegenden Werte stammen aus dem Christentum.«[3]

Nehmen wir nur einmal die für uns so grundlegende Vorstellung von dem Menschen als Person mit einer unveräußerlichen Menschenwürde. Diese Idee geht wesentlich zurück
auf christologische und trinitätstheologische Spekulationen
spätantiker christlicher Philosophen und Theologen. Die
Vorstellung der Trinität ist im Studium für mich sehr interessant gewesen, sie hat mich fasziniert. Manche fragen: Was hat
das denn mit meinem Glauben zu tun? Das ist doch eine Sache der theologischen Experten: Vater, Sohn, Heiliger Geist,
Trinität, ein Gott in drei Personen – völlig verrückt! Aber da
geht es um das Zentrum des christlichen Glaubens. Gott ist
Einer, und als der Eine seinem Wesen nach Beziehung, Dialog. Deswegen sagen wir ja auch: Gott ist die Liebe. Und
weil Gott die Liebe ist, ist das Konstruktionsprinzip der von
ihm geschaffenen Welt auch Freiheit. Man kann, meine ich,
von christlicher Theologie nicht sprechen, wenn man sich
diesem Zentrum nicht gedanklich und damit begrifflich ge-
nähert hat.

Und da ist eben auch genau der Punkt im Nachdenken
über die Trinität, der direkt zum Personbegriff führt, nämlich
das Verhältnis von Selbststand und Relation. Dass Gott wesentlich Beziehung zwischen Vater, Sohn und Geist ist, eine
Beziehung, die gleichzeitig Selbststand ist, ist Ausgangspunkt
auch der christlichen Anthropologie und des Personbegriffs
des Menschen, der ja Ebenbild Gottes ist, wie uns die Bibel
sagt. Der Mensch ist Selbststand in Relation. Das ist die di-
rekte Formulierung des theologischen Begriffes der Person.

---

3 Süddeutsche Zeitung, Nr. 124 v. 1. 6. 2004, 15.

Selbststand, das bedeutet: unantastbare Würde. Niemand darf über einen anderen verfügen; der Mensch ist Zweck an sich selbst, wie es Kant sagt, nicht bloßes Mittel für fremde Zwecke. Aber auch bei Kant lebt der Mensch in Relation; er hat den Hang, sich zu vergesellschaften. Selbststand und Relation – das ist die Zusammenfassung des abendländischen Personenbegriffs. Man könnte es auch ganz einfach so sagen: *Ich* und *Du* und *Wir* sind grundsätzlich aufeinander bezogen und ohne einander nicht verstehbar. Das ist ja eine ganz grundlegende Erfahrung, die wir alle gemacht haben. Erst die Liebe, das *Wir* zweier Menschen, unserer Eltern, hat uns das Leben, unser *Ich*, geschenkt. Und erst dadurch, dass uns unsere Eltern als *Du* angesprochen haben, haben wir ein Bewusstsein von unserem *Ich* entwickeln können. Erst diese liebende Annahme hat uns zu selbstbewussten Personen reifen lassen. Und darüber hinaus: Ich bin, weil Gott mich als Schöpfer anspricht und sagt: Du sollst leben!

Was ergibt sich nun aus diesen grundsätzlichen Gedanken über den Menschen und seine Freiheit für den Fortgang unserer Überlegungen? Ich möchte das in drei Punkten zusammenfassen: Erstens: Kein Zurück in eine alte Welt! Ein Rückweg in eine nostalgisch verstandene Vergangenheit ist unmöglich. Wir müssen uns der Moderne, der Aufklärung mit ihren »Gewinnen«, ihren Erkenntnissen, Erweiterungen, ihren Möglichkeiten stellen. Ich halte die Moderne für einen Fortschritt und bin nicht der Meinung, die auch in manchen kirchlichen Kreisen verbreitet ist, dass es richtig wäre, die moderne Welt nur in einer kulturpessimistischen und kulturkritischen Weise zu betrachten. Das ist meiner Ansicht nach überzogen und übertrieben und oft auch nicht wahr. Also: Die Moderne ist ein Fortschritt in der menschlichen Geschichte, die Freiheitsgewinne sind Fortschritte. Es gibt kein Zurück.

Der zweite Gedanke, der hinzugefügt werden muss: Die Aufklärung beantwortet in ihrem Freiheitspathos nicht, was Inhalt der Freiheit sein soll. Deswegen kann diese Freiheit auch eine Leerformel bleiben. Und insofern muss die Freiheit gebunden werden oder neu zurückgebunden werden an letztverbindliche Normen. Ohne diese Rückbindung wird Freiheit zur nach vorne offenen Beliebigkeit, zum Spiel der Interessen und der Macht. In gewisser Weise braucht das aufgeklärte Denken also selbst Aufklärung, braucht es weiterhin das Projekt einer Dialektik der Aufklärung, einer »aufgeklärten Aufklärung«.

Drittens: Im Zentrum dieses Projekts einer »aufgeklärten Aufklärung« stehen der Mensch und seine Würde. Wenn wir uns nicht darüber einigen können, dass die Würde des Menschen unantastbar ist und auch durch Mehrheitsmeinungen nicht einfach je neu interpretiert werden kann, werden sich die Freiheitsgewinne möglicherweise gegen den Menschen richten. Tendenzen in diese Richtung sind aktuell klar zu erkennen – auch im Wirtschaftsleben. Diese Gefahren sollte man ehrlicherweise ansprechen dürfen. Ich sage nicht, dass es schon insgesamt so wäre, aber es gibt sehr alarmierende Entwicklungen. Und da hat gerade die Kirche, haben alle Christinnen und Christen die Pflicht, aufmerksam zu bleiben und ihre Stimme zu erheben.

Von daher, denke ich, ist die Rolle der Kirche auch in der modernen Gesellschaft wichtig. Und zwar nicht nur, darauf lege ich Wert, im Sinne eines »Moralproduzenten«, wie es ja in gewisser Weise in der Öffentlichkeit, auch von Politikern, gefordert wird. Bei aller Kritik an der Kirche erwartet man dann gelegentlich von ihr die »moralische Aufrüstung« in Ermangelung anderer Institutionen. So als könne man Moral backen, wie man Brötchen backt, oder als sei der wesentliche Punkt des Christentums Moral, als habe Jesus vor allen Dingen daran gedacht, unsere offene Gesellschaft mit einem moralischen Kitt zu versehen. Ich kann im Evangelium nicht entdecken, dass das seine Hauptsorge war. Seine Hauptsorge, sein Hauptmotiv war etwas anderes: Menschen einen Zugang zu Gott zu eröffnen, die befreiende Erfahrung zu machen von einer Wirklichkeit, die größer ist als der Mensch und sich trotzdem seiner annimmt. Das ist zunächst einmal der Ausgangspunkt, und daraus folgt eine neue Lebensweise, eine neue Moral. Aber ich darf nicht das Zweite vor dem Ersten nennen, denn Religion ist nicht einfach identisch mit Moral. Eine der Ursachen der Krise des Christentums bei uns ist, dass manche darunter nur Moral verstehen. Das ist ein verheerendes Missverständnis, das ist nicht der Kern der Religion. Das ist ein Ergebnis des Christentums, aber nicht der Kernpunkt.

Die Kirche hat deshalb aus meiner Sicht nicht nur als »Institution der Moral« eine öffentliche Rolle zu spielen. Wolfgang Huber, EKD-Ratsvorsitzender und evangelischer Bischof von Berlin-Brandenburg, hat es einmal auf den Punkt gebracht mit der Formulierung, dass Kirche »öffentliche Kirche« sein sollte. Eine Privatisierung der Religion halte ich für eine Verkürzung der Wahrnehmung des christlichen Glaubens. Natürlich ist die Entscheidung zum Glauben Privatsache, aber sie ist zugleich von höchstem öffentlichem Interesse, wie auch die Entscheidung zur Familie und zu einer sittlichen Lebensweise.

Natürlich hat der Staat nicht zu regieren mit der Bibel in der Hand. Aber es sollte ihm nicht gleichgültig sein, dass es Menschen gibt, die an Gott glauben. Es ist nicht belanglos für den Staat und für die Gesellschaft, ob die Rede von Gott öffentlich hörbar bleibt, ob man daran glaubt, dass der Mensch eine Würde hat, die er nicht selber gemacht hat, dass es eine Zukunft gibt, die nicht allein in Menschenhand liegt. Es ist nicht unwichtig, dass das verkündet und geglaubt wird. Dass die Gottesfrage in diesem Sinne lebendig gehalten wird, ist vielmehr eine gesellschaftspolitisch hochrangige und wichtige Aufgabe. Deshalb gibt es in Deutschland etwa an den staatlichen Schulen das Fach Religion und auch ansonsten eine gewisse, bei uns schon aus der Geschichte verständliche Kooperation von Kirche und Staat. Eine Staatskirche darf es selbstverständlich nicht geben. Aber dass Kirche und Religion öffentlich präsent sind, das ist wichtig für alle.

Die moderne, offene Gesellschaft profitiert durchaus davon, dass die Kirche die Frage nach Gott offenhält und über den Menschen in einem größeren Zusammenhang redet, von der »Fülle des Menschseins« spricht. Der Theologe Johann Baptist Metz hat es einmal so formuliert: »Die kürzeste Definition von Religion: Unterbrechung« (Metz 1977, 150). Das ist meines Erachtens ein Gedanke, der das Gemeinte gut ausdrückt: Unterbrechung – und damit die Möglichkeit, anderes zuzulassen und anderes aufzugreifen, nicht nur in der Verlängerung des Nützlichen und Ökonomisierbaren verbleiben. Die »Eigengesetzlichkeiten« und Grenzen des Menschseins werden von der Möglichkeit durchbrochen, dass der Mensch über sich selbst hinausweist, das nennen wir »Transzendenz«. Ohne eine solche Horizonterweiterung verlieren wir uns irgendwann in der individualistischen Perspektive des Nutzens, des ökonomischen Denkens. Es bleiben dann eben tatsächlich nur noch der technologische Imperativ (»was technisch möglich ist, soll auch getan werden«) und der ökonomische Imperativ (»was Gewinn bringt, darf nicht verhindert werden«), das Ganze kombiniert mit einer Ethik des »geringeren Übels«, des *minus malum*. In einer solchen Verengung des Freiheitsdenkens liegt eine große Gefahr für unsere Gesellschaft, denn dann gibt es kein Halten mehr.

Mir ist natürlich klar, dass ich mich als Bischof immer dem Verdacht aussetze, dass ich »pro domo« argumentiere, wenn ich auf die gesellschaftliche Bedeutung von Religion und Kirche hinweise. Darum möchte ich dieses Kapitel mit einem Zitat von Wilhelm Röpke abschließen, einem der prominentesten Verfechter einer freiheitlichen Marktwirtschaft im 20. Jahrhundert. Röpke war ein großer Ökonom, aber er hat sich zeitlebens gegen den Ökonomismus gewendet, der das ganze menschliche Zusammenleben auf ökonomisch Verrechenbares reduzieren möchte. Das Zitat entstammt seinem Buch, das den bezeichnenden Titel *Jenseits von Angebot und Nachfrage* trägt. »Ich habe immer Scheu gehabt, davon zu sprechen«, schreibt Röpke dort, »da ich zu denen gehöre, die ungern ihre religiösen Überzeugungen zu Markte tragen. Um es aber bei dieser Gelegenheit mit aller Deutlichkeit zu sagen: Der tiefste Sitz der Krankheit unserer Kultur liegt in der geistig-religiösen Krise, die sich in jedem Einzelnen vollzogen hat und nur in der Seele jedes Einzelnen auch überwunden werden kann. Wir haben, obwohl der Mensch vor allem ein Homo religiosus ist, seit einem Jahrhundert den immer verzweifelteren Versuch gemacht, ohne Gott auszukommen und den Menschen, seine Wissenschaft, seine Kunst, seine Technik und seinen Staat in ihrer Gottferne, ja Gottlosigkeit selbstherrlich an seine Stelle zu setzen. Man darf überzeugt sein, dass eines Tages über die meisten wie eine Sturzwelle hereinbrechen wird, was jetzt erst wenigen klar ist: Jener verzweifelte Versuch hat eine Lage geschaffen, in der der Mensch als geistig-moralisches Wesen nicht existieren kann, was so viel heißt, dass er in ihr auf Dauer überhaupt nicht existieren kann, trotz Fernsehen, Autobahnen, Vergnügungsreisen und komfortablen Appartements. Es ist, als hätten wir den Gottesbeweisen einen neuen und überzeugenden hinzufügen wollen: den indirekten Beweis aus den praktischen Folgen der angenommenen Nichtexistenz Gottes« (Röpke 1979, 25).

II

Ökonomie für den Menschen
Marktwirtschaft und Ethik

»Eines Nachmittags – ich muss etwa zehn Jahre alt gewesen sein – spielte ich im Garten unseres Hauses in Dhaka, der heutigen Hauptstadt von Bangladesch, als ein Mann, herzzerreißende Schreie ausstoßend und heftig blutend, durch unser Tor gelaufen kam. In seinem Rücken steckte ein Messer. Es waren die Tage der Volksunruhen, in denen Hindus und Moslems sich gegenseitig umbrachten, was schließlich zur Teilung Indiens und der Unabhängigkeit Pakistans führte. Der niedergestochene Mann, er hieß Kader Mia, war ein moslemischer Tagelöhner, der für ein paar Pfennige im Nachbarhaus arbeitete und auf der Straße vom Mob in unserem überwiegend von Hindus bewohnten Viertel angefallen worden war. Während ich ihm zu trinken gab, die Erwachsenen im Haus laut um Hilfe herbeirief und mein Vater ihn eilends ins Krankenhaus schaffte, erzählte Kader Mia, seine Frau habe ihn angefleht, in diesen unruhigen Zeiten ein so gefährliches Viertel zu meiden. Kader Mia blieb jedoch keine Wahl, er musste Arbeit suchen, weil seine Familie nichts zu essen hatte. Die Strafe für seine wirtschaftliche Unfreiheit war der Tod. Er starb im Krankenhaus« (Sen 2005, 18 f.).

Diese schockierende Episode seiner Kindheit schildert der weltberühmte Ökonom Amartya Sen in seinem Buch *Ökonomie für den Menschen*, dessen Titel ich auch als Überschrift für dieses Kapitel aufgegriffen habe. Es handelt sich dabei um einen Band, der aus einer Vortragsreihe hervorgegangen ist, die Sen 1996 bei der Weltbank in Washington gehalten hat.

Sen, dem 1998 der Nobelpreis für Wirtschaftswissenschaften verliehen wurde, ist ein sehr eigenständiger Kopf seines Faches. Das erkennt man schon daran, dass er bereits im Vorwort seines Buches schreibt, dass die Weltbank nicht immer zu den von ihm besonders geschätzten Institutionen zählte. In den Wirtschaftswissenschaften galt er lange Zeit als ein Exot. Immer wieder, so erzählt er selbst, bitten ihn Menschen um Anlagetipps für ihr Vermögen, wenn sie hören, dass er Ökonom ist. Es tue ihm leid, dass er diese Menschen dann immer enttäuschen müsse, wenn er ihnen sage, dass er sich mit solchen Fragen nicht beschäftige, sondern mit den Problemen derjenigen, die kein Geld haben, um es anzulegen.

Dass Sen immer wieder versucht, ökonomische und ethische Fragen miteinander zu verknüpfen, ist heutzutage in seinem Berufsstand leider ziemlich selten geworden. Sens Hauptinteresse gilt der Wohlfahrtsökonomie und der Entwicklungstheorie. Das führt er selbst auf seine Herkunft zurück. Er wurde 1933 in Shantiniketan im Osten Indiens geboren. Obwohl seine eigene Familie wohlhabend war, wurde er mit existenzieller Not und Armut in seiner unmittelbaren Nähe konfrontiert. Zu den Erfahrungen seiner Kindheit gehören eine verheerende Hungersnot in seiner Heimat, die Millionen Menschen das Leben gekostet hat, und jene blutigen ethnischen Auseinandersetzungen zwischen Hindus und Muslimen, die dazu führten, dass er als Zehnjähriger den Mord an Kader Mia erleben musste. Diese schrecklichen Erlebnisse haben Sen sehr geprägt, und er hat sein Leben in den Dienst des Kampfes gegen die Armut und für die Freiheit der Menschen gestellt.

Auch sein Buch *Ökonomie für den Menschen* beschäftigt sich mit entwicklungstheoretischen Fragen. Der Originaltitel macht das besser deutlich als der deutsche: *Development as Freedom – Entwicklung als Freiheit*. Und dieser englische Titel gibt zugleich die einfache Grundthese von Sen wieder: Bei der wirtschaftlichen Entwicklung geht es nicht allein um die bessere materielle Ausstattung von Menschen, sondern um die Erweiterung realer Freiheiten.

Dass Armut nicht nur ein materielles Problem darstellt, sondern in vielfältiger Weise die Freiheit des Menschen bedroht, hat ihm das Schicksal von Kader Mia auf drastische Weise vor Augen geführt. Unmittelbar habe ihm diese Erfahrung demonstriert, so schreibt er, dass ökonomische Unfreiheit einen Menschen zum hilflosen Opfer auch der Verletzung anderer Arten von Freiheit machen könne: »Kader Mia hätte in diesen schrecklichen Zeiten auf der Suche nach einem geringen Lohn nicht in ein gefährliches Viertel gehen müssen, wenn seine Familie auch so hätte überleben können. Wirtschaftliche Unfreiheit kann zur Brutstätte für soziale Unfreiheit werden, so wie soziale oder politische Unfreiheit ihrerseits wirtschaftliche Unfreiheit befördern kann« (Sen 2005, 19).

Was mir den Ansatz von Sen so sympathisch macht, ist diese Fokussierung auf die menschliche Freiheit in ihren unterschiedlichen Facetten und der besondere Blick auf die Lage der Armen. Ich habe bereits gesagt, dass die Frage der Freiheit mir ganz besonders am Herzen liegt und dass diese Frage auch im Mittelpunkt der kirchlichen Sozialverkündigung steht. Und auch die Christliche Soziallehre spricht dabei von der vorrangigen *Option für die Armen*. Denn so wie Jesus Christus sich besonders um die Armen und Benachteiligten gekümmert hat, so ist es auch die Aufgabe der Kirche, sich in seiner Nachfolge besonders für die Armen und Benachteiligten einzusetzen und ihre Lebensmöglichkeiten und Freiheitsperspektiven zu verbessern.

Im vorangehenden Kapitel habe ich versucht, deutlich zu machen, dass die Christliche Sozialethik bei dieser Suche nach der wahren, umfassenden Freiheit für alle Menschen von einem bestimmten Menschenbild ausgeht: Sie begreift den Menschen als Person, nimmt ihn also umfassend in den Blick, sowohl in seinem Selbststand als auch in seiner Beziehung zu anderen.

Man kann sagen, dass dieses Menschenbild – man spricht auch von dem Prinzip der Personalität – der Dreh- und Angelpunkt der kirchlichen Soziallehre ist. Freiheit und Personalität gehören dabei eng zusammen, denn nur Personen können wirklich frei sein. Das Personalitätsprinzip ist in der Christlichen Sozialethik der Ausgangspunkt bei der Suche nach der rechten und gerechten Gestaltung des Miteinanders der Menschen. Dabei leitet die kirchliche Soziallehre nicht einfach bestimmte Normen aus dem christlichen Menschenbild ab, sondern sie fragt, was dem Menschen gemäß ist, was ihn fördert und zur wahren Freiheit führt.

Anders als manche säkulare Philosophie des 20. Jahrhunderts hat die Kirche nie den Anspruch erhoben, eine umfassende Gesellschaftstheorie vorzulegen. Sie hat im Lauf der Geschichte mit ihrer Sozialverkündigung vielmehr in kritischer Zeitgenossenschaft immer wieder strukturelle Missachtungen der Menschenwürde angeprangert, Verletzungen der Freiheit angeklagt und Gerechtigkeit für alle Menschen eingefordert. Zunächst ging es im 19. Jahrhundert um die Durchsetzung der Rechte der Arbeiterschaft. In der ersten Hälfte des 20. Jahrhunderts kam dann die Auseinandersetzung mit den totalitären Ideologien von Faschismus, Nationalsozialismus und Kommunismus hinzu. Die Menschheitskatastrophen der beiden Weltkriege ließen die Frage des Friedens in den Vordergrund treten. Und die der Katholischen Weltkirche eigene globale Perspektive weitete den Blick schon sehr früh auf die »Dritte Welt« und Fragen von

Armut und Entwicklung. Insofern stand die Globalisierung von politischer und sozialer Gerechtigkeit schon auf der kirchlichen Agenda, als die Politik in weiten Teilen darüber noch nichts hören, sehen oder sagen wollte.

Diese enge Verbundenheit der Kirche und ihrer Soziallehre mit *allen* Menschen, mit ihren Sorgen und Nöten in dieser Welt, hat das Zweite Vatikanische Konzil in den programmatischen Einleitungsworten der Pastoralkonstitution *Gaudium et Spes* von 1965 auf schöne Weise zum Ausdruck gebracht: »Freude und Hoffnung, Trauer und Angst der Menschen von heute, besonders der Armen und Bedrängten aller Art, sind auch Freude und Hoffnung, Trauer und Angst der Jünger Christi« (*Gaudium et Spes* 1).

Die kirchliche Soziallehre ist dabei keineswegs nur eine theoretische Disziplin. Und sie umfasst auch mehr als die lehramtlichen Texte der Päpste und der Konzilien. Es geht vielmehr um einen wichtigen und notwendigen »Dreiklang« von lehramtlicher Verkündigung, wissenschaftlicher Reflexion und sozialer Bewegung der Gläubigen. An den Lehrstühlen für Christliche Gesellschaftslehre, die es an den meisten Theologischen Fakultäten gibt, und an anderen christlich-sozialethischen Instituten versuchen Wissenschaftlerinnen und Wissenschaftler, die sozialethische Dimension des Evangeliums auf der Höhe der heutigen sozialwissenschaftlichen Diskurse zu formulieren. Die lehramtliche Verkündigung nimmt diese wissenschaftliche Debatte auf und setzt ihr gleichzeitig neue Akzente und Ziele.

Eine vergleichbare Rückkopplung gibt es auch zwischen dem Lehramt und der sozialen Bewegung innerhalb der Kirche. Ohne engagierte Gläubige, die durch ihr Handeln in Politik, Wirtschaft und Gesellschaft die lehramtliche Verkündigung und die Sozialethik mit Leben erfüllen, kann die Botschaft der Kirche nicht wirksam werden. Und natürlich führt das Entdecken neuer sozialer Probleme durch engagierte Christen auch dazu, dass lehramtlich Themen aufgegriffen werden, die vorher so nicht im Blick waren.

Die kirchliche Soziallehre hat bestimmte Leitideen – an der Spitze eben die Idee der Personalität, also die Idee von der Einzigartigkeit und Unaustauschbarkeit jedes einzelnen Menschen –, und diese Leitideen konfrontiert sie mit der jeweiligen geschichtlichen Realität, ohne den Anspruch zu erheben, eine vollkommene Ordnung für den Menschen herstellen zu können. Es geht ihr um stetige Verbesserungen der sozialen Strukturen auf eine je gerechtere Gesellschaft hin.

Sie ist deshalb auch beschrieben worden als ein »Gefüge von offenen Sätzen«. Mit anderen Worten: Sie bietet kein Instant-Rezept zum Anrühren, sondern sie sagt, was in eine gescheite Suppe hineingehört, damit sie schmeckt. Ihr Konstruktionspunkt ist nicht ein ideales System, sondern der Mensch als Person und seine umfassend verstandene Freiheit.

Trotz aller ursprünglichen Kritik am politischen und am wirtschaftlichen Liberalismus war deshalb der sozialistische Kollektivismus für die Kirche nie eine bedenkenswerte Alternative. Denn das, was der kirchlichen Soziallehre am wichtigsten ist, die freie menschliche Person, wird im Kollektivismus der »Volksgemeinschaft« oder der »Arbeiterklasse« untergeordnet, im schlimmsten Fall sogar geopfert.

Der handelnde Mensch in seiner Gemeinschaft und seinem Gemeinwesen steht im Mittelpunkt der Christlichen Sozialethik, und alle Organisationsformen von Wirtschaft und Gesellschaft sind daran zu messen, ob sie der Personwürde und Freiheit des Menschen dienen oder sie beeinträchtigen. Diese Achtung der Menschenwürde ist nach unverrückbarer christlicher Überzeugung gegenüber allen Menschen zu realisieren, auch gegenüber denjenigen, die nicht, noch nicht oder nicht mehr am Wirtschaftsgeschehen teilnehmen können. Der Mensch ist nicht erst dann Mensch, wenn er einen

Faktor im Bruttosozialprodukt darstellt, wenn er ökonomisch nützlich ist.

Die Frage nach der ethischen Berechtigung der Marktwirtschaft ist insoweit Teil der in dem vorangehenden Kapitel angerissenen Diskussion über die Grundfragen der Moderne und eine »aufgeklärte Aufklärung«. Die Befreiung der Wirtschaft, das Ende des Feudalismus, die Aufhebung der Zünfte und die industrielle Revolution wären ohne die Aufklärungsphilosophie nicht denkbar gewesen. Das Signum der Aufklärung ist die Befreiung des Menschen, und die wirtschaftliche Befreiung muss als ein Teil dieses Programms gesehen werden.

Die Wirtschaft ist ein Teilbereich der modernen Gesellschaft, der tendenziell auch alle anderen Bereiche und gesellschaftlichen Verhältnisse beeinflusst und prägt. Das muss an sich noch nicht kritisiert werden, denn alle Lebensverhältnisse des Menschen haben auch einen Bezug zur Ökonomie, stehen also unter Knappheitsbedingungen. Das gilt auch für die Religion, die Familie und die Kultur. Dennoch gibt es Gefährdungen, auf die die Soziallehre der Kirche von Anfang an hingewiesen hat.

Auf der einen Seite braucht Freiheit natürlich eine materielle Grundlage, und deswegen hat schon die scholastische Theologie des Mittelalters das Privateigentum als Grundlage der Freiheit gesehen. Das heißt aber nicht: Freiheit ist, wenn ich »habe«. Dann wären die Dollarmillionäre und Yachtbesitzer die eigentlich Freien in dieser Welt. So einfach liegen die Dinge nicht, wie wir alle wissen.

Eine konsequente »Materialisierung« lässt die Freiheit selbst ins Leere laufen, weil die Freiheit nur dann ihr Ziel findet, wenn sie sich an das Gute bindet, und das kann nicht identisch sein mit einem rein materiellen Lebensinhalt. Diese Ausrichtung gilt nicht nur individuell, sondern auch für den Teilbereich Wirtschaft und für ein Gemeinwesen insgesamt, das sich nicht nur als eine lockere Organisation von unterschiedlichen Interessen versteht; ihr Ziel ist das *Gemeinwohl* – das allen gemeinsame Wohl.

Adam Smith (1723–1790), der große Ahnherr der liberalen Wirtschaftstheorie, hat das durchaus gesehen. Das sollte nicht weiter verwundern, denn Smith war ja ein Moralphilosoph, der nicht nur das weltberühmte Werk *Der Wohlstand der Nationen*, sondern auch eine *Theorie der ethischen Gefühle* geschrieben hat. Und als Moralphilosoph hat er sich die Frage gestellt, wie man die abendländische Solidaritätsmoral unter den Bedingungen einer anonymen, modernen Großgesellschaft noch zur Geltung bringen könnte. Er suchte in einer Zeit massenhafter dramatischer Armut nach einem wirtschaftlichen System, das den allgemeinen Wohlstand heben, insbesondere die Situation der vielen Armen verbessern sollte. Er wollte unter den Bedingungen der Moderne Wirtschaft effizient und zugleich ethisch verantwortlich gestalten. Und er bestritt, dass eine Wirtschaft, die ineffizient ist, unter moralischen Gesichtspunkten als gut beurteilt werden könnte.

Die von ihm vorgeschlagene Lösung war, dass man sich nicht auf die Nächstenliebe der Menschen verlassen solle, um die sozialen Probleme zu bewältigen, sondern dass man sich ihr Eigeninteresse bzw. ihr Gewinnstreben zunutze machen müsse. Smith empfahl zur Bekämpfung der zu seiner Zeit herrschenden Not und Mangelwirtschaft nicht barmherzige Mildtätigkeit, sondern ein auf dem Gewinnstreben der Einzelnen aufbauendes Wirtschaftssystem. Über die Produktion und die Verteilung der dringend benötigten Güter und Dienstleistungen sollten der Markt bzw. die einzelnen Marktteilnehmer entscheiden und niemand sonst.

Das Eigeninteresse wird in diesem Modell zum eigentlichen und unter ethischen Gesichtspunkten auch hinreichenden Motiv wirtschaftlichen Handelns; andere Motivationen – etwa die Überzeugung, anderen helfen zu müssen – spielen keine Rolle. Dieser Gedanke wird in einem der meistzitierten Sätze aus dem *Wohlstand der Nationen* ausgedrückt: »Nicht vom Wohlwollen des Metzgers, Brauers und Bäckers erwarten wir unsere Mahlzeit, sondern von deren Bedachtnahme auf ihr eigenes Interesse. Wir wenden uns nicht an ihre Menschenliebe, sondern an ihre Eigenliebe und sprechen ihnen nie von unseren eigenen Bedürfnissen, sondern von ihren Vorteilen« (Smith 1999, 98).

Wie kommt aber ein Moralphilosoph zu der auf den ersten Blick ziemlich unmoralischen Forderung, man solle im Bereich des Wirtschaftslebens statt auf Nächstenliebe auf individuelles Gewinnstreben, statt auf Altruismus auf Egoismus setzen? An diesem Punkt wird als Antwort für gewöhnlich auf die berühmt-berüchtigte »unsichtbare Hand« verwiesen. In manchen Rekonstruktionen nimmt Adam Smiths Theorie dabei geradezu metaphysische Züge an: Jene »unsichtbare Hand« sorge dafür, dass derjenige, der auf dem Markt konsequent seinen eigenen Vorteil verfolgt, zugleich unbeabsichtigt für das Wohl aller arbeite. Der nur an sich und seinen eigenen Nutzen denkende *homo oeconomicus* erweise sich so – gleichsam durch eine »List der Vernunft« – als eine Art seitenverkehrter Robin Hood der modernen Wirtschaftsgesellschaft, der Retter der Witwen und Waisen und der Diener des Gemeinwohls.

Viele Kritiker von Adam Smith haben Kübel von Hohn und Spott über das Bild von der »unsichtbaren Hand« ausgegossen. Auch Karl Marx hatte dafür nur jenen Sarkasmus übrig, den wir von ihm schon kennengelernt haben. Er schreibt: Jedem »ist es nur um sich zu tun. Die einzige Macht, die sie zusammen und in ein Verhältnis bringt, ist die ihres Eigennutzes, ihres Sondervorteils, ihrer Privatinteressen. Und eben weil so jeder nur für sich und keiner für den andren kehrt, vollbringen alle, infolge einer prästabilierten Harmonie der Dinge oder unter den Auspizien einer allpfiffigen

Vorsehung, nur das Werk ihres wechselseitigen Vorteils, des Gemeinnutzens, des Gesamtinteresses« (MEW 23, 190).

Was hat es aber nun tatsächlich auf sich mit der »unsichtbaren Hand«? Ist das ein brauchbarer Ansatz zur Darstellung volkswirtschaftlicher Prozesse oder tatsächlich bloßer Nonsens, wie Karl Marx meinte? Als Theologe bin ich für metaphysische Spekulationen natürlich aufgeschlossener als mein Namensvetter. Außerdem habe ich 150 Jahre mehr Geschichte der Marktwirtschaft vor Augen, wenn ich mich heute mit diesen Fragen auseinandersetze.

Eine genauere und faire Betrachtung zeigt aber, dass die »unsichtbare Hand« in dem Werk von Adam Smith keineswegs die Rolle spielt, die allzu oft unterstellt wird. Er erwähnt sie nur einmal in seinem *Wohlstand der Nationen* und ein weiteres Mal in seiner *Theorie der ethischen Gefühle*. Und dabei geht es keineswegs um eine metaphysische Konstruktion, sondern um eine Metapher für seine ethische Grundidee: dass nämlich in der modernen Wirtschaftsgesellschaft unter Marktbedingungen die individuellen Motive der Handelnden und die sozialen Konsequenzen ihrer Handlungen auseinanderfallen. Diese Eigenlogik des Marktes wollte sich der Moralphilosoph Adam Smith in seiner Sozialethik dienstbar machen – nicht mehr und nicht weniger.

Niemand wird ernsthaft bestreiten wollen, dass das ein faszinierender Ansatz ist: Man nutzt die Freiheitspotenziale der Menschen, entlastet sie dabei auch noch sittlich und erzielt obendrein Wohlstand für alle.

In der Tat haben weniger erleuchtete Epigonen von Adam Smith aus diesem ethischen Ansatz jedoch später eine Art sozial-metaphysischer, ja fast religiöser Theorie gemacht. Anders als ihr vermeintliches Vorbild waren sie nicht besonders lernfähig und haben sich auch dann noch einzig auf das Eigeninteresse und die »unsichtbare Hand« verlassen wollen, als offensichtlich wurde, dass die ursprüngliche Theorie von Smith modifiziert und ergänzt werden musste.

Fälle wie die von Enron und Worldcom zeigen auch heute wieder eindrucksvoll, dass die ausschließliche Ausrichtung des individuellen Verhaltens am eigenen Vorteil keineswegs immer gemeinwohldienlich, sondern häufig schlicht gemeinschaftsschädigend ist. Deswegen verlassen wir uns ja auch lieber auf unsere Gesetze als auf eine »unsichtbare Hand«, um derart sozialschädliches Verhalten möglichst zu unterbinden oder es wenigstens nachträglich zu bestrafen.

Aber auch gesetzeskonformes Markthandeln ist nicht immer automatisch auch schon gemeinwohldienlich. In diesem Punkt war Adam Smith tatsächlich zu optimistisch. Werfen wir doch nur einmal einen kurzen Blick auf die Arbeiterfrage im 19. Jahrhundert, vor deren Hintergrund Karl Marx seine beißende Kritik an der liberalen Wirtschaftstheorie ja formuliert hat. In der Frühphase der Industrialisierung gab es das, was mancher heute gerne wieder hätte: einen völlig freien, überhaupt nicht regulierten Arbeitsmarkt, auf dem der »unsichtbaren Hand« keinerlei staatliche Fesseln angelegt waren. Aber trotzdem klappte es nicht mit dem allgemeinen Wohlstand. Statt ihr segensreiches Wirken zu entfalten und ihr Füllhorn über die ganze Gesellschaft auszugießen, stopfte die »unsichtbare Hand« sämtliche Profite der neuen Wirtschafts- und Produktionsweise in die Taschen der Fabrikherren, während die Masse der Arbeiter in Not und Elend lebte.

Zu Beginn der Industrialisierung mussten Arbeiter bis zu 16 Stunden am Tag schuften, häufig an sieben Tagen in der Woche. Arbeitsschutz, Gesundheitsschutz oder Kündigungsschutz gab es nicht. Wenn ein Arbeiter einmal krank wurde, ja selbst, wenn er sich bei seiner Arbeit verletzt hatte und deshalb ausfiel, gab es für ihn keine Lohnfortzahlung. Die Löhne waren in der Regel so gering, dass auch Frauen und Kinder in den Fabriken arbeiten mussten, um für ihre Familien ein Dach über dem Kopf und das Nötigste an Kleidung und Essen bezahlen zu können. Selbst Jungen und Mädchen im Alter von sechs Jahren mussten ein gegenüber Erwachsenen kaum vermindertes Arbeitspensum verrichten. Die Zustände waren unbeschreiblich elend, aber sie waren gesetzes- und marktkonform. Denn die Arbeiter hatten in aller Regel ordentliche Arbeitsverträge, hatten den entwürdigenden Lohn- und Arbeitsbedingungen also in beiderseitigem Einvernehmen mit ihren Fabrikherren zugestimmt. Deswegen waren natürlich auch Streiks für bessere Arbeitsbedingungen als vertragsbrüchiges Verhalten verboten.

Dass solche Verhältnisse menschenunwürdig und keineswegs gemeinwohldienlich waren, dämmerte ganz allmählich auch den Regierungen. Bezeichnenderweise waren es Meldungen der Militärs, die die Gesetzgeber erstmals zum Handeln veranlassten. In Preußen etwa beklagte sich Generalleutnant Heinrich von Horn beim König, dass in den industrialisierten Gebieten des Rheinlands aufgrund der durch Kinderarbeit verursachten gesundheitlichen Beeinträchtigungen junger Männer nicht mehr ausreichend kriegsdiensttaugliche Rekruten gefunden werden konnten.

Daraufhin wurde das preußische »Regulativ über die Beschäftigung jugendlicher Arbeiter in den Fabriken« vom 9. März 1839 erlassen. Dieses Gesetz war aus heutiger Perspektive lachhaft: Es untersagte lediglich die regelmäßige Fabrikarbeit von Kindern bis zum neunten Lebensjahr; ältere Kinder durften weiterhin bis zu zehn Stunden täglich in die Fabriken geschickt werden. Aber dennoch war dieses Gesetz ein Anfang. Die nicht nur in Preußen beschlossenen Regelungen zur Kinderarbeit waren der Beginn des Staatsinterventionismus, also des unmittelbaren Eingreifens des Staates in das Marktgeschehen aufgrund übergeordneter Gemeinwohlbelange.

Adam Smith wusste noch nichts von der Notwendigkeit solcher Staatseingriffe. Der Staat war bei ihm nur zuständig für die Landesverteidigung, für die Finanzierung von bestimmten öffentlichen Gütern (z. B. die Verkehrsinfrastruktur) sowie für die Garantie der bürgerlich-freiheitlichen Rechtsordnung, insbesondere der Vertragsfreiheit als Fundament des Marktmechanismus. Auch andere Vertreter des Frühliberalismus wollten nicht mehr als einen solchen »Minimalstaat«. Ansonsten trauten sie dem Staat nicht über den Weg. Er war für sie ein schwerfälliger Moloch, der den Bürgern das Geld aus der Tasche zog, seine Nase in alle möglichen privaten Angelegenheiten steckte und die Menschen gängelte, kurz: Der klassische Liberalismus betrachtete den Staat als eine ständige potenzielle Bedrohung für die Freiheit.

Damit wir uns richtig verstehen: Dieses klassisch-liberale Misstrauen gegenüber dem Staat will ich nicht in Bausch und Bogen verwerfen. In der Tat müssen die bürgerlichen Freiheitsrechte immer wieder auch vor dem Staat geschützt werden. Die Liberalen des 19. Jahrhunderts, die sich immer wieder autoritärer Anwandlungen der Obrigkeit zu erwehren hatten, wussten das besonders gut, und ihre Position ist von daher verständlich.

Auch die Kirche hat in ihrer langen Geschichte hinreichend leidvolle Erfahrungen mit staatlichen Ein- und Übergriffen in ihre ureigensten Angelegenheiten sammeln können. Deshalb hegen auch die kirchliche Soziallehre und zumal der politische Katholizismus in Deutschland traditionellerweise ein gesundes Misstrauen gegenüber einem Staat, der alles und jedes bestimmen will. Das Subsidiaritätsprinzip, das den Staat in seine Schranken weist, ist sogar erstmals in einer päpstlichen Sozialenzyklika explizit formuliert worden: *Quadragesimo anno* (1931). Und die einschlägige Formulierung dort geht, wie wir heute wissen, auf einen Deutschen zurück, den Jesuiten Gustav Gundlach: »Wie dasjenige, was der Einzelmensch aus eigener Initiative und mit seinen eigenen Kräften leisten kann, ihm nicht entzogen und der Gesellschaftstätigkeit zugewiesen werden darf, so verstößt es gegen die Gerechtigkeit, das, was die kleineren und untergeordneten Gemeinwesen leisten und zum guten Ende führen können, für die weitere und übergeordnete Gemeinschaft in Anspruch zu nehmen; zugleich ist es überaus nachteilig und verwirrt die ganze Gesellschaftsordnung. Jedwede Gesellschaftstätigkeit ist ja ihrem Wesen und Begriff nach subsidiär; sie soll die Glieder des Sozialkörpers unterstützen, darf sie aber niemals zerschlagen oder aufsaugen« (*Quadragesimo anno* 79).

Bei allem Verständnis, das ich aus dieser Tradition heraus als katholischer Bischof und Sozialethiker für die liberale Abneigung gegen zu viel Staatsaktivität habe, muss ich aber doch kritisch feststellen: Was im klassischen Wirtschaftsliberalismus meist nicht gesehen worden ist, was mitunter auch heute noch oder wieder zu wenig gesehen und anerkannt wird, ist die Tatsache, dass der Staat nicht nur eine potenzielle Bedrohung für die Freiheit ist, sondern dass Freiheit, auch Marktfreiheit, nur durch die staatliche Autorität gesichert werden kann.

Betrachten wir nur das gerade erwähnte Beispiel von den Arbeitsverträgen im 19. Jahrhundert. Formal handelte es sich um freie Verträge, de facto waren es aber Dokumente wirtschaftlicher und damit auch sozialer Unfreiheit. Der einzelne Arbeiter war dem Fabrikherrn wirtschaftlich derart unterlegen, dass dieser die Lohn- und Arbeitsbedingungen diktieren konnte. Erst die staatliche Arbeiterschutzgesetzgebung, die Entstehung von Gewerkschaften und die gesetzliche Anerkennung des Arbeitskampfrechts und der Tarifautonomie haben die Arbeitnehmerseite in den Stand versetzt, auf gleicher Augenhöhe mit den Arbeitgebern Verträge auszuhandeln.

Dadurch ist die Freiheit auf dem Arbeitsmarkt nicht beseitigt, sondern erst hergestellt worden. Oder besser formuliert: aus dem bloß *formal* freien Arbeitsmarkt, ist auch ein *real* freier Arbeitsmarkt geworden. Wirkliche Vertragsfreiheit ist nämlich nur gegeben, wenn die Möglichkeit der Selbstbestimmung beider Parteien eines zweiseitigen Vertrages nicht bloß abstrakt, sondern tatsächlich gegeben ist. Angesichts des Ungleichgewichts zwischen der ökonomischen Kraft des Arbeitgebers und jener des einzelnen Arbeitnehmers ist diese Voraussetzung bei dem Arbeitsvertrag aber typischerweise nicht erfüllt.

Tatsächliche Arbeitsvertragsfreiheit ist deshalb erst mit der rechtlichen Anerkennung und Garantie der Tarifautonomie erreicht worden. Und weil das Ungleichgewicht zwischen den Arbeitsvertragsparteien auch heute noch besteht, ist die Tarifautonomie weiterhin notwendig. Allerdings funktioniert die Tarifautonomie heute anscheinend nicht mehr in allen Wirtschaftszweigen so, wie ich mir das wünschen würde. Die aktuelle Diskussion über Mindestlöhne zeigt, dass wir hier Probleme haben. Wir haben in den letzten Jahrzehnten in Deutschland nicht über Mindestlöhne gesprochen, weil wir starke Gewerkschaften und starke Arbeitgeberverbände hatten, die zusammen starke Tarifverträge abgeschlossen haben. Das war gut, weil die Tarifautonomie durch die Koalitionsfreiheit ein Instrument der Privatautonomie und damit ein der Marktwirtschaft entsprechendes Mittel ist. Es würde an der Substanz der Marktwirtschaft zehren, wenn stattdessen der Staat Löhne festlegen würde. Aber vielleicht geht es derzeit zumindest in einigen Branchen nicht anders.

Wo Löhne gezahlt werden, die gegen die guten Sitten verstoßen, da muss der Staat eingreifen. Und auch wo einzelne Unternehmen versuchen, durch Dumpinglöhne jene Wettbewerber vom Markt zu verdrängen, die anständige Tariflöhne zahlen – früher nannte man das »Schmutzkonkurrenz« –, da sollte der Staat nicht tatenlos zusehen. Aber trotzdem muss man realistisch bleiben und mit Augenmaß handeln. Vor allem darf man nicht das Kind mit dem Bade ausschütten und die Tarifautonomie beschädigen. Und man darf nicht aus dem Blick verlieren: Arbeitsplätze entstehen und bleiben nur dann erhalten, wenn sie produktiv sind, wenn also die Arbeitskosten nicht höher sind als der durch die Arbeit erwirtschaftete Gewinn. Wenn sich durch einen gesetzlichen Mindestlohn die Bezahlung einfacher Hilfstätigkeiten nicht mehr rechnet, dann werden Arbeitsplätze vernichtet, und dann sind davon vor allem die Menschen betroffen, die schon heute die größten Schwierigkeiten auf dem Arbeitsmarkt haben, die Geringqualifizierten. Dies stünde dem Ziel einer besseren Integration von Menschen in den Arbeitsmarkt entgegen. Dann hätte eine sozial gedachte Maßnahme sehr unsoziale Folgen.

Aber nicht nur auf dem Arbeitsmarkt, auch in anderen Marktsegmenten, die durch ein erhebliches Kräfteungleichgewicht zwischen Angebots- und Nachfrageseite gekennzeichnet sind, reicht die »unsichtbare Hand« nicht aus, sondern es bedarf des starken Armes des Staates, um Vertrags- und Marktfreiheit zu erreichen. Wenn der Staat sich in seinem Arbeitsrecht, seinem Mietrecht oder seinem Verbraucherschutzrecht schützend vor die schwächere Vertragspartei stellt, dann beschränkt er damit nicht Freiheit, sondern er eröffnet Freiheitsräume.

Alles das haben Adam Smith und der Frühliberalismus noch nicht erkannt. Insofern hatten sie auch noch keine hinreichende Antwort auf die Soziale Frage ihrer Zeit. Es ist aber trotzdem falsch, wenn man die soziale Not und Armut in der Frühindustrialisierung allein der Marktwirtschaft in die Schuhe schieben wollte. Der Frühkapitalismus hat zwar manches Elend hervorgebracht, aber Armut und Not gab es im 19. Jahrhundert auch und sogar in stärkerem Maße in den nichtindustrialisierten bzw. nichtkapitalistischen Ländern. Langfristig schuf die Marktwirtschaft erst die Grundlage für einen in der Geschichte noch nie gekannten Wohlstand breiter Bevölkerungsschichten. Darin hat sich der Ansatz von Adam Smith, hat sich sein Versprechen des *Wohlstands der Nationen* als richtig erwiesen.

Aber bei dem letzten Gedanken möchte ich das Wörtchen »Grundlage« betonen: Es war kein unsichtbarer Automatismus des Marktes, der diesen allgemeinen Wohlstand hervorgebracht hat, sondern das waren – nicht zuletzt von der christlich-sozialen Bewegung erkämpfte – politische Maßnahmen, die den Arbeitern erst die Teilhabe an den ökonomischen Erfolgen des marktwirtschaftlichen Systems eröffneten.

Tatsächlich ist mir kein einziges historisches Beispiel bekannt, dass eine freie Marktwirtschaft ohne ein gewisses Maß an staatlichen Eingriffen und Regulierung sich irgendwo auf der Welt als segensreich für die Armen erwiesen hätte. Der Markt hat unbestritten die materielle Grundlage für unsere Wohlstandsgesellschaft geliefert, unmittelbar aus sich heraus geschaffen hat er sie aber nicht.

Das Gegenmodell zu der Marktwirtschaft, die kommunistische Zentralverwaltungswirtschaft, die auch »Wohlstand für alle« verheißen hat, hat sich dagegen als völlig ineffizient und damit ganz und gar untauglich erwiesen, ihr Wohlstandsversprechen einzulösen. Die Geschichte der Sowjetunion und ihrer Satellitenstaaten in Osteuropa hat ein für alle Mal gezeigt, dass eine Regierung hoffnungslos überfordert ist, wenn sie den wirtschaftlichen Erfolg ihres Landes zentral planen und organisieren will. Die Planwirtschaft scheitert, wie Friedrich A. von Hayek es einmal sehr treffend formuliert hat, an einer »Anmaßung von Wissen«. Eine mit noch so vielen Vollmachten ausgestattete zentrale wirtschaftliche Planungsbehörde kann niemals wissen, welche unterschiedlichen Bedürfnisse die vielen Menschen einer Gesellschaft haben und mit welchen Mitteln man diese am effizientesten befriedigen kann. Und sie zerstört die Freiheit und damit die Würde des Menschen.

Und hier liegt der entscheidende Vorteil der Marktwirtschaft; in ihr werden alle materiellen Bedürfnisse und alle zur Verfügung stehenden Ressourcen auf dem Markt zusammengeführt und koordiniert. So fließt viel mehr Wissen in den Markt ein, als eine Regierung oder Planungsbehörde jemals haben könnte. Auch dieses Erfolgsgeheimnis der Marktwirtschaft hat Hayek treffend umschrieben, als er von dem »Wettbewerb als Entdeckungsverfahren« immer neuer Ideen zur besseren Nutzung der knappen Ressourcen gesprochen hat.

Diese innere Funktionslogik der Marktwirtschaft hat Adam Smith als Erster erkannt und systematisch beschrieben – ein großes Verdienst, das ihm nicht abgesprochen werden kann. Der Wirtschaftsliberalismus war genauso ein Fortschritt wie das ganze Freiheitsprojekt der Moderne. Aber dennoch muss auch hier festgehalten werden, dass die Kirche gegenüber dem Wirtschaftsliberalismus lange Zeit äußerst reserviert eingestellt blieb – länger als gegenüber dem politischen Liberalismus.

Es gilt aber in diesem Zusammenhang zu differenzieren: Die Kirche hat grundsätzlich nie bestritten, dass in der Organisation der Wirtschaft die Marktwirtschaft das effizienteste System ist, um eine möglichst breite und damit auch tendenziell gerechte Verteilung von Gütern und Dienstleistungen zu erreichen. Die geniale und richtige Idee der Marktwirtschaft ist, dass die unterschiedlichen wirtschaftlichen Interessen der Einzelnen vielfältige Kräfte und Ressourcen freisetzen, die Ergebnisse dieses marktwirtschaftlichen Geschehens aber – durch die Verbundenheit in einer gemeinsamen Ordnung – nicht nur den einzelnen Akteuren, sondern auch dem Ganzen zugutekommen. Deshalb hat die Kirche den Wettbewerb nie abgelehnt, aber immer darauf hingewiesen, dass es sich um ein Instrument handelt, das zum Wohl aller Menschen eingesetzt werden muss, und nicht um ein regulatives Prinzip, was letztlich die Personalität des Menschen gefährden würde.

Hier hat Papst Pius XI. in seiner berühmten Enzyklika *Quadragesimo anno* von 1931 den entscheidenden »Grundirrtum der individualistischen Wirtschaftswissenschaft« gesehen, »aus dem all ihre Einzelirrtümer sich ableiten: In Vergessenheit oder Verkennung der gesellschaftlichen wie der sittlichen Natur der Wirtschaft glaubte sie, die öffentliche Gewalt habe der Wirtschaft gegenüber nichts anderes zu tun, als sie frei und ungehindert sich selbst zu überlassen; im Markte, d. h. im freien Wettbewerb, besitze diese ja ihr regulatives Prinzip in sich, durch das sie sich vollkommener selbst reguliere, als das Eingreifen irgendeines geschaffenen Geistes dies je vermöchte. Die Wettbewerbsfreiheit – obwohl innerhalb der gehörigen Grenzen berechtigt und von zweifellosem Nutzen – kann aber unmöglich regulatives Prinzip der Wirtschaft sein« (*Quadragesimo anno* 88).

Papst Pius XI. wollte damit sagen, dass die Marktwirtschaft kein Selbstzweck ist. Zweck an sich ist nur der Mensch mit seiner Personwürde; der Markt aber ist ein Mittel im Dienst des Menschen. Die großen liberalen Vordenker der marktwirtschaftlichen Erneuerung im 20. Jahrhundert haben das übrigens genauso gesehen. Alexander Rüstow, der auf dem Walter-Lippmann-Colloquium von 1938 den Begriff des »Neoliberalismus« prägte, charakterisierte die Wirtschaft einmal als »Dienerin der Menschlichkeit«.

Hier sieht man übrigens, dass »Neoliberalismus« ursprünglich etwas ganz anderes bezeichnete als das, was in der politischen Diskussion heute damit meist gemeint ist. Der

Neoliberalismus wollte sich von dem alten Wirtschaftsliberalismus, dem Alt- oder Paläoliberalismus, abgrenzen und
bekannte sich zu der sozialen Verantwortung der Wirtschaft
und dem Primat des Gemeinwohls bzw. der Politik. Es ist
eine Schande, dass der Begriff des Neoliberalismus heute verwendet wird, um eine sich ausbreitende marktradikale kapitalistische Ideologie zu kritisieren, wo doch die ursprünglichen und eigentlichen Neoliberalen selbst diese Ideologie
zeitlebens bekämpft haben.

Wenn die Wirtschaft aber kein Selbstzweck ist, sondern im
Dienst des Menschen steht, dann heißt das auch: Der Staat
darf und muss in jenen Wirtschaftsbereichen den Marktmechanismus regulieren, wo er den Menschen nicht dient, sondern schadet. Genau das bestreiten aber jene, die den Wettbewerb als hinreichendes regulatives Prinzip betrachten.
Ich möchte auch hier ein Beispiel geben, um zu verdeutlichen, warum. Die Caritas bietet in München und in vielen
Städten eine Schuldnerberatung an, und die Mitarbeiterinnen und Mitarbeiter dieser Beratungsstellen berichten, dass
sie in den letzten Jahren immer mehr zu tun bekommen. Immer mehr Menschen verlieren die Kontrolle über ihre Schul-
denlast – mit allen psychischen und sozialen Folgen, die das
mit sich bringt.
    Nach aktuellen Schätzungen sind in Deutschland derzeit
deutlich über drei Millionen Haushalte von Überschuldung
betroffen. Die Gründe dafür sind vielfältig. Manchmal sind
Lebenskrisen der Auslöser, der Verlust des Arbeitsplatzes,
Krankheit oder das Zerbrechen einer Ehe. Manchmal haben Menschen sich bei einem bestimmten Projekt finanziell
übernommen, etwa einem Hausbau oder einer unklugen Investition. Oder es mangelt angesichts der Verlockungen der
Konsumgesellschaft schlicht an einem hinreichend vernünftigen Haushalten mit dem eigenen Verdienst.

Wer uneingeschränkt an das regulative Prinzip des Marktes glaubt, wird solche Fälle mit Achselzucken betrachten und sagen, dass man Schulden gemeinhin nicht wie einen Schnupfen bekommt, dass verschuldete Menschen eben falsche Entscheidungen getroffen haben und die Suppe gefälligst selbst auslöffeln sollen, die sie sich eingebrockt haben. Ganz so einfach kann man es sich aber nicht machen – schon gar nicht aus Sicht der Kirche.

Bis in die frühe Neuzeit hinein ist das Zinsnehmen durch die kirchliche Morallehre verboten worden. Das gilt nicht nur für die Katholische Kirche, sondern auch für die Reformatoren. Besonders Luther und Zwingli haben das Zinsnehmen scharf kritisiert, Calvin hat es nur unter strengen Auflagen gestattet; gewerbsmäßiges Zinsnehmen, also das Bankgeschäft, haben sie alle abgelehnt.

Dieses kirchliche Zinsverbot geht einerseits auf Vorschriften des Alten Testaments und andererseits auf den antiken Philosophen Aristoteles zurück. »Du darfst von deinem Bruder keine Zinsen nehmen: weder Zinsen für Geld noch Zinsen für Getreide noch Zinsen für sonst etwas, wofür man Zinsen nimmt«, heißt es im biblischen Buch Deuteronomium (23,20). Der Sinn dieses Zinsverbotes war natürlich, zu verhindern, dass jemand die Notlage seiner Mitmenschen ausnutzte. In statischen Wirtschaften, wie sie bis zum Mittelalter vorherrschend waren, haben sich vor allem Arme Geld oder Nahrung leihen müssen, wenn zum Beispiel durch eine Missernte ihre Existenz gefährdet war. Das Zinsverbot sollte die Entleiher vor Schuldknechtschaft bewahren.

In der Neuzeit hat die Kirche dieses Zinsverbot freilich aufgegeben. In einer dynamischen Wirtschaft wie der unseren sind Kredite und damit natürlich auch Zinsen eine notwendige Voraussetzung für unternehmerisches Handeln. Der Hauptgrund des Zinsverbotes ist zudem entfallen, denn in existenziellen Notlagen hilft der Sozialstaat, und Schuldknechtschaft und Schuldhaft sind in den zivilisierten Ländern auch abgeschafft.

So weit, so gut? Nicht ganz: In einigen Regionen dieser Welt gibt es noch furchtbare Zustände bis hin zur Schuldsklaverei.

Aber auch bei uns sind im zunehmenden Maße wieder Missstände zu beobachten. Verbraucherschützer jedenfalls meinen, dass die steigende Zahl von Privathaushalten in der Schuldenfalle ganz wesentlich auch darauf zurückzuführen ist, dass sich selbst seriöse große Bankinstitute auf vor wenigen Jahren noch verpönte Geschäftsfelder begeben: Konsumkredite mit erhöhtem Ausfallrisiko etwa. Wenn eine Bank, wie in Deutschland geschehen, mit dem 100-€-Gutschein einer Elektronik-Discountkette (!) für den Abschluss eines Konsumkredits ab 1500 € wirbt, dann hat das mit seriösem und moralisch einwandfreiem Geschäftsgebaren nichts mehr zu tun.

Ein anderes Beispiel, das inzwischen sogar den Europäischen Gerichtshof beschäftigt hat: In den neunziger Jahren haben auch einige renommierte Banken und Bausparkassen im Verein mit zum Teil äußerst dubiosen Immobilienfirmen systematisch Kleinverdiener ohne Eigenkapital dazu überredet, Eigentumswohnungen zu kaufen – nicht selten zu 100 Prozent kreditfinanziert. Die Verkaufsargumente gegenüber den unerfahrenen Kunden: Steuerersparnis plus Mieteinnahmen. Von einer Aufklärung über die erheblichen Risiken solcher Geschäfte konnte keine Rede sein. Da die angebotenen Immobilien häufig hunderte Kilometer entfernt waren, haben viele Betroffene Kauf- und Kreditvertrag unterschrieben, ohne ihr neues Eigentum auch nur besichtigt zu haben. Erst später haben sie erkannt, dass man ihnen »Schrottimmobilien« angedreht hatte – völlig überteuerte, sanierungsbedürftige Wohnungen, die zudem leer standen. Ausbleibende Mieteinnahmen, zu zahlende Kreditzinsen und anfallende

Sanierungskosten haben viele Menschen in den Ruin und in existentielle Ausweglosigkeit getrieben.

Nun kann man sicher sagen, dass es ziemlich leichtfertig ist, eine Immobilie zu kaufen, ohne sie gesehen zu haben. Aber die Betrogenen haben sich wohl auf die guten Namen der kreditgebenden Geldinstitute verlassen. Und die involvierten Banken, Bausparkassen und Immobilienhändler haben dieses Vertrauen bedenkenlos ausgenutzt und ihren Informationsvorsprung gegenüber ihren Kunden ausgespielt, um sie rücksichtslos auszunehmen.

Was soll man dazu sagen? Trau, schau, wem? So ist das Geschäft? Gar: So ist das Leben? Das kann in einem geordneten Gemeinwesen nicht sein. Das Leben darf so nicht sein, von einem christlichen Standpunkt soll es auch nicht so sein, und das Geschäft darf auch nicht so sein. Ich erwarte in der Tat von einer seriösen Bank, dass sie ihre Kunden in Fragen der Geldanlage und der Kreditaufnahme vernünftig *berät*, nicht aber zu riskanten Vertragsabschlüssen *überredet*. Und wenn einige Banken meinen, dass sie diesen Grundsatz missachten könnten, der für Generationen von Bankiers Ehrensache war, dann erwarte ich vom Staat, dass er seine Bürger schützt und die Verantwortlichen zur Rechenschaft zieht. Die Gerichte haben das im Fall der »Schrottimmobilien« inzwischen in vielen Fällen bereits getan, der Gesetzgeber sollte es meines Erachtens im Falle aggressiver Werbung für Konsumkredite auch tun.

Hier geht es ja auch nicht nur um Verbraucherschutz, sondern ab einer bestimmten Dimension um das volkswirtschaftliche Gleichgewicht insgesamt. Ein erster Schock war ja schon das Platzen der IT-Blase im Jahr 2000. Im Vorfeld hatten selbst renommierte Banken ihre Kunden unter dem Banner der Gier zum Kauf von IT-Aktien getrieben.

Es war doch zum Teil grotesk: Da haben manche Leute Anteile an Unternehmen erworben, deren Namen sie nicht einmal richtig kannten. Da muss ein Kundenberater in der Bank doch einschreiten. Und jetzt zeigt die neue Krise am Finanzmarkt, dass man nichts dazu gelernt hat, dass Geldgier die Banken und deren Kunden schon wieder und noch schlimmer in die Irre geführt hat.

In einem Vortrag vor Bankenvertretern habe ich einmal provozierend gesagt, dass die Banken doch einst Institutionen der Nachhaltigkeit waren, Institutionen, die langfristig gedacht haben, Institutionen, die auf Vertrauen aufgebaut waren. Und wie ist es heute? Ich spürte, dass ich meine Zuhörer an einem wunden Punkt getroffen hatte, dass mir viele eigentlich Recht geben wollten, dass sie aber anscheinend unter dem Zwang stehen, anders zu handeln, als sie es eigentlich gerne tun würden. Das ist eine fatale Situation – und das nicht nur für die Betroffenen. Nachhaltigkeit und Vertrauen sind ja ethische Werte. Wenn wir in eine Kultur des Misstrauens hineinkommen und wenn es nur noch um kurzfristige Profitmaximierung geht, dann hat das verheerende Folgen. Und das nicht nur im Sinne der moralischen Verwerflichkeit eines solchen Egoismus, sondern es hat sehr schwerwiegende ökonomische Folgen für die Verursacher selbst.

Noch einmal: Der Markt ist kein Selbstzweck, sondern er ist Mittel zum Zweck. In der Katholischen Soziallehre wird in diesem Zusammenhang traditionell von dem »Sachziel der Wirtschaft« gesprochen. In der klassischen Definition von Joseph Höffner (1906–1987) besteht dieses Sachziel der Wirtschaft »in der dauernden und gesicherten Schaffung jener materiellen Voraussetzungen, die dem Einzelnen und den Sozialgebilden die menschenwürdige Entfaltung ermöglichen« (Höffner 1997, 186).

Wenn einige aber meinen, die Freiheit des Marktes dazu nutzen zu können, andere zu betrügen und zu ruinieren, dann muss der Staat das Recht haben, das zu unterbinden. Sonst diskreditieren und unterminieren diese Leute das ganze System. Wie wir eine wehrhafte Demokratie haben, die diejenigen abwehrt, die die *politische* Freiheit missbrauchen, brauchen wir in gewisser Weise eine »wehrhafte Soziale Marktwirtschaft«, die diejenigen abwehrt, die die *wirtschaftliche* Freiheit missbrauchen.

Es ist mir aus mehreren Gründen ein Anliegen, an dieser Stelle noch etwas genauer auf Joseph Höffner einzugehen, der ein in mancherlei Hinsicht bemerkenswerter Mann war. Höffner, der im Westerwald in einfachen Verhältnissen aufwuchs, war eine der bedeutendsten Persönlichkeiten des kirchlichen Lebens in der alten Bundesrepublik Deutschland; 1962 wurde er zum Bischof von Münster ernannt, 1969 wurde er Erzbischof von Köln und Kardinal, und von 1976 bis zu seinem Tod 1987 war er Vorsitzender der Deutschen Bischofskonferenz.

Nach seinem Tod wurde er von der Holocaust-Gedenkstätte Yad Vashem in Jerusalem mit dem Ehrentitel »Gerechter unter den Völkern« ausgezeichnet. Höffner hatte als junger Pfarrer im März 1943 ein damals siebenjähriges jüdisches Mädchen in seinem Pfarrhaus in Kail, heute Landkreis Cochem-Zell in Rheinland-Pfalz, aufgenommen. Als er kurz darauf nach Trier versetzt wurde, vertraute er das Kind einer Familie in der Gemeinde an. Er sorgte aber dafür, dass niemand außer ihm die wahre Identität des Kindes kannte, damit die Verantwortung nur auf ihn zurückfallen konnte. Auch Höffners Schwester Helene versteckte in dem gemeinsamen Elternhaus ein jüdisches Ehepaar.

Aber Höffner war nicht nur Seelsorger, sondern auch Wissenschaftler. Von 1945 bis 1962 war er Professor – zunächst in Trier und seit 1951 in Münster; dort gründete er das Institut für Christliche Sozialwissenschaften. Sein erstmals 1962 veröffentlichtes Buch *Christliche Gesellschaftslehre* erfreut sich auch heute noch ungebrochener internationaler

Popularität und ist eines der erfolgreichsten Lehrbücher, das jemals zur Katholischen Soziallehre verfasst worden ist. Das ist sicher auch der Tatsache zu verdanken, dass dieses Werk in einer uneitlen, schnörkellosen Sprache verfasst ist, die es nicht nur für Theologen und Sozialwissenschaftler, sondern auch für »Praktiker« aus Politik, Wirtschaft und Gesellschaft gut lesbar macht. Seit 2002 widmet sich die *Joseph-Höffner-Gesellschaft* dem ehrenden Angedenken des Menschen, Bischofs und Wissenschaftlers Höffner, dessen Gedanken und Texte auch heute – mehr als 20 Jahre nach seinem Tod – zum großen Teil noch hochaktuell sind.

Wissenschaft verstand Höffner keineswegs als im Elfenbeinturm betriebene *l'art pour l'art*. Er strebte nicht nur nach der Erforschung des ethisch Richtigen und Gerechten, sondern er arbeitete auch daran, dass seine Forschungsergebnisse in politisches Handeln umgesetzt wurden. Bevor er selbst Bischof wurde, war er nicht nur wissenschaftlicher Berater der Deutschen Bischofskonferenz, sondern auch der rheinland-pfälzischen und der nordrhein-westfälischen Landesregierung sowie verschiedener Bundesministerien. Aber nicht nur in Kirche und Politik suchte man seinen Rat, sondern auch in der Wirtschaft. Von dessen Gründung 1949 bis zu seiner Bischofsweihe war er geistlicher Berater des *Bundes katholischer Unternehmer*.

Höffner hat in seiner Studienzeit vier ordentliche Doktortitel erworben. Besonders interessant im Zusammenhang mit unserer Frage nach dem Verhältnis von kirchlicher Soziallehre und freier Marktwirtschaft ist seine vierte Doktorarbeit. Höffner war 1937 von dem Trierer Bischof Franz R. Bornewasser an die Universität Freiburg geschickt worden, um sich dort in Theologie zu habilitieren. Das tat Höffner auch, aber er machte noch mehr. Er studierte parallel Volkswirtschaftslehre, erwarb 1939 den Titel des Diplomvolkswirts und wurde 1940 mit einer wirtschaftswissenschaftlichen Arbeit zum

Dr. rer. pol. promoviert. In seiner Dissertation mit dem Titel *Wirtschaftsethik und Monopole im 15. und 16. Jahrhundert* hatte er herausgearbeitet, dass die mittelalterliche Theologie, insbesondere die Spätscholastik, bereits entscheidende Elemente der späteren wirtschaftsliberalen Theorie wie die freie Preisbildung auf dem Markt befürwortet hatte.

Interessanter noch als der bloße Umstand, *dass* Höffner zusätzlich den Doktor der Wirtschaftswissenschaften erworben hat, ist die Tatsache, *bei wem* er das getan hat: bei Walter Eucken, dem Begründer der sogenannten »Freiburger Schule«, des geistigen Zentrums der neoliberalen Wirtschaftstheorie in Deutschland. Der Neoliberalismus im ursprünglichen Sinne stellte, wie bereits gesagt, eine entscheidende Weiterentwicklung des klassischen Wirtschaftsliberalismus in der Tradition von Adam Smith dar. Hatten Adam Smith und der Frühliberalismus noch geglaubt, alles sei zum Besten bestellt, wenn man den Markt nur machen lasse, waren die Neoliberalen zu der Auffassung gelangt, dass eine funktionierende Marktwirtschaft erst einmal hergestellt und dann auch erhalten werden müsse. So wurde der Staat rehabilitiert.

Wilhelm Röpke, einer der bedeutendsten Vertreter des Neoliberalismus, hat die Marktwirtschaft einmal beschrieben als »ein kunstvolles Gebilde und ein Artefakt der Zivilisation, das auch dies mit der politischen Demokratie gemein hat, dass sie besonders schwierig ist und besonders viel voraussetzt, worum wir uns angestrengt bemühen müssen. So ergibt sich ein umfangreiches Programm einer durchaus positiven Wirtschaftspolitik mit einer eindrucksvollen Liste von Agenda« (Röpke 1979, 75 f.).

Es ist kein Zufall, dass der Neoliberalismus seine geistigen Wurzeln in Deutschland hat. Walter Eucken, Wilhelm Röpke, Franz Böhm, Alexander Rüstow und ihre geistigen Mitstreiter erlebten den Niedergang der Weimarer Republik und führten diesen auch auf wirtschaftspolitische Fehler zurück. Der Weimarer Staat war zu schwach – nicht nur gegenüber politisch, sondern auch gegenüber wirtschaftlich destruktiven Kräften. Die Kartelle, die zentrale Wirtschaftszweige im Reich beherrschten, und die mächtigen Interessengruppen hatten unselige Beiträge zu dem Niedergang der ersten deutschen Demokratie geleistet. Sie hatten so einen besonders traurigen Beweis dafür geliefert, dass der Markt nur dann im Dienst des Gemeinwohls wirken kann, wenn eine stabile, vom Staat garantierte Rahmenordnung besteht und wenn die Moral der handelnden Personen intakt ist. Wegen der Betonung der Wichtigkeit eines solchen Ordnungsrahmens und einer entsprechenden Ordnungspolitik wurden die Neoliberalen auch Ordoliberale genannt.

Die Grundsatzentscheidung von Adam Smith für den Markt und für das wirtschaftliche Selbstbestimmungsrecht der Marktteilnehmer wurde aber auch im Ordoliberalismus beibehalten. Der starke Staat im Sinne des Ordoliberalismus sollte nicht entgegen, sondern in Richtung der Marktgesetze handeln. Das war also die Wirtschaftslehre, die der junge Priester Joseph Höffner in Freiburg kennenlernte. Zu Eucken und dem von ihm begründeten Kreis hielt er auch nach seiner Freiburger Zeit den Kontakt.

Diesem biographischen Umstand ist es wohl zu verdanken, dass Höffner einen großen Beitrag zu der positiven Entwicklung des Verhältnisses von Katholischer Soziallehre und liberaler Wirtschaftstheorie geleistet hat. Im Gegensatz zu anderen prominenten Vertretern der kirchlichen Soziallehre hatte er dank eigener Anschauung schon früh die positive Weiterentwicklung des Wirtschaftsliberalismus im Neoliberalismus gesehen.

Es war für mich sehr erhellend, als ich unlängst noch einmal auf einen Vortrag Höffners aus dem Jahre 1959 mit dem Titel »Neoliberalismus und christliche Soziallehre« gestoßen bin. In diesem Text unterscheidet Höffner sehr klar zwischen dem »alten Liberalismus« und dem Neoliberalismus, der für ihn gleichzusetzen ist mit jenem Ordoliberalismus, den er bei Eucken kennengelernt und studiert hatte. Und sein Fazit lautet: »Die neoliberale Theorie bedeutet ohne Zweifel einen Fortschritt gegenüber dem alten Liberalismus« (Höffner 1959/2006, 191).

Dennoch blieben für Höffner Fragen. Er betonte immer wieder, dass zu Freiheit und Selbstverantwortung eine soziale Ausrichtung der Wirtschaft treten müsse. Deshalb war für ihn bei aller Wertschätzung der Marktwirtschaft »die Ausschaltung aller nicht marktkonformen wirtschaftspolitischen Mittel auch kein absoluter Wert. Vom Gemeinwohl her muss entschieden werden, welche Mittel wirtschaftspolitisch erforderlich sind, und das Gemeinwohl kann und wird auch in Zukunft nicht marktkonforme Eingriffe in den Wirtschaftsprozess fordern.« Und er fügt hinzu: »Eine solche Wirtschaft nennen wir mit Recht ›Soziale Marktwirtschaft‹« (Ebd., 193).

Wie »das Soziale« in der Marktwirtschaft aussehen sollte, dazu gingen die Positionen allerdings auch zwischen den Neoliberalen weit auseinander. Ludwig Erhard und Walter Eucken beispielsweise waren wohl weitgehend der Überzeugung, dass der Markt aus sich heraus sozial sei und staatliche Eingriffe nur sehr punktuell (z. B. sozialer Wohnungsbau nach dem Krieg) stattfinden sollten. Andere wie Wilhelm Röpke und Alfred Müller-Armack haben den Umfang der legitimen Staatsinterventionen weiter gesehen. Höffner nannte in einem 1985 gehaltenen Referat vor der Deutschen Bischofskonferenz folgende Punkte, die er nicht bloß dem Markt überlassen wollte, wo er vielmehr auch den Staat in der Pflicht sah: die breite Vermögensstreuung, das kontinuierliche, nicht durch Konjunkturkrisen gestörte Wachstum der Wirtschaft, die Überwindung der Arbeitslosigkeit und den Umweltschutz.

In der Enzyklika *Centesimus annus* (1991) von Papst Johannes Paul II. ist die Diskussion der Katholischen Soziallehre mit dem Wirtschaftsliberalismus in gewisser Weise zu Ende geführt worden. Nach der Epochenwende, die der Zusammenbruch der Sowjetunion und ihrer kommunistischen Vasallenregierungen in Osteuropa bedeutet hat, hat der Papst sich die Frage vorgelegt: »Kann man etwa sagen, dass nach dem Scheitern des Kommunismus der Kapitalismus das siegreiche Gesellschaftssystem sei und dass er das Ziel der Anstrengungen der Länder ist, die ihre Wirtschaft und ihre Gesellschaft neu aufzubauen versuchen? Ist vielleicht er das Modell, das den Ländern der Dritten Welt vorgeschlagen werden soll, die nach dem Weg für den wahren wirtschaftlichen und gesellschaftlichen Fortschritt suchen?«

Der Papst meint, eine Antwort auf diese Fragen sei kompliziert, und er äußert sich differenziert: »Wird mit ›Kapitalismus‹ ein Wirtschaftssystem bezeichnet, das die grundlegende und positive Rolle des Unternehmens, des Marktes, des Privateigentums und der daraus folgenden Verantwortung für die Produktionsmittel, der freien Kreativität des Menschen im Bereich der Wirtschaft anerkennt, ist die Antwort sicher positiv. Vielleicht wäre es passender, von ›Unternehmenswirtschaft‹ oder ›Marktwirtschaft‹ oder einfach ›freier Wirtschaft‹ zu sprechen. Wird aber unter ›Kapitalismus‹ ein System verstanden, in dem die wirtschaftliche Freiheit nicht in eine feste Rechtsordnung eingebunden ist, die sie in den Dienst der vollen menschlichen Freiheit stellt und sie als eine besondere Dimension dieser Freiheit mit ihrem ethischen und religiösen Mittelpunkt ansieht, dann ist die Antwort ebenso entschieden negativ« (*Centesimus annus* 42).

Hier wird also klargestellt, dass die Kirche die Marktwirtschaft dann bejaht, wenn sie an der Menschenwürde und am Gemeinwohl orientiert ist und diese Orientierung durch eine starke Rahmenordnung garantiert wird. Wie eine solche Marktwirtschaft am Beginn des 21. Jahrhunderts aussehen kann, darüber darf und muss weiter diskutiert werden, denn die Koordinaten von Wirtschaft und Gesellschaft haben sich in den letzten Jahrzehnten ohne Zweifel gravierend verändert. Es muss gesprochen werden über die wirtschaftliche Globalisierung und ihre Ordnung. Und vor diesem Hintergrund ist auch neu zu sprechen über Fragen wie unternehmerische Verantwortung, den Vorrang der Arbeit vor dem Kapital oder auch ein gerechtes Steuer- und Sozialsystem.

Es geht dabei um die Lösung ganz konkreter Probleme, aber tatsächlich auch um eine Grundsatzfrage, nämlich darum, ob für uns weiterhin der Mensch im Mittelpunkt allen gesellschaftlichen und wirtschaftlichen Handelns steht. Die kirchliche Soziallehre beantwortet diese Frage eindeutig, indem sie das Prinzip der Personalität als ihr unhintergehbares Fundament versteht. Und auch zwei andere Prinzipien sind für die Christliche Sozialethik unverzichtbar: Solidarität und Subsidiarität. Die Katholische Soziallehre vertritt die Notwendigkeit eines starken Staates, der entsprechend dem Solidaritätsprinzip die Interessen aller wahren muss, besonders derer, die nicht, noch nicht oder nicht mehr Teilnehmende am Marktgeschehen und am Arbeitsprozess sind. Niemand darf aus der Solidargemeinschaft ausgeschlossen werden: nicht die Alten, nicht die Kranken, nicht die Arbeitslosen, nicht die Kinder, nicht die Familien und nicht die nachfolgenden Generationen.

Gleichzeitig soll der Staat im Sinne des Subsidiaritätsprinzips dem Einzelnen, den gesellschaftlichen Gruppen und Organisationen einen großen Freiraum geben, deren Selbstbestimmungsrecht nicht beschneiden und Eigenverantwortung einfordern. Diese Konzeption des »Dualismus« von

Staat und Gesellschaft gehört zu den konsequenten Linien der kirchlichen Soziallehre.

Diese Vorstellung von Wirtschaft und Gesellschaft gründet im christlichen Menschenbild, das den Menschen als eigenverantwortliches moralisches Subjekt, aber nicht als atomisiertes Individuum und auf seine eigenen Interessen fixierten *homo oeconomicus* sieht. Deshalb begnügt sich die kirchliche Soziallehre auch nicht mit dem gesellschaftlichen Ziel eines möglichst hohen Wirtschaftswachstums. Wirtschaft und Gesellschaft sollen nicht nur effizient, sie sollen auch gerecht sein. Das muss aber auch kein Widerspruch sein.

Diejenigen, die nach dem Zweiten Weltkrieg häufig auch aus ihrer christlichen Überzeugung heraus in Deutschland die Soziale Marktwirtschaft etabliert haben, waren sich in dieser Zielsetzung mit der Kirche einig. Sie wollten, wie es Alfred Müller-Armack einmal formuliert hat, »das Prinzip der Freiheit auf dem Markte mit dem des sozialen Ausgleichs verbinden«. Unter diesen Vorzeichen haben sich nach dem Zweiten Weltkrieg Kirche und Wirtschaftsliberalismus allmählich so weit aufeinander zubewegt, dass sogar die Frage aufgeworfen wurde, ob man Papst Johannes Paul II. nach seiner Enzyklika *Centesimus annus* als Ordoliberalen bezeichnen könne. Vielleicht ist das so. Jedenfalls ist eine große Nähe im Grundsätzlichen erkennbar.

Mit Sicherheit aber werden die Gräben zwischen Kirche und Wirtschaft wieder wachsen, wenn sich in Zukunft diejenigen durchsetzen werden, die eine Abkehr von dem Ordoliberalismus fordern und das Element des gerechten sozialen Ausgleichs aus der Wirtschaftsordnung wieder eliminieren, also in den alten Kapitalismus zurückfallen wollen.

III

... und raus bist du!

Armut inmitten
der Wohlstandsgesellschaft

»In Deutschland gibt es doch überhaupt keine Armen.« Einen solchen Satz hört man schon mal, wenn es um die Frage von Armut in unserem Land geht. Mich entsetzt eine solche Bemerkung. Was jemanden dazu bringt, so etwas zu sagen, weiß ich nicht.

Aber eines weiß ich ziemlich genau: Es gibt Armut in unserem Land, und es gibt sie leider in zunehmendem Maße. Und man muss schon ziemlich gut wegsehen können, um das nicht mitzubekommen. Wer daran zweifelt, dem empfehle ich zum Beispiel mal einen Besuch in einer Tafel-Küche oder einem Tafel-Laden. Auch für ihn dürfte der Weg nicht allzu weit sein, denn es gibt inzwischen in nahezu jeder mittelgroßen Stadt und sogar schon in vielen Kleinstädten in Deutschland eine sogenannte »Tafel«, also eine Einrichtung, die Lebensmittel an Bedürftige verteilt.

Die Idee stammt aus den USA, wo John van Hengel bereits 1967 in Phoenix (Arizona) die erste Tafel ins Leben rief: die St. Mary's Food Bank, benannt nach der Basilika der Pfarrgemeinde, die van Hengel bei seiner Arbeit unterstützte. Nach diesem Vorbild entstanden in den siebziger und achtziger Jahren auch in vielen anderen nordamerikanischen Großstädten »Food Banks«. 1993 wurde dann in Berlin die erste Tafel Deutschlands gegründet.

Das Konzept ist simpel: Die im regulären Verkauf nicht mehr verwendeten, aber qualitativ einwandfreien Nahrungsmittel stammen aus Sachspenden von örtlichen Bäckereien, Metzgereien, Gemüsegroßhändlern und Supermärkten. Die logistischen Voraussetzungen, z. B. Transportfahrzeuge, werden durch Spendengelder finanziert. Und rund 32 000 Menschen engagieren sich als ehrenamtliche Tafel-Helfer mit ihrer Zeit.

Es gibt heute rund 800 Tafeln in Deutschland, die nach der Tafel-Umfrage 2007 etwa 700 000 Menschen mit Lebensmitteln versorgen. 2005 waren es erst 500 000 Menschen; das heißt, es gab innerhalb von nur zwei Jahren einen Zuwachs um 40 Prozent – ein Zeichen dafür, wie rasant die Armut in Deutschland wächst.

Ich selbst habe schon eine Reihe von Tafeln besucht. Einmal war ich auf einer Weihnachtsfeier für Bedürftige am Heiligen Abend dabei. Da kam auch eine junge Familie mit drei Kindern. Es hat mich sehr deprimiert zu sehen, dass Familien mit ihren Kindern den Heiligen Abend in dieser Form feiern.

Und das ist leider keine Ausnahme. Arme Familien mit Kindern gehören sogar zu der Hauptklientel der Tafeln. Die »klassischen« Armen, Obdachlose etwa, werden nach Auskunft der Tafelorganisatoren durch solche Einrichtungen kaum erreicht.

Immer mehr Tafeln reagieren auf die wachsende Not von Familien, Kindern und Jugendlichen, indem sie »Kinder-Tafeln« einrichten, die spezielle Angebote machen. Hier werden zum Beispiel in Kooperation mit Elterninitiativen Schulbrote für bedürftige Kinder geschmiert. In manchen Städten gibt es sogar schon spezielle »Kinderrestaurants« als Reaktion auf die prekäre Ernährungslage verarmter Kinder und Jugendlicher. Natürlich spielt hier oft auch mangelnde elterliche Fürsorge eine Rolle. Das Forschungsinstitut Kinderernährung der Universität Bonn ist im Sommer 2007 im Rahmen einer umfangreichen Studie jedoch auch zu dem Schluss gekommen, dass mit der Summe, die im Rahmen des Arbeitslosengeldes II hierfür vorgesehen ist, eine gesunde Ernährung der Kinder und Jugendlichen nicht möglich ist. Demnach veranschlagt der Gesetzgeber für Nahrung und Getränke bei 14- bis 18-Jährigen lediglich 3,42 Euro pro Tag. Selbst wer nur beim Discounter einkaufe, so die Bonner Ernährungswissenschaftler, müsse jedoch im Schnitt 4,68 Euro täglich ausgeben, um den Appetit eines Teenagers mit ausgewogener Kost zu stillen.[4]

Und auch auf die Gefahr hin, dass ich für manche ein Herz-Jesu-Marxist bin: Wenn die Analysen der Wissenschaftler stimmen, wäre es für uns alle beschämend, ein Skandal, dass Kinder aus armen Familien sich in Deutschland nicht gesund ernähren könnten. Wo sind wir eigentlich moralisch hingekommen, wenn in unserer reichen Gesellschaft Kinder in Not allzu oft im Stich gelassen werden? Ich habe früher in der Schule gelernt, dass die Sozialhilfe dazu da ist, Armut zu verhindern. Sie war ja immer nur als Übergang gedacht, um Menschen bald wieder in die Lage zu versetzen, ihr Leben selbstverantwortlich zu gestalten, also »Hilfe zur Selbsthilfe«. Dieser Grundsatz, eine große soziale Errungenschaft, wie ich finde, muss weiterhin gelten. Anderenfalls würden wir, was die humane Substanz unserer Gesellschaft angeht, einen gewaltigen Rückschritt erleben.

Aber mindestens genauso beschämend wie das Ausmaß materieller Armut in unserer Mitte, finde ich, ist die Perspektivlosigkeit, die unsere Gesellschaft benachteiligten Menschen zumutet. Viele Statistiken sagen uns: Wer einmal arm ist, der bleibt es mit hoher Wahrscheinlichkeit ein Leben lang.

---

4 Pressemitteilung der Universität Bonn vom 1.8.2007: http://www1.uni-bonn. de/pressDB/jsp/pressemitteilungsdetails.jsp?detailjahr=2007&detail=251

Wer einmal seinen Arbeitsplatz verliert und länger als ein Jahr keine neue Anstellung findet, für den wird eine Rückkehr auf den regulären Arbeitsmarkt immer schwieriger. Die Armutsgefährdung betrifft nicht mehr nur bestimmte Lebensphasen, sondern es ist durchaus ein Risiko zur Verfestigung erkennbar. Soziologen sagen Kindern aus benachteiligten Familien sogar voraus, dass sie im Erwachsenenalter die Armut ihrer Eltern »erben« werden. Zum Armutsrisiko von Kindern trägt auch bei, dass Bildungschancen in Deutschland stark an die soziale Herkunft gebunden sind. Deshalb ist eine offensive Bekämpfung von Bildungsarmut dringend erforderlich, und es ist unerlässlich, Befähigungsgerechtigkeit für Kinder und Jugendliche aus benachteiligten Familien – häufig mit Migrationshintergrund – zu schaffen.

Das Ausmaß an Armut, vor allem an Kinderarmut, das in Deutschland herrscht, ist ein Skandal. Dieses Ausmaß kann schlechterdings nicht geleugnet werden. Ich möchte mich an dieser Stelle gar nicht auf die leidige Diskussion einlassen, ob die in der Soziologie übliche Definition sinnvoll ist, die besagt, dass derjenige arm sei, der über weniger als 50 oder 60 Prozent des Durchschnittseinkommens verfügt. Dann kommt nämlich jemand und sagt vermeintlich spitzfindig: »Wenn Bill Gates nach Deutschland ziehen würde, hätten wir nach dieser Definition auf einen Schlag 100 000 Arme mehr.«
Solche Diskussionen sind überflüssig. Wir haben in Deutschland eine gesetzlich definierte Armutsgrenze: Wer kein eigenes Einkommen oder Vermögen hat, aus dem er seinen Lebensunterhalt in der Weise bestreiten kann, dass ihm eine menschenwürdige Existenz möglich ist, der bekommt Sozialhilfe beziehungsweise Arbeitslosengeld II; und das sind in Deutschland im Sommer 2008 mehr als fünf Millionen Menschen gewesen. Dazu gehören auch sogenannte »Aufstocker«, also Menschen, die zwar ein Erwerbseinkom-

men haben, dabei aber nicht genug verdienen, um davon ihr eigenes Leben und das ihrer Familien finanzieren zu können.

Wer angesichts dieser Zahlen vielfachen Sozialbetrug wittert, wird durch eine Ende 2006 erschienene, unter Federführung der Wirtschaftswissenschaftlerin Irene Becker an der Universität Frankfurt am Main erarbeitete Studie eines Besseren belehrt: Es ist keineswegs so, dass sich Millionen Menschen staatliche Hilfeleistungen erschleichen, sondern im Gegenteil: Über zwei Millionen Bedürftige, die eigentlich einen Anspruch auf »Hartz IV« hätten, haben keinen entsprechenden Antrag gestellt – aus Unwissenheit, Scham oder Resignation. Betrachtet man die Gruppe der Minderjährigen, sind die Zahlen der Studie noch erschütternder: 3,4 Millionen Kinder und Jugendliche sind in dem untersuchten Zeitraum bedürftig im Sinne der gesetzlichen Armutsdefinition gewesen. Das sind mehr als ein Fünftel aller in Deutschland lebenden Kinder! Aber als wäre das alles noch nicht schlimm genug, sind Kinder nicht nur besonders stark von Armut betroffen, sondern es gilt auch die Regel: Je mehr Kinder in einem Haushalt leben, desto größer ist auch das Armutsrisiko für die Eltern. In kinderreichen Paarfamilien lag die Bedürftigkeitsquote im Untersuchungszeitraum bei 26,5 Prozent, unter Alleinerziehenden bei unglaublichen 50 Prozent! Das nenne ich einen Skandal!

Alles das spricht dafür, dass Kinder und kinderreiche Familien in unserer Gesellschaft systematisch benachteiligt werden. In ihren Sonntagsreden betonen viele Politiker immer wieder, wie wichtig die Kinder sind, dass sie das Wertvollste sind, was wir haben. Aber genau dieselben Politiker waren es doch, die ein Gesetz beschlossen haben, nach dem Kinder bis 14 Jahre nur 60 Prozent des Hartz-IV-Regelsatzes als Sozialgeld erhalten, vom 15. bis zum 18. Lebensjahr 80 Prozent des Regelsatzes. Ich möchte keine allgemeine Politikerschelte anstimmen, aber das ist eine Diskrepanz zwischen Reden und Handeln, die mich aufregt.

Und wenn Ernährungswissenschaftler Alarm schlagen, dass das zu wenig Geld für eine ausgewogene und gesunde Ernährung von Teenagern ist, dann brauchen die betroffenen Kinder nicht Lippenbekenntnisse der Politik, sondern dann muss hier schnellstens Abhilfe geschaffen werden.

Aber nicht nur im Hinblick auf unser Sozialhilferecht müssen wir uns fragen, wie wir in unserer Gesellschaft mit Kindern und Familien umgehen. Wir müssen uns insgesamt Rechenschaft darüber ablegen, ob Familien gerecht behandelt werden angesichts dessen, was sie erbringen. An dieser Gerechtigkeit mangelt es meiner Ansicht nach erheblich. Bereits 1952 forderte der Kieler Sozial- und Bevölkerungswissenschaftler Gerhard Mackenroth in seinem Referat zur Sozialreform eine Korrektur des Individualprinzips durch das Familienprinzip. Er bezeichnete den Familienlastenausgleich als »die sozialpolitische Großaufgabe des 20. Jahrhunderts« (Mackenroth 1952/57, 61).

Mehr als 50 Jahre später müssen wir feststellen, dass diese Aufgabe nicht gelöst wurde. Frauen und Männer, die in Familie »investieren«, erhalten von der Gesellschaft immer noch keine genügende Wahrnehmung und Wertschätzung. Zu Beginn der neunziger Jahre hat der Bielefelder Soziologe Franz-Xaver Kaufmann detailliert nachgewiesen, dass es bei uns in den unterschiedlichen Gesellschaftsbereichen geradezu eine strukturelle Rücksichtslosigkeit gegenüber den Familien gibt. Im Blickfeld steht immer nur der Einzelne mit seiner Produktivität, sprich: der Steuerzahler. Kinder und Menschen, die sich in Familien um Kinder kümmern, sind aus dieser Perspektive zu vernachlässigende Größen.

Hier ist ein Umdenken dringend erforderlich, nicht nur aus moralischen, sondern auch aus ganz pragmatischen

Gründen. Politik für Familien und Kinder ist kein »Gedöns«, wie es ein wichtiger Politiker einmal abschätzig formuliert hat, sondern hier geht es um die Zukunft unserer Gesellschaft. Es ist deshalb fatal, dass in den letzten Jahren so viel über die Alterung unserer Gesellschaft gesprochen worden ist. Hier muss schon begrifflich ein Perspektivenwechsel stattfinden: Nicht das Altern der Menschen ist unser Zukunftsproblem, sondern der Kinderschwund. Und dieses Problem hat eine gewaltige Dimension, die durchaus auch in ökonomischen Kategorien beschrieben werden kann: Franz-Xaver Kaufmann hat vorgerechnet, dass die »›Investitionslücke‹ in das deutsche Humankapital infolge der unter dem Reproduktionsniveau liegenden Fertilität während der letzten dreißig Jahre« auf »mindestens 2500 Milliarden Euro« geschätzt werden muss.

In seinem Buch *Schrumpfende Gesellschaft* von 2005 macht Kaufmann sehr deutlich, dass ein weiterer ungebremster Bevölkerungsrückgang nicht nur gewaltige wirtschaftliche Folgen in Form von erheblichen Wohlstandsverlusten haben würde. Er prognostiziert für diesen Fall auch eine dramatische Desintegration der Gesellschaft aufgrund wachsender Verteilungskonflikte und eine die Menschen und Institutionen insgesamt erfassende soziale Erstarrung.

Eine der wichtigsten Aufgaben der Politik der nächsten Jahrzehnte wird es sein zu verhindern, dass dieses düstere Zukunftsszenario Realität wird. Dazu ist es erforderlich, dass jungen Menschen wieder mehr Mut gemacht wird, das Wagnis einzugehen, sich zu binden und eine Familie zu gründen. Die Entscheidung für Kinder, für Familie ist eine in sich sinnvolle und wertvolle Entscheidung, und das muss sich auch in der Familienpolitik widerspiegeln. Das ist die Intention der Kirche in der ganzen familienpolitischen Diskussion. Es geht uns nicht darum, jungen Eltern vorzuschreiben, wie sie ihr Leben führen, wie sie Familie und Erwerb miteinander verbinden sollen. Es geht uns darum, den grundsätzlichen Wert von Familie in Erinnerung zu rufen. Und das heißt: Die Entscheidung für eine Familie ist eine in sich richtige Entscheidung und insofern ist sie *unbedingt* unterstützenswert und schützenswert – unabhängig davon, ob und wann Mutter und Vater wieder voll erwerbstätig werden und eine professionelle Kinderbetreuung in Anspruch nehmen wollen. Und deshalb sollte sich die Politik hier auch des Versuchs jeder Gängelung enthalten und das Wort von der wirklichen Wahlfreiheit Realität werden lassen. Und natürlich ist die Entscheidung für Familie auch eine Entscheidung für bestimmte Werte, für ein Leben, das mit Kindern geteilt wird. Sie setzt also auch moralische Ressourcen voraus.

Wir deutschen Bischöfe haben in unserem Impulstext *Das Soziale neu denken* aus dem Jahr 2003 Familienpolitik »als elementare Querschnittsaufgabe aller Politik« bezeichnet. Dort heißt es: »Die Familie muss geschützt und gestärkt werden. Sie ist in die Lage zu versetzen, ihren unersetzlichen Beitrag für die Gesellschaft zu leisten. Hierbei ist zu denken an finanzielle Leistungen, an Beitragsentlastungen, an Dienstleistungen und an rechtliche Sicherungen. So muss beispielsweise nicht die Familie arbeitsweltgerecht werden, sondern die Arbeitswelt muss familiengerecht werden. Wir brauchen ganz grundlegend und elementar eine familienfreundliche und familienfördernde Gesellschaft.«

Davon sind wir aber leider noch meilenweit entfernt. Diejenigen, die sich für Kinder entscheiden, und damit auch die Kinder selbst tragen ein gegenüber den Kinderlosen deutlich erhöhtes Armutsrisiko. Für Kinder aber bedeutet Armut nicht nur aktuelles Leid, sondern für sie ist Armut auch in besonderem Maße eine Hypothek, die auf ihrer Zukunft lastet. Dabei ist mir natürlich bewusst, dass Statistiken Aussagen über alle, aber nicht über jeden machen. Es gibt auch in unserer Gesellschaft noch beachtliche »Aufsteigerbiographien«. Aber bemerkenswert finden wir diese Lebensläufe gerade deshalb, weil sie selten sind.

Alle Studien der letzten Jahre haben gezeigt, dass gerade in Deutschland, aber auch in anderen hochentwickelten Ländern der Erfolg von Kindern im Schul- und Bildungssystem und damit auch später auf dem Arbeitsmarkt sehr von dem sozialen Status, vor allem dem Einkommen ihrer Eltern abhängt. Die vieldiskutierten *PISA-Studien* der *Organisation für wirtschaftliche Zusammenarbeit und Entwicklung* (*OECD*) haben einen speziellen Index entwickelt, der gleichzeitig ökonomische, soziale und kulturelle Faktoren berücksichtigt, um den sozialen Status der Herkunftsfamilien von Schülerinnen und Schülern zu erfassen – den sogenannten *ESCS-Index* (*ESCS: Index of Economic, Social and Cultural Status*). Und das Ergebnis ist frappant: 45 Prozent aller Hauptschüler kommen aus Familien der untersten *ESCS*-Kategorie, während die Hälfte aller Gymnasiasten der obersten *ESCS*-Kategorie zuzuordnen sind.

Noch aussagekräftiger sind die Zahlen, wenn man danach fragt, wer Zugang zu einer akademischen Ausbildung erhält: Laut dem zweiten Armuts- und Reichtumsbericht der Bundesregierung ist die Chance, später ein Hochschulstudium aufzunehmen, für ein Kind aus einer Familie mit hohem sozialem Status 7,4-mal so hoch wie für ein Kind aus einer Familie mit niedrigem sozialem Status.

Falls jemand nun auf die Idee kommen sollte, diese Zahlen weniger auf soziale Faktoren als vielmehr auf unterschiedliche »genetische Anlagen« der Kinder zurückführen zu wollen, so täuscht er sich darin. Freilich möchte niemand – auch ich nicht – bestreiten, dass es bei verschiedenen Menschen auch unterschiedliche natürliche Begabungen gibt. Aber viele Studien zeigen, dass auch dann, wenn Eltern über ein vergleichbares Bildungsniveau und Kinder im frühen Alter über ähnliche kognitive Fähigkeiten verfügen, der Grundsatz gilt:

Ein Kind, das bereits im Kindergarten- und Grundschulalter Armutserfahrungen machen musste, hat deutlich verringerte Chancen, seine Anlagen und Begabungen während seiner Schullaufbahn voll zu entfalten.

Verwundern kann das meiner Meinung nach aber eigentlich nicht, denn materielle Armut schränkt doch ganz offensichtlich auch schon im frühen Kindesalter die Handlungsmöglichkeiten und Spielräume deutlich ein: Es können nicht beliebig oft Freunde nach Hause eingeladen werden, Ausflüge wie etwa Zoobesuche sind nur ausnahmsweise möglich, auch Vereinsmitgliedschaften von Kindern kosten meistens Geld, pädagogisch wertvolles Spielzeug und Kinderbücher sind ohnehin teuer. Alles das macht die Lern- und Erfahrungsräume von Kindern aus armen Verhältnissen enger als die ihrer Altersgenossen und bildet damit schon bei der Einschulung eine gewaltige Hypothek, die auf den kleinen Schultern der Erstklässler lastet.

Auch im Hinblick auf die sozialen Probleme in hochentwickelten Gesellschaften bestätigt sich insofern der bereits im vorangehenden Kapitel zitierte Satz des indischen Wirtschaftswissenschaftlers und Entwicklungstheoretikers Amartya Sen: »Wirtschaftliche Unfreiheit kann zur Brutstätte für soziale Unfreiheit werden.« Es bedarf dabei wohl nicht vieler weiterer Worte, um deutlich zu machen, was gerade die soziale Undurchlässigkeit des Bildungssystems in einer Gesellschaft bedeutet, die weithin als »Wissensgesellschaft« verstanden wird und in der die berufliche Zukunft des Einzelnen von den Zeugnissen und Ausbildungszertifikaten abhängt, die er vorweisen kann.

Die sozialen Ausgrenzungsprozesse, die in unserem Schul- und Ausbildungssystem und dann auf dem Arbeitsmarkt ablaufen, kann man in Deutschland besonders gut an der Entwicklung der Hauptschule und dem Schicksal vieler Hauptschüler ablesen. Als ich selbst noch zur Schule gegangen bin, hatte die Hauptschule den Status einer »Volksschule«, auf die zwei Drittel meiner Altersgenossen gegangen sind. Die Hauptschule sollte ihre Schüler stark handlungs- und praxisorientiert zur Ausbildungsreife für handwerkliche und gewerbliche Berufe führen. Und das tat sie auch.

Dass sich die Schullandschaft seit meiner Kindheit verändert hat, ist mir natürlich nicht entgangen. Aber erst im Sommer 2006 bin ich darauf aufmerksam geworden, wie dramatisch sich die Situation der Hauptschule inzwischen entwickelt hat. Grund war ein Offener Brief, mit dem sich die Rektoren der Trierer Hauptschulen an die Öffentlichkeit gewandt haben, um auf die Lage ihrer Schülerinnen und Schüler aufmerksam zu machen. Nur etwa 20 Prozent von ihnen bekamen nach dem Schulabgang einen Ausbildungsplatz. Ich habe mich dann zu einem Gespräch mit den Schulleitern getroffen, um mich weiter zu informieren und zu helfen, Öffentlichkeit für das berechtigte Anliegen herzustellen.

Die Hauptschule ist der große Verlierer im Schulsystem. Heute gehen noch nicht einmal mehr ein Viertel der Schüler eines Jahrgangs auf die Hauptschule. Gerade in Städten stammen sie zum großen Teil aus sozial benachteiligten, mit den unterschiedlichsten Problemen behafteten Familien und Zuwandererfamilien. Viele Kinder, so erzählten mir die Rektoren, kommen ohne Motivation in die Schule und verfügen nur über begrenzte Qualifizierungsmöglichkeiten. Daneben gibt es wirklich gute Schüler, denen aber auch nicht die gebotene Aufmerksamkeit und Förderung zuteil wird, so dass sich ihre Talente nicht entfalten können.

Auf diese Weise hat die Hauptschule über die Jahre allmählich den Ruf einer »Restschule« bekommen, auf der sich die besonders schwachen Schülerinnen und Schüler sammeln, die letztlich nicht ausbildungsfähig sind. Das hat dazu geführt, dass es heute, wo auch Abiturienten in handwerkliche und gewerbliche Berufe drängen, zumindest in den Städten sehr schwer wird, selbst mit einem guten Hauptschulabschluss noch einen Ausbildungsplatz zu finden.

Diese Perspektivlosigkeit führt dazu, dass immer mehr schwächere Hauptschüler ihre schulischen Anstrengungen gänzlich einstellen und die Schule abbrechen. Rund acht Prozent eines Jahrgangs verlassen heutzutage die Schule ohne Abschluss. Ein Großteil sind Hauptschüler. Wozu einen Abschluss machen, fragen sie sich, wenn er doch keinen Zugang zum Arbeitsmarkt eröffnet? So entsteht in unserer Gesellschaft eine allmählich wachsende Zahl von Menschen, die aus dem Bildungs- und damit meist auch aus dem Wirtschaftssystem herausfallen.

Aber das ist keineswegs ein spezifisch deutsches Problem, sondern eine gefährliche Tendenz, die Soziologen seit Jahren in den meisten hochentwickelten Ländern beobachten. Die breite Öffentlichkeit nimmt davon in der Regel nur dann Notiz, wenn sich der so entstehende soziale Sprengstoff einmal entzündet und explodiert. Besonders dramatisch war die Situation im Herbst 2005 in Frankreich, als es in den Banlieue, also den Vororten von Paris und anderen französischen Großstädten, zu gewalttätigen Unruhen kam, bei denen Tausende Jugendliche ganze Stadtteile verwüsteten und sich regelrechte Straßenschlachten mit der Polizei lieferten. Im Verlauf der Ausschreitungen gingen rund 10 000 Autos in Flammen auf, 300 Schulen und andere öffentliche Gebäude wurden zerstört. Die französische Regierung sah sich genötigt, den partiellen Ausnahmezustand zu verhängen. Auf dem Höhepunkt der Krise waren mehr als 10 000 Polizisten und Gendarmen im Einsatz, rund 200 von ihnen wurden bei den Auseinandersetzungen zum Teil schwer verletzt. Auch unter den Randalierern und Unbeteiligten waren zahlreiche Verletzte zu beklagen. Und leider kam es auch zum Äußersten: Ein Rentner, der versucht hatte, seinen brennenden Mülleimer zu löschen, wurde zu Tode geprügelt.

Nicht nur in Frankreich, sondern in ganz Europa fragte sich eine fassungslose Öffentlichkeit, wie es zu diesem Ausbruch von Hass und brutaler Gewalt hatte kommen können. Weniger überrascht allerdings waren jene Soziologen und Sozialarbeiter, die seit vielen Jahren auf die sozialen Probleme vieler Jugendlicher in den Banlieue und die damit verbundenen Gefahren hingewiesen hatten. In den offiziell rund 750 »sensiblen urbanen Zonen« in Frankreich leben fast 5 Millionen Menschen. Es handelt sich zum großen Teil um Menschen mit Migrationshintergrund, die ihre Wurzeln in den ehemaligen französischen Kolonien haben. Die Arbeitslosigkeit unter den Banlieue-Jugendlichen liegt bei rund 40 Prozent. Selbst mit einem guten Schulabschluss bekommen Bewerber, die aus den Vorstädten stammen, häufig keinen Ausbildungsplatz. Wie in Deutschland produziert diese Perspektivlosigkeit bei vielen Jugendlichen eine Verweigerungshaltung; in Frankreich brechen jährlich 150000 Schüler die Schule ab.

Viele dieser jungen Menschen sehen in der sie umgebenden Gesellschaft keinen Platz für sich. Sie sind mittendrin, aber nicht dabei. Die neuere soziologische Armutsforschung versucht, dieses Phänomen mit dem Begriff der Exklusion, das heißt: des sozialen Ausschlusses, einzufangen. Der moderne soziale Konflikt besteht vor allem darin, dass es eine wachsende Zahl von Menschen gibt, die zwar in unserer Gesellschaft leben, die an den zentralen Lebensvollzügen dieser Gesellschaft aber keinen Anteil nehmen können. Sie sind ausgeschlossen aus den ökonomischen, den kulturellen und damit auch weitgehend aus den politischen Prozessen. Während die alte soziale Frage einen Klassenkonflikt zum Gegenstand hatte, einen Konflikt zwischen denen, die in der Gesellschaft »oben« und »unten« standen, geht es in der neuen sozialen Frage um den Unterschied zwischen denen, die im Hinblick auf das gesellschaftliche Leben »drinnen« und »draußen« sind; es geht um Inklusion und Exklusion.

Und wir müssen feststellen, dass sich solche soziale Exklusion zunehmend als »vererblich« darstellt, weil das Bildungssystem mit Blick auf die sozial Benachteiligten schlicht versagt, weil der Arbeitsmarkt für sie kaum Optionen bietet und weil der Sozialstaat es nicht vermag, ihnen konsequent Chancen auf Teilhabe zu vermitteln.

Die augenfälligste Exklusionserscheinung in Deutschland und den meisten anderen europäischen Ländern ist die seit Jahrzehnten grassierende Massenarbeitslosigkeit. Dass Arbeitslosigkeit nicht nur für die Betroffenen ein schwerer Schicksalsschlag ist, sondern dass sie als soziales Massenphänomen eine ganze Gesellschaft in ihren Grundfesten erschüttern kann, weiß wohl kaum jemand so gut wie wir Deutschen. 1931, auf dem Höhepunkt der damaligen Weltwirtschaftskrise, schrieb Papst Pius XI. in seiner Enzyklika *Quadragesimo anno*: »Arbeitslosigkeit, ganz besonders eine lang andauernde Massenarbeitslosigkeit, wie Wir sie während unseres Pontifikates erleben müssen, ist eine furchtbare Geißel: sie schlägt den einzelnen Arbeitslosen mit wirtschaftlicher Not und treibt ihn in sittliche Gefahren; sie vernichtet den Wohlstand ganzer Länder; ja, sie bedeutet eine Gefahr für öffentliche Ordnung, Ruhe und Frieden der gesamten Welt« (*Quadragesimo anno* 74).

Kein Land war damals von der Weltwirtschaftskrise derart hart getroffen worden wie Deutschland. Die Arbeitslosenquote im Deutschen Reich betrug 1931 im Jahresdurchschnitt 23,9 Prozent, 1932 gar 30,8 Prozent.

Und keine zwei Jahre nachdem der Papst seine Warnung vor den Gefahren solcher Massenarbeitslosigkeit ausgesprochen hatte, war Adolf Hitler in Deutschland an der Macht, und SA-Leute zogen am 30. Januar 1933 in einem nächtlichen Fackelzug im Triumph durch das Brandenburger Tor in Berlin – ein gespenstisches Menetekel dessen, was dann gefolgt ist.

Ich will damit keinesfalls sagen, dass der Nationalsozialismus eine – womöglich gar zwangsläufige – Folge der Weltwirtschaftskrise und der folgenden Massenarbeitslosigkeit gewesen wäre. Nein, dass es so weit kommen konnte, dazu bedurfte es auch des Versagens vieler Institutionen und vieler damals handelnder Personen. Aber Hitler und seine Gesinnungsgenossen stürzten sich mit ihren Parolen wie die Aasgeier auf das große Heer der Enttäuschten, Verängstigten und Hoffnungslosen. Und sie hatten es mit einem »schwachen Staat« zu tun, der die existenziellen Probleme der Menschen nicht lösen konnte.

Seit der Weltwirtschaftskrise wissen wir aber nicht nur, welche Folgen Massenarbeitslosigkeit für eine Gesellschaft haben kann, sondern wir wissen auch ziemlich genau, was Arbeitslosigkeit für die einzelnen Betroffenen bedeutet. Denn mit der Massenarbeitslosigkeit entstand auch die Arbeitslosigkeitsforschung. Der bis heute äußerst lesenswerte Klassiker dieses Genres ist die 1933 von Marie Jahoda, Hans Zeisel und Paul Lazarsfeld veröffentlichte Studie *Die Arbeitslosen von Marienthal*. Diese Untersuchung war der erste Versuch, mit Hilfe empirischer Forschungsmethoden die psychosozialen Folgen von Arbeitslosigkeit zu ermitteln. Marienthal ist ein kleiner Ort in der Nähe von Wien. Er ist um eine 1830 gegründete Flachs- bzw. Baumwollspinnerei herum entstanden, die über die Jahrzehnte durch die Angliederung einer Bleiche und einer Weberei in der zweiten Hälfte des 19. Jahrhunderts zu einem nach den Maßstäben dieser Zeit veritablen Großbetrieb geworden war. Mit der Fabrik wuchs auch der Ort. Fast alle Marienthaler arbeiteten in der Fabrik.

Wie viele andere Betriebe damals ging auch die Marienthaler Fabrik im Zuge der Weltwirtschaftskrise in kürzester Zeit in Konkurs. Und das bedeutete, dass mehr oder weniger auf einen Schlag fast alle Marienthaler im erwerbsfähigen

Alter arbeitslos wurden. Hier fand die soziologische Forschergruppe also das ideale Feld, um im Winter 1931/32 die psychosozialen Folgen von Arbeitslosigkeit studieren zu können. Zum Zeitpunkt der Studie zählte Marienthal 1486 Einwohner, die sich auf 478 Haushalte verteilten; davon waren 367 Haushalte unmittelbar von Arbeitslosigkeit betroffen, weil ein oder mehrere Familienmitglieder ihre Stelle in der Fabrik verloren hatten.

Arbeitslosigkeit und damit der Verlust des Erwerbseinkommens führten binnen relativ kurzer Zeit zu einer dramatischen materiellen Notlage in Marienthal. Staatliche Hilfeleistungen gab es damals zwar auch schon, aber bei weitem nicht in dem Maß, wie wir sie heute kennen. Die Arbeitslosenunterstützung und die Sozialhilfe waren auf die vorübergehende Arbeitslosigkeit und Bedürftigkeit Einzelner ausgerichtet, aber nicht auf eine lang andauernde Massenarbeitslosigkeit. Das Geld reichte für die große Zahl der Hilfebedürftigen hinten und vorne nicht. Bei dem einzelnen Arbeitslosen und seiner Familie kam schließlich nur noch so wenig Geld an, dass mitunter selbst die elementarsten Lebensbedürfnisse nicht mehr gedeckt waren.

Die Forscher schreiben dazu: »Selbst die Behörden versuchen in Marienthal nicht mehr, den Schein aufrechtzuerhalten, als ob man von der Unterstützung, die man bekommt oder sogar nicht bekommt, leben könnte. Wenn Katzen und Hunde verschwinden, fällt es den Besitzern gar nicht mehr ein, Anzeige zu erstatten: man weiß, dass sie von irgendjemandem gegessen wurden, und forscht nicht nach dem Namen. Bei Übertretungen des Fischrechtes und selbst bei kleinen Kohlendiebstählen auf der Bahn drückt man beide Augen zu« (Jahoda u. a. 1933/2004, 41 f.). Das eigentlich Interessante an der Marienthal-Studie war aber die Erkenntnis, dass die Arbeitslosen keineswegs nur unter dem Verlust des Erwerbseinkommens und den damit verbundenen materiellen Einschränkungen litten. Vor der Fabrikschließung war Marienthal ein äußerst lebendiger Ort mit einem regen und bunten Vereinsleben und einer Vielzahl von politischen, kulturellen und sportlichen Veranstaltungen. Neudeutsch würde man sagen: In Marienthal gab es eine gut funktionierende *civil society*.

Nach der Fabrikschließung jedoch präsentierten sich das Dorf und seine Einwohner den Forschern als eine durch und durch »müde Gemeinschaft«, in der sich niemand mehr für die anderen oder die gemeinsamen Angelegenheiten interessierte, in der sich viele noch nicht einmal mehr um ihre eigenen Belange kümmerten. Sichtbarer Ausdruck dieser inneren und äußeren »Verwahrlosung« von Marienthal war beispielsweise der Park, auf dessen Pflege die Arbeiter ehedem viel Zeit und Mühen verwendet hatten. Auf ihren Park waren die Marienthaler sehr stolz gewesen. An Sonntagen waren sie dort auf den gepflegten Wegen spazieren gegangen und hatten sich auf die Bänke neben den sorgfältig geschnittenen Sträuchern gesetzt.

Nachdem die Fabrik ihre Werkstore geschlossen hatte, fand diese Pracht jedoch ein jähes Ende. Der Park verwilderte zusehends. Unkraut wucherte auf den Wegen, die Sträucher wurden nicht mehr geschnitten und auch die Rasenflächen waren mangels Pflege zerstört. Obwohl fast jeder Marienthaler mehr als genug Zeit dafür gehabt hätte, kümmerte sich niemand mehr um den Park. Die Menschen hatten einfach das Interesse verloren. Dasselbe Phänomen allgemeiner Teilnahmslosigkeit war in Marienthal an allen Ecken und Enden zu sehen. Das Vereinsleben war weitgehend zum Erliegen gekommen. Und bei der Untersuchung der Kartei der Arbeiterbücherei im Ort stellten die Forscher fest: Obwohl im Gegensatz zu der Zeit vor der Massenarbeitslosigkeit keine Leihgebühren mehr erhoben wurden und die Menschen nun viel mehr Zeit gehabt hätten, um zu lesen, waren seit der

Fabrikschließung die Entleihungen um mehr als die Hälfte zurückgegangen. Der Verlust der Kollegen und der aktive Rückzug von anderen sozialen Kontakten führten die Arbeitslosen von Marienthal in eine relative Isolation. Das Sozialleben beschränkte sich bei den meisten nur noch auf die familiären Nahbeziehungen. Und das wiederum führte in vielen Familien zu vermehrten Spannungen.

Besonders aufgefallen ist den Forschern auch das veränderte Gefühl für die Zeit bei den Arbeitslosen. Der Verlust des durch die Arbeit in der Fabrik gegebenen Zeitkorsetts mit seinem Wechsel von Arbeitszeit und Freizeit, Alltag und Sonntag, Pflicht und Vergnügen nahm den Betroffenen den Kompass, nach dem sie ihr Leben bislang ausgerichtet hatten. In der Studie heißt es: »Losgelöst von ihrer Arbeit und ohne Kontakt mit der Außenwelt, haben die Arbeiter die materiellen und moralischen Möglichkeiten eingebüßt, die Zeit zu verwenden. Sie, die sich nicht mehr beeilen müssen, beginnen auch nichts mehr und gleiten allmählich ab aus einer geregelten Existenz ins Ungebundene und Leere. Wenn sie Rückschau halten über einen Abschnitt dieser freien Zeit, dann will ihnen nichts einfallen, was der Mühe wert wäre, erzählt zu werden« (Ebd., 83).

Die Forscher hatten einige Arbeitslose gebeten, einige Tage lang ihre Aktivitäten in Zeitverwendungsbögen festzuhalten. Das Ergebnis waren Protokolle der Lethargie. Das Aufstehen, das Schlafengehen und die Mahlzeiten waren die einzig verbliebenen Routinen. Zwischen diesen Orientierungspunkten verging die Zeit einfach, ohne dass etwas Erwähnenswertes geschah oder getan wurde. Das Gefühl, unbegrenzt Zeit zu haben, nahm den Menschen ganz offenbar die Möglichkeit, ihre Zeit sinnvoll zu füllen. Diese pathologische Zeiterfahrung betraf allerdings nur die Männer. Die Frauen, die – zudem mit finanziell äußerst knapp bemessenen Mitteln – weiterhin den Haushalt führen und die Kinder versorgen mussten, waren durch den Verlust ihrer Arbeitsplätze in der Fabrik zwar auch verdienstlos, aber keineswegs arbeitslos geworden. Diese unterschiedliche Zeiterfahrung von Frauen und Männern führte zwischen vielen Eheleuten zu zusätzlichen Spannungen.

Besonders zu leiden hatten unter der in Marienthal herrschenden Armut und Perspektivlosigkeit auch schon damals die Kinder. Den Eindruck einer im Ganzen resignierten Gemeinschaft machte das arbeitslose Dorf auf die Forscher vor allem auch deshalb, so sagen sie, weil die Kinder und Jugendlichen, also diejenigen, bei denen man im Allgemeinen alles eher als dieses Gefühl erwartet, von Resignation beherrscht waren. Die Soziologen hatten die Kinder gebeten, ihre Weihnachtswünsche aufzuschreiben. Heraus kamen äußerst bescheidene Wunschzettel. Ein Drittel der Kinder schrieben ihre Wünsche im Konjunktiv auf. »Wenn die Eltern Geld hätten, würde ich mir ein Album für Bilder wünschen.« Oder: »Wenn meine Eltern Arbeit hätten, würde ich mir einen Pinsel und ein Buch wünschen.« Aber trotz aller Bescheidenheit wurden bei 69 von 100 Kindern in Marienthal die Weihnachtswünsche nicht erfüllt. Die Kinder, die vor Weihnachten noch nicht resigniert waren, waren es nachher.

Die Marienthal-Studie hatte erstmals gezeigt, dass Arbeitslosigkeit für die Betroffenen und ihre Angehörigen vielfältiges Leid bedeutet, das neben dem Verlust des Erwerbseinkommens noch eine Vielzahl anderer negativer Folgen umfasst. An diesem Befund hat sich bis heute nichts geändert. Auch neuere empirische Studien zeigen, dass Arbeitslose keineswegs nur unter den finanziellen Einschränkungen leiden, die der Verlust des Arbeitsplatzes auch heute noch bedeutet, obwohl die Sozialleistungen natürlich nicht mehr so knapp bemessen sind, wie sie es in Marienthal waren.

Die heutigen Langzeitarbeitslosen, also diejenigen, die ein Jahr oder länger arbeitslos sind, unterscheiden sich in ihrer

Gemütsverfassung kaum von ihren Schicksalsgenossen aus der Zeit der Weltwirtschaftskrise. Sie verlieren ihren Zukunftsmut und ihre Gestaltungskraft. Sie ziehen sich aus dem sozialen Leben zurück. Sie haben kein Gefühl mehr für die Zeit, jeder Tag ist für sie wie der andere. Sie interessieren sich nicht mehr für ihre alten Hobbys oder für Politik. Mit der Zeit werden viele krank. In einer Gesellschaft, in der die soziale Anerkennung stark davon abhängt, ob jemand Arbeit hat und welche Arbeit er hat, in einer ausgesprochenen »Arbeitsgesellschaft« also, fühlen sie sich nutzlos. Sie leiden unter dem Gefühl, von dieser Gesellschaft nicht gebraucht zu werden und keinen Beitrag leisten zu können. Sie leben, wie es im Titel einer Studie heißt, »im Schatten der Arbeitsgesellschaft«. Und sie haben das Gefühl, dass zwischen dem Schattenreich, in dem sie leben, und dem Reich der anderen, derer, die Arbeit haben und Mitglieder in dem exklusiven Klub der Arbeitsgesellschaft sind, ein unüberwindlicher Graben liegt.

In vielen Fällen trügt dieses Gefühl des Ausschlusses, der Exklusion aus der Arbeitsgesellschaft leider nicht. Gerade den Langzeitarbeitslosen gelingt immer seltener die Rückkehr in reguläre Beschäftigungsverhältnisse. Die in den meisten Ländern Europas seit Jahrzehnten herrschende Massenarbeitslosigkeit lässt den Eindruck entstehen, dass unsere Wirtschafts- und Arbeitswelt tatsächlich immer weniger Menschen benötigt, damit der Konjunkturmotor in Gang bleibt.

Bereits 1958 prognostizierte die deutsch-amerikanische Philosophin Hannah Arendt eine verhängnisvolle Zukunft: »Was uns bevorsteht«, schrieb sie damals, »ist die Aussicht auf eine Arbeitsgesellschaft, der die Arbeit ausgegangen ist, also die einzige Tätigkeit, auf die sie sich noch versteht« (Arendt 2003, 13). In der durch Vollbeschäftigung gekennzeichneten Wirtschaftswunderwelt der Nachkriegszeit wird diese These auf allgemeines Unverständnis gestoßen sein. Der Lauf der Dinge scheint Arendt aber Recht gegeben zu haben. Seit Mitte der siebziger Jahre ist die Arbeitslosigkeit in Deutschland und auch in vielen anderen hochentwickelten Ländern dieser Welt in jeder Rezessionsphase deutlich angestiegen, ohne bei einer Besserung der Konjunkturlage wieder auf das alte Niveau zurückzugehen. Mit jedem Konjunkturzyklus kam es auf diese Weise zu einer immer höheren Sockelarbeitslosigkeit. Heißt das nun, dass uns die Erwerbsarbeit tatsächlich ausgeht? Nicht wenige Soziologen sind davon fest überzeugt. Sie vertreten mit Verve die These von dem »Ende der Arbeit«. Nicht weniger überzeugt aber geben sich zahlreiche Ökonomen, die behaupten, es gebe »Arbeit ohne Ende«. Und da steht man nun und wundert sich, dass Soziologie und Wirtschaftswissenschaften zu gleichermaßen empirisch fundierten wie sich wechselseitig ausschließenden Forschungsergebnissen kommen.

Tatsächlich sind in den letzten Jahrzehnten zahlreiche Arbeitsplätze verschwunden. Es sind vor allem Arbeitsplätze für sogenannte Geringqualifizierte gewesen, also niedrig entlohnte einfache und einfachste Tätigkeiten. Ich bin weit davon entfernt zu leugnen, dass auch Facharbeiter oder Akademiker, vor allem wenn sie älter sind, bisweilen Probleme auf dem Arbeitsmarkt haben, gar keine Stelle finden oder eine Arbeit weit unter ihrer Qualifikation ausüben müssen. Aber die Masse der Langzeitarbeitslosen sind Menschen mit nur geringer oder gar keiner beruflichen Qualifikation. Es sind also vor allem jene Menschen, die schon aus dem Schulsystem herausfallen und dann meist auch keine Möglichkeit haben, einen Beruf zu erlernen.

Die Gründe hierfür liegen unter anderem in der wirtschaftlichen Globalisierung. Der zunehmende Abbau von natürlichen und künstlichen Grenzen des weltweiten wirtschaftlichen Austausches hat zu einem stärkeren Wettbewerb zwischen Industrie-, Schwellen- und Entwicklungsländern geführt. Güter, die vom Verfahren her einfach, aber zeit- und arbeitsintensiv herzustellen sind, werden deshalb meist nicht mehr in den Industrieländern, sondern in den Entwicklungsländern produziert, wo die von den Unternehmen zu zahlenden Löhne und Sozialabgaben viel niedriger sind. Und das bedeutet: In den wohlhabenden Ländern bricht der Arbeitsmarkt für die Geringqualifizierten zusehends weg.

Manche Ökonomen schlagen deshalb vor, die Massenarbeitslosigkeit in den hochentwickelten Ländern durch eine Absenkung der Löhne und einen Abbau der Arbeitnehmerschutzrechte zu bekämpfen. Dadurch würde man dann freilich den Teufel durch den Beelzebub austreiben.

Als Vorbild für eine solche Politik werden die Vereinigten Staaten von Amerika angepriesen. In der Tat liegen die Arbeitslosenzahlen in den USA seit vielen Jahren deutlich unter denen der meisten kontinentaleuropäischen Länder. Aber heißt das auch, dass es in Amerika keine Exklusion, keinen sozialen Ausschluss gibt? Dem ist nicht so.

Das Problem der Schulabbrecher etwa kennt man auch in den USA. Dort ist es sogar noch viel dramatischer als in Europa. Anders als in Deutschland kennt das US-amerikanische Schulsystem keine horizontale Differenzierung, das heißt: Es gibt keine verschiedenen Schularten für unterschiedlich begabte Schülerinnen und Schüler, sondern alle Kinder und Jugendlichen eines Jahrgangs besuchen gemeinsam eine Schulstufe. Homogene Lerngruppen von ähnlich begabten Schülern versucht man in den USA dadurch zu schaffen, dass jedes Jahr neue Klassenverbände gebildet werden. So weit die Theorie, die nach einer großen Durchlässigkeit und Flexibilität des amerikanischen Schulsystems und optimaler individueller Lern- und Entwicklungsförderung aussieht. Die Realität ist leider eine andere: 30 Prozent der Schüler eines Jahrgangs verlassen die amerikanischen Highschools ohne Abschluss. Einen formal unterhalb des Highschool-Diploms angesiedelten Schulabschluss gibt es in den USA jedoch nicht.

Dieses Problem ist gar nicht mal so neu. Bereits Präsident John F. Kennedy beklagte angesichts der schon seinerzeit großen Zahl von Schulabbrechern das Versagen der Highschools. Aber vor 40 Jahren gab es auf dem amerikanischen Arbeitsmarkt auch für viele Geringqualifizierte noch die Möglichkeit, irgendwo in der Industrie Beschäftigung und ein einigermaßen ordentliches Auskommen zu finden. Das hat sich inzwischen geändert. Heute erfüllen schon viele Bewerber mit Highschool-Abschluss nicht mehr die gestiegenen Anforderungen der Unternehmen. Schulabbrecher haben da erst recht kaum eine Chance auf dem Arbeitsmarkt. Jedenfalls haben sie nur geringe Aussichten, jemals einen Lohn zu bekommen, der nach den im »alten Europa« geltenden Maßstäben ein erträgliches Einkommen sichert.

Die gegenüber den entsprechenden Zahlen in Europa etwas niedrigeren Arbeitslosenquoten in den USA täuschen insoweit. Während die Geringqualifizierten in Europa meist arbeitslos sind, gehen viele von ihnen in den USA in dem stetig wachsenden Heer derjenigen auf, die zwar Erwerbsarbeit haben, aber trotzdem nur am Rand des kulturellen Existenzminimums leben. Solche »working poor« hat es in den USA zwar schon immer gegeben, aber das viel beschworene amerikanische »Beschäftigungswunder« hat ihre Zahl noch einmal kräftig erhöht.

Auch in Europa hat man sich in den neunziger Jahren jenen Witz erzählt, wo auf einer Wahlveranstaltung der Demokratischen Partei die Clinton-Regierung dafür gelobt wird, dass sie mit ihrer Politik so viele neue Arbeitsplätze geschaffen hat, und aus dem Publikum steht jemand auf und sagt: »Ja, und ich alleine konnte schon drei von diesen Jobs ergattern.«

Es ist zwar auch eine Karikatur, dass die amerikanische »Jobmaschine« ausschließlich minderwertige Arbeitsplätze hervorgebracht habe, die ihre Inhaber kaum ernähren könnten. Aber es ist richtig, dass die amerikanischen Reformen in der Sozialpolitik viele dazu genötigt haben, tatsächlich Arbeit anzunehmen, bei der die Bezahlung derart schlecht ist, dass mit einem Job alleine noch nicht die Existenz gesichert ist. Die Menschen müssen jedoch solche Arbeit machen, weil anders als in den meisten europäischen Ländern die staatliche Sozialhilfe nur zeitlich begrenzt gezahlt wird. Wer nach einer Frist von zwei Jahren keine neue Arbeit aufgenommen hat, verliert die finanzielle Unterstützung. Grundsätzlich ist die Sozialhilfebezugsdauer in den USA auf fünf Jahre während des ganzen Lebens begrenzt.

Angesichts dieser ungenügenden sozialen Absicherung von Erwerbslosen in den USA und des hohen Drucks zur raschen Wiederaufnahme von Arbeit ist die US-Arbeitslosenquote von 5,7 Prozent (Stand: Juli 2008) meines Erachtens sehr beachtlich und bedenklich. Bisweilen wird bei uns in der öffentlichen Diskussion von interessierter Seite ja so getan, als gebe es in Amerika dank des dort freieren Arbeitsmarktes gar keine Arbeitslosen. Aber das stimmt einfach nicht! Und bevor jemand mit diesem Einwand kommen will: Das hat auch schon vor der sogenannten »Subprime-Krise«, unter der die US-Wirtschaft derzeit leidet, nicht gestimmt. Man muss sich doch nur die Statistiken anschauen. Und dann wird man sehen: Zugegeben, die Quote ist niedriger als in Deutschland, wo die Arbeitslosenquote bei 7,7 Prozent (ebenfalls Stand: Juli 2008) liegt. Aber so zu tun, als hätten die USA kein Arbeitsmarktproblem, das zeugt von einem dramatischen Informationsdefizit oder einem recht laschen Umgang mit den Tatsachen. So blendet man Wirklichkeit aus.

Der amerikanische Ökonom Lester C. Thurow bezeichnet die wachsende Zahl der Arbeitslosen und der »working poor« in seiner Heimat mit einem bösen Wort von Karl Marx: »Lumpenproletariat«. Für das »Lumpenproletariat« seiner Zeit hatte Karl Marx übrigens nur Verachtung übrig. Er bezeichnete es als die »passive Verfaulung der untersten Schichten« der Gesellschaft, das für die Revolution nicht zu gebrauchen war, sondern eher in der Gefahr stand, von den reaktionären Kräften gekauft zu werden. Hier liegt auch der Grund dafür, dass sich unter den Bolschewisten nicht nur »Kapitalisten« dem Generalverdacht »konterrevolutionärer Umtriebe« ausgesetzt sahen, sondern auch »Gammler«, »Landstreicher« oder sonst irgendwie sozial Auffällige. Wenn es um die Ärmsten der Armen ging, hielt sich das Mitleid der Marxisten traditionell sehr in Grenzen. Eine solche Haltung kann für einen Christen nicht akzeptabel sein.

Wie die Arbeitslosen in Europa führen auch die »working poor« in den USA ein Leben am Rande der Gesellschaft. Sie haben zwar Arbeit, aber diese gibt ihnen weder das Einkommen noch die soziale Anerkennung, die man gewöhnlich mit Erwerbsarbeit verbindet. Insofern sind auch sie aus der Erwerbsbürgergesellschaft ausgeschlossen.

Die »working poor« sind inzwischen aber kein rein amerikanisches Phänomen mehr. In den letzten Monaten ist auch in Deutschland viel über Niedriglöhne und über den Sinn und Unsinn von Mindestlöhnen diskutiert worden. Es hat zahlreiche Berichte über Geringverdiener zum Beispiel im Gebäudereinigungs- und Wachgewerbe, dem Friseurhandwerk oder der Fleischereibranche gegeben, die zwar Vollzeit arbeiten, aber trotzdem noch Arbeitslosengeld II beantragen müssen, um über die Runden zu kommen. Ich habe bereits geschrieben, dass mich diese Entwicklung zutiefst beunruhigt; und sie sollte jeden Anhänger der Marktwirtschaft beunruhigen. Denn es mehren sich in verschiedenen Branchen die Anzeichen, dass die Tarifautonomie als der Marktwirtschaft entsprechendes System der Lohnfindung in manchen

Wirtschaftszweigen versagt. Der sogenannte Niedriglohnbereich ist in den letzten Jahren stetig größer geworden.

Ich möchte hier noch einmal ganz klar wiederholen, dass ich das für einen sozialen Rückschritt halte, der nicht nur für die Arbeitnehmer bedrohlich ist, sondern für das ganze System der Sozialen Marktwirtschaft. Das Phänomen der »working poor« verletzt die Würde der Arbeit bzw. die Würde des arbeitenden Menschen und es bedroht den sozialen Konsens, der unsere Gesellschaft zusammenhält. Es muss möglich sein, dass jemand, der einen vollen Arbeitsplatz hat, mit seinem Einkommen auch menschenwürdig leben kann. Dieser Grundsatz kann aus christlich-sozialethischer Sicht nicht zur Disposition gestellt werden. Wir können hier nicht achselzuckend auf die Gesetze des Marktes verweisen.

Bereits Oswald von Nell-Breuning, der Nestor der katholischen Sozialwissenschaften des zwanzigsten Jahrhunderts, hat einmal festgestellt: »Dass einzelne *neoliberale nationalökonomische Theoretiker* dahin neigen, gleichfalls den Arbeitsmarkt rundweg anderen Märkten gleichzusetzen, die Lohnbildung einfachhin den angeblich zwingenden Marktgesetzen zu unterwerfen, ist vielleicht der Punkt, in dem am allerschärfsten – jedenfalls für den einfachen Mann am ersichtlichsten – die *Unvereinbarkeit* eines *solchen* Neoliberalismus mit Katholischer Soziallehre zum Vorschein kommt« (Nell-Breuning 1960, 79 f.). Im Grunde genommen, so Nell-Breuning, sei schon das Wort Arbeitsmarkt ein Unbegriff, denn menschliche Arbeit ist keine Ware, und weil sie keine Ware ist, kann sie auch nicht wie eine Ware vermarktet werden.

Aber wir müssen die Gesetze des Marktes natürlich beachten, wenn wir darüber diskutieren, wie das Ziel eines Mindesteinkommens für alle erreicht werden kann. Neben Mindestlöhnen werden auch verschiedene Modelle für Kombilöhne und neue Initiativen im Hinblick auf den sogenannten »Dritten Arbeitsmarkt« diskutiert.

An dieser Stelle möchte ich aber auch noch einmal ausdrücklich die Bedeutung der Tarifpartnerschaft hervorheben: Die Tarifautonomie hat sich bewährt. Und ich appelliere an die Tarifparteien, dieses bewährte Instrument durch eine beiderseitige Bereitschaft zum Kompromiss am Leben zu erhalten. Wer versucht, eine vorübergehende Schwäche des Tarifpartners bis zum Äußersten auszunutzen, mag einem kurzfristigen Kalkül entsprechend schlau handeln, aber er schadet dem Gemeinwohl und mittel- bis langfristig auch sich selbst. Man hört durchaus Klagen von Arbeitnehmern verschiedener Branchen, dass in einzelnen Tarifbezirken Arbeitgeber nicht bereit wären, sich mit den Gewerkschaften an einen Tisch zu setzen, um Tarifverträge neu zu verhandeln, die zehn Jahre oder älter sind. Wer sich so verhält, darf sich dann aber nicht beklagen, wenn ihm die Politik irgendwann einen gesetzlichen Mindestlohn vorschreibt.

Das gemeinsame Ziel aller wirtschaftlichen, politischen und gesellschaftlichen Akteure muss es sein, soziale Ausgrenzungen in allen ihren Erscheinungsformen zu überwinden. Das ist nicht nur moralisch geboten, sondern durchaus auch im ökonomischen Interesse aller. Denn dass diejenigen, die aus dem wirtschaftlichen System und aus der Wohlstandsgesellschaft ausgeschlossen werden, irgendwann auch dem politischen System den Rücken kehren oder diesem gar offen feindselig gegenübertreten könnten, ist wohl kein allzu abwegiger Gedanke. Die Banlieue-Unruhen in Frankreich sollten uns hier eine Warnung sein. Mein Namensvetter Karl hatte zwar Unrecht, als er meinte, dass die Eigentumsverhältnisse die gesamte Sphäre des Sozialen determinieren. Aber gesellschaftliche Integration setzt dennoch ein gewisses Maß an wirtschaftlicher Teilhabe voraus.

Als Christ fordere ich diese wirtschaftliche Teilhabe aber nicht nur aus Klugheitserwägungen, sondern weil ich hier ein ethisches Gebot sehe, das Gebot der *sozialen Gerechtig-*

keit. Und ich bin der festen Überzeugung, dass die gesellschaftliche Ausrichtung auf die soziale Gerechtigkeit langfristig auch ökonomisch vernünftig ist, was die deutsche Erfolgsgeschichte der Sozialen Marktwirtschaft ja auch exemplarisch gezeigt hat. Es wäre ein gewaltiger Rückschritt, wenn wir uns von diesem Konzept, das uns Jahrzehnte gesellschaftlichen Wohlstands und sozialen Friedens beschert hat, verabschieden würden.

IV

Von antiken und modernen Räuberbanden

Warum wir das Prinzip der Gerechtigkeit brauchen

M indestlohn, Studiengebühren, Familienlastenausgleich, Managergehälter, Hartz IV, Globalisierung, Steuerreform oder PISA – in jeder gesellschaftspolitischen Debatte der letzten Jahre hat er eine zentrale Rolle gespielt: der Begriff der sozialen Gerechtigkeit. Kein Politiker, kein Gewerkschafter, kein Verbandsfunktionär, kein Lobbyist irgendeiner Interessengruppe vergisst heute, für seinen politischen Standpunkt den Anspruch der Gerechtigkeit zu erheben. Aber was die unterschiedlichen Teilnehmer am öffentlichen Diskurs jeweils unter Gerechtigkeit verstehen, ist höchst unterschiedlich, zum Teil widersprüchlich:

»Gerecht ist, was Arbeit schafft!«
»Gerechter Lohn für anständige Arbeit!«
»Soziale Gerechtigkeit geht vor Kapitalinteressen!«
»Mehr Gerechtigkeit durch mehr Freiheit!«
»Mehr Gerechtigkeit durch mehr Solidarität!«
»Weniger Markt und mehr soziale Gerechtigkeit!«
»Mehr soziale Gerechtigkeit durch mehr Markt!«

Das sind nur einige der Parolen, die wir in den politischen Statements, Presseerklärungen, Wahlprogrammen, Podiumsdiskussionen, Interviews und Talkshows Tag für Tag präsentiert bekommen und die uns manchmal ganz schwindelig werden lassen. Irgendwann fragt sich auch der geduldigste Zuschauer dieses bunten Treibens: *Ja, wie denn nun?*

Kann es denn wirklich sein, dass unsere politische Debattenkultur derart unübersichtlich und verworren ist, dass wir uns nicht mehr darüber verständigen können, was gerecht und was ungerecht ist? Im Jahr 2006 stellte sich auch der 96. Deutsche Katholikentag in Saarbrücken, wo ich als Bischof von Trier Gastgeber sein durfte, dieser Wahrnehmung und der damit verbundenen Sorge vieler Menschen. Unter dem Leitwort »Gerechtigkeit vor Gottes Angesicht« ging es um eine Analyse der konkreten Wirklichkeit, die Suche nach realistischen Lösungsvorschlägen und die Vergewisserung von Grundsätzen. Die Diskussionen in Saarbrücken haben mir wiederum deutlich gemacht, wie sehr das Thema die Menschen bewegt.

Zugegeben, an den Begriff der Gerechtigkeit können viele Fragen gestellt werden: Kann eine Gesellschaft wirklich gerecht oder ungerecht sein? Ist die Gerechtigkeit nicht eher eine Tugend, die der moralischen Kraft des Einzelnen entspringt? Und kann der Einzelne sich diese Tugend der Gerechtigkeit heute überhaupt noch leisten, wenn er in der Welt der globalisierten Wirtschaft erfolgreich sein möchte? Oder ist der Gerechte dann der Dumme, wie man es bekanntlich auch von dem Ehrlichen zu sagen pflegt? Kann Gerechtigkeit organisiert werden? Von wem erwarten wir, wem schulden wir überhaupt Gerechtigkeit? Kann man in einer pluralistischen Gesellschaft noch von einer gemeinsamen Idee der Gerechtigkeit ausgehen?

Diese Fragen zeigen, dass der Begriff der Gerechtigkeit heute in der Tat nicht unproblematisch ist. Zugleich wird in diesen sich in der Debatte aufdrängenden Fragen aber auch deutlich, wie sehr wir eine Verankerung des Gerechtigkeitsbegriffs über die geschichtlich veränderlichen Motive und Handlungen hinaus weiterhin brauchen. Allerdings fällt es in der Moderne schwer, einer metaphysisch verankerten Idee der Gerechtigkeit zu folgen. Dass Recht und Gerechtigkeit letztlich dem Guten und der Wahrheit verpflichtet sind, ist für viele unserer Zeitgenossen anscheinend nicht mehr nachvollziehbar. Gerechtigkeit ist ohne den Bezug zur metaphysisch verankerten Menschenwürde kaum als Leitidee der Gesellschaft zu bewahren. Unser Gemeinwesen scheint sich eher darin zu erschöpfen, unterschiedliche Interessen gegeneinander abzuwägen und einigermaßen friedlich zu organisieren.

Eine gerechte Gesellschaft? Das klingt schon fast utopisch. Und doch müssen wir nach meiner festen Überzeugung daran festhalten, dass nicht nur der Einzelne in seinem Verhältnis zum Nächsten die Tugend der Gerechtigkeit pflegen muss, um ein moralisch anständiger Mensch zu bleiben, sondern dass es so etwas gibt wie eine Gerechtigkeit der Institutionen des Gemeinwesens, die sich ausdrückt im kollektiven Handeln einer Gesellschaft.

Unsere Regierenden versprechen in ihrem Amtseid, »Gerechtigkeit gegen jedermann« zu üben. Das kann sich ja nicht nur auf ihre persönlichen Beziehungen beschränken, sondern muss sich auch auf das Gemeinwesen insgesamt beziehen. Deshalb kann eine gerechte Gesellschaft als Zielvorstellung nur angestrebt werden, wenn beides im Blick bleibt: Die Gerechtigkeit als persönliche Tugend *und* der Aufbau von Institutionen, die gerecht sind, jedenfalls in einem komparativen Sinn. Denn die gerechte Gesellschaft, die gerechte Ordnung, den gerechten Staat kann es nur annäherungsweise geben. »Gerechtigkeit, Gerechtigkeit – ihr sollst du nachjagen«, heißt es bereits in dem Buch *Deuteronomium*, dem fünften

Buch Mose im Alten Testament der Bibel (Dtn 16,20). Das setzt aber voraus, dass es eine Idee der Gerechtigkeit gibt, die mehr ist als ein purer Interessenausgleich.

Um das Ziel der Gerechtigkeit zu verfolgen, braucht man sowohl einen ausreichenden moralischen »Grundwasserspiegel« bei den Akteuren und Teilnehmern des gesellschaftlichen Prozesses, damit ein Grundkonsens ermöglicht wird über die Frage, was gerecht und was ungerecht ist. Und man braucht auch politische Rahmenbedingungen und institutionelle Arrangements, die dem Ziel der Gerechtigkeit verpflichtet sind. Solche Institutionen können nicht einfach von moralischen Motiven abhängig gemacht werden, weil sie sonst nicht zustande kämen. Sie brauchen aber die Akzeptanz der Mehrheit der Bevölkerung.

Eine gerechte Gesellschaft ist deshalb eine sehr komplexe Herausforderung – vor allem für diejenigen, die die Institutionen gestalten und durch Gesetze die Rahmenbedingungen setzen. Deshalb spricht man heute auch von politischer Gerechtigkeit, die die soziale Gerechtigkeit einschließt. Besonders eine von Christen verantwortete Politik muss sich an diesem Ziel der Gerechtigkeit messen lassen, auch wenn wir als Gläubige wissen, dass Menschen die vollkommene Gerechtigkeit nicht werden herstellen können. Aber die Ausrichtung auf die Gerechtigkeit hin muss bleiben, sonst hat die Politik ihren tiefsten Sinn verloren. Denn »Gerechtigkeit ist Ziel und daher auch inneres Maß aller Politik«, wie Papst Benedikt XVI. in seiner Antrittsenzyklika *Deus caritas est* kurz und bündig sagt.

Der Kirchenvater Augustinus hat das schon vor rund 1600 Jahren sehr schön auf den Punkt gebracht, als er schrieb:

> »Was anderes sind also Reiche, wenn ihnen Gerechtigkeit fehlt, als große Räuberbanden? Sind doch auch Räuberbanden nichts anderes als kleine Reiche. Auch das ist

eine Schar von Menschen, die unter Befehl eines Anführers steht, sich durch Verabredung zu einer Gemeinschaft zusammenschließt und nach fester Übereinkunft die Beute teilt. Wenn dies üble Gebilde durch Zuzug verkommener Menschen so ins Große wächst, dass Ortschaften besetzt, Niederlassungen gegründet, Städte erobert, Völker unterworfen werden, nimmt es ohne weiteres den Namen Reich an, den ihm offenkundig nicht etwa hingeschwundene Habgier, sondern erlangte Straflosigkeit erwirbt. Treffend und wahrheitsgemäß war darum die Antwort, die einst ein aufgegriffener Seeräuber Alexander dem Großen gab. Denn als der König den Mann fragte, was ihm einfalle, dass er das Meer unsicher mache, erwiderte er mit freimütigem Trotz: ›Und was fällt dir ein, dass du das Erdreich unsicher machst? Freilich, weil ich's mit einem kleinen Fahrzeug tue, heiße ich Räuber. Du tust's mit einer großen Flotte und heißt Imperator‹« (*De Civitate Dei* IV, 4.).

Welche Konsequenzen ergeben sich aus diesen Überlegungen? Zum einen wird für mich klar, dass die »gerechte Gesellschaft« zu den unaufgebbaren regulativen politischen Ideen gehört. Zum anderen gestehe ich durchaus zu, dass es heute schwierig ist, zu jenem Grundkonsens zu finden, der notwendig ist, um zu einem allgemein zustimmungsfähigen, gehaltvollen Begriff sozialer Gerechtigkeit zu kommen.

Ich muss nun also Farbe bekennen und sagen, was ich unter Gerechtigkeit verstehe und warum ich glaube, dass hier auch ein gesellschaftlicher Konsens Anschluss finden könnte. Niemanden wird verwundern, dass ich dabei zunächst in die Bibel blicken möchte. Für mich als Christ, Theologe und Bischof ist das natürlich eine Selbstverständlichkeit, denn die Bibel ist das Fundament meines Glaubens und des Glaubens der Kirche.

Der Blick in die Bibel lohnt sich auch für Nichtgläubige, denn die Frage nach der Gerechtigkeit hat die Menschen aller Zeiten beschäftigt.

Unsere Kultur ist eine durch und durch christlich-abendländische Kultur. Und auch der agnostizistisch eingestellte Humanist wird nicht leugnen können, dass seine humanistischen Werte nichts anderes sind als säkularisierte Werte aus der jüdischen und christlichen Tradition. Freilich: Die humanistische Philosophie der Aufklärung hat Wege entwickelt, um diese Werte ohne Rückgriff auf einen göttlichen Gesetzgeber zu begründen. Aber sie hat diese Werte nicht erfunden, sondern (vor-)gefunden in der christlich-abendländischen Kultur.

Auch unsere Vorstellungen von der Gerechtigkeit haben jüdisch-christliche Wurzeln. In der Bibel begegnet man dem Begriff der Gerechtigkeit auf Schritt und Tritt. Natürlich findet man Vorstellungen und Begriffe von Gerechtigkeit auch in anderen historischen Kontexten, zum Beispiel in der antiken griechischen Philosophie. Schon Platon und Aristoteles verwenden die bekannte Gerechtigkeitsformel *Jedem das Seine*. Aber das dem Sklaven Seinige war für die alten Griechen selbstverständlich etwas anderes als das dem freien Bürger Seinige.

In der Bibel ist schon der Ausgangspunkt ein anderer. Das Alte Testament beginnt mit der Schöpfungsgeschichte, die ihren Höhepunkt findet in der Erschaffung von Mann und Frau als Bild und Gleichnis Gottes. So steht am Anfang das Bild der einen Menschheitsfamilie vor Augen, in der alle Menschen Schwestern und Brüder sind. Das Leben wird hier verstanden als ein reines Geschenk der Liebe Gottes; wir haben darauf keinen Anspruch. Aber gerade weil unsere Würde Geschenk Gottes ist, sind wir verpflichtet, einander zu achten und das Leben *jedes* Menschen zu schützen. Mit der

Gabe Gottes ist auch die Aufgabe für den Menschen verbunden. In diesem Sinne ist die Gleichheit aller Menschen vor Gott Ausgangspunkt und Maßstab der Leitidee Gerechtigkeit.

Diese biblische Option für die Gerechtigkeit wurde im Lauf der Geschichte dahingehend präzisiert, dass jede Frau und jeder Mann einen Anspruch darauf hat, als Person mit einer unveräußerlichen Würde anerkannt zu werden und ein dementsprechendes menschenwürdiges Dasein zu führen. Als Ziel steht damit eine Gesellschaft vor Augen, die allen – besonders den Armen und Schwachen – ein menschenwürdiges Leben ermöglicht.

Die Bibel erzählt von der Liebe Gottes, seiner größeren Gerechtigkeit, seinem Heilshandeln an der Welt und den Menschen. Und die Bibel erzählt auch von den unterschiedlichen Antworten, die Menschen auf dieses ungeschuldete Heilshandelns Gottes gegeben haben und immer noch geben können; sie erzählt von menschlicher Größe und menschlichem Versagen, von Gerechten und Sündern.

Gerecht wird in der Bibel zunächst derjenige genannt, der Gott und seinem Auftrag, seinem Wort die Treue hält. Ein solcher Gerechter steht an dem Beginn der Geschichte Israels, des Gottesvolkes des Alten Testaments, er steht in gewisser Weise am Beginn der Geschichte aller, die gerecht sind vor Gott: Es ist Abraham, der erste der drei sogenannten Erzväter. Ihm, dem Fünfundsiebzigjährigen, mutet Gott nach dem Bericht des Buches *Genesis*, des ersten der biblischen Bücher, Gewaltiges zu. Er soll seine Heimat und damit seine Verwandten und Freunde, seinen ganzen Besitz, seine Sicherheit verlassen, um in ein fremdes Land zu ziehen, von dem Gott ihm nicht mehr sagt, als dass er es ihm zeigen werde. Und Gott verheißt Abraham zugleich Unglaubliches: Er, der kinderlos alt geworden ist und von der Zukunft nichts mehr erwartet als den Tod, soll mit seiner ebenfalls bereits hochbetagten Frau Sara noch einen leiblichen Sohn bekommen und Nachkommen haben so zahlreich wie die Sterne am Himmel, die das verheißene Land erben sollen.

Abraham glaubt, dass Gott das Unmögliche möglich machen kann, er macht sich auf den Weg. Und dieser Glaube und der Gehorsam gegenüber Gottes Weisungen sind es, die Abraham nach den Worten der Bibel als Gerechtigkeit angerechnet werden (vgl. Gen 15,6).

Ein gerechtes Leben, eine moralische Lebensführung überhaupt, ist nach dem biblischen Verständnis ein wesentlicher Bestandteil der Antwort des Menschen auf das liebende Handeln Gottes. Gottes Gnade und Gottes Gebote gehören zusammen. Gut sichtbar wird das in der Einleitung zu den Zehn Geboten im Alten Testament, wo von Gott nicht primär als einem Gesetzgeber, sondern von Gott als dem Befreier seines Volkes die Rede ist: »Ich bin Jahwe, dein Gott, der dich aus Ägypten geführt hat, aus dem Sklavenhaus« (Ex 20,2; Dtn 5,6).

An dieser Reihenfolge hat sich bis heute nichts geändert. Manche kirchenkritische Zeitgenossen behaupten zwar das Gegenteil; sie sagen, die Kirche habe die »Frohbotschaft« in eine »Drohbotschaft« verwandelt und drangsaliere die Menschen – etwa auf dem Gebiet der Sexualethik – mit lebensfremden und lustfeindlichen Ge- und Verboten. Das verkehrt aber die Verhältnisse. Die Gebote der Bibel wollen, dass das Leben des Menschen glückt.

Die Kirche ist, wie das Zweite Vatikanische Konzil sagt, »Sakrament, das heißt Zeichen und Werkzeug für die innigste Vereinigung mit Gott wie für die Einheit der ganzen Menschheit« (*Lumen Gentium* 1). Damit kann es der Kirche aber nicht gleichgültig sein, wie die Menschen miteinander und wie sie mit sich selbst umgehen. Gott hat den Menschen, *jeden* Menschen mit einer unveräußerlichen Würde geschaffen; das Leben jedes Menschen ist heilig. Damit ist aber auch das Gelingen, das Glück jedes menschlichen Lebens eine Aufgabe, der sich alle stellen müssen. Und deshalb fühlt die Kirche sich verpflichtet, die Heiligkeit des Lebens in allen Lebensbereichen zu betonen und zu verteidigen.

Eben das ist auch das Ziel der kirchlichen Moral- und Soziallehre. Diese Moral- und Soziallehre ist weitaus mehr als ein bloßer Pflichtenkatalog, sie ist vielmehr Teil der christlichen Antwort auf die in Christus endgültig offenbar gewordene Liebe Gottes. Ich bekomme manchmal Briefe, in denen Menschen sich darüber freuen, dass ich mich als katholischer Bischof gegen den Irakkrieg ausgesprochen habe und dass ich mich für soziale Gerechtigkeit engagiere, aber zugleich wird darüber geklagt, dass ich in der Sexualethik, bei der embryonalen Stammzellforschung oder bei Schwangerschaftsabbrüchen so »streng« bin und nicht mal »fünfe gerade sein lassen kann«.

Meine bischöflichen Mitbrüder in den USA bekommen auch immer wieder Briefe, in denen aber oft das Gegenteil steht. Sie werden dann dafür gelobt, dass sie Abtreibungen, verbrauchende Embryonenforschung und die »freie Liebe« verurteilen, aber es wird kritisiert, dass sie auch gegen den Irakkrieg und die Todesstrafe sprechen. Es geht uns Bischöfen diesseits und jenseits des Atlantiks aber immer um die Verteidigung der Heiligkeit des Lebens. Wir können uns dabei nicht durch jeweils regional oder zeitlich bedingte Mehrheitsmeinungen beirren lassen, sondern haben als Christen und Bischöfe einen Auftrag: »Verkünde das Wort, tritt dafür ein, ob man es hören will oder nicht; weise zurecht, tadle, ermahne, in unermüdlicher und geduldiger Belehrung« (2 Tim 4,2).

Schon im Alten Testament schulden die Menschen nicht nur Gott Gerechtigkeit, sondern auch ihren Mitmenschen in der persönlichen Begegnung und im sozialen Miteinander. Das alttestamentliche Gesetz fordert insbesondere die Gerechtigkeit gegenüber den Armen ein:

>»Wenn bei dir ein Armer lebt, irgendeiner deiner Brüder in irgendeinem deiner Stadtbereiche in dem Land, das der Herr, dein Gott, dir gibt, dann sollst du nicht hartherzig sein und sollst deinem armen Bruder deine Hand nicht verschließen« (Dtn 15,7).

Und auch für das Verhalten gegenüber Fremden bestimmt das alttestamentliche Gesetz:

>»Wenn bei dir ein Fremder in eurem Land lebt, sollt ihr ihn nicht unterdrücken. Der Fremde, der sich bei euch aufhält, soll euch wie ein Einheimischer gelten, und du sollst ihn lieben wie dich selbst; denn ihr seid selbst Fremde in Ägypten gewesen. Ich bin der Herr, euer Gott« (Lev 19,33–34).

Wir müssen uns, wenn wir diese Worte lesen, immer wieder vor Augen führen, dass diese alttestamentlichen Gebote ursprünglich keineswegs in eine Wohlstandsgesellschaft, wie wir sie kennen, hineingesprochen wurden. Diejenigen, die da zur Hilfe für die Armen, Schwachen, Fremden und Notleidenden aufgefordert wurden, hatten meist selbst kaum mehr, als zum bloßen Überleben notwendig war. Jemandem zu helfen, bedeutete für diese Menschen mehr, als es in der Regel für uns heute bedeutet. Wir spenden an die Caritas, die Diakonie, für Adveniat oder auch nichtkirchliche Hilfswerke. Oder wir versenden unsere Weihnachtspost mit Wohlfahrtsmarken. Und wer wollte bestreiten, dass das eine gute Sache ist.

Für die in vormodernen Mangelgesellschaften lebenden Menschen bedeutete helfen aber: heute etwas von dem abgeben, was einem selbst morgen schon fehlen kann. Und diese

Menschen haben trotzdem geholfen. Das macht mich schon ein wenig nachdenklich, wenn ich sehe, wie viele Menschen in unserer reichen Gesellschaft heute nur an sich und das eigene Wohlergehen denken, ohne auch nur einen Blick für die Not anderer übrig zu haben. Diese traurige Beobachtung hat auch Papst Benedikt in seiner Weihnachtspredigt 2007 angesprochen: »Je reicher die Menschen werden, desto mehr füllen sie alles mit sich selber aus. Desto weniger kann der andere hereintreten.« Die Geburt Jesu in einem Stall ist deshalb auch eine Mahnung an unsere Wohlstandsgesellschaft mit ihrer bisweilen satten Ignoranz gegenüber der Not vor der eigenen Haustür und in der Welt: »In der Herberge gibt es keinen Platz. Irgendwie wartet die Menschheit auf Gott, auf seine Nähe. Aber wenn es so weit ist, hat sie keinen Platz für ihn. Sie ist so sehr mit sich selbst beschäftigt, sie braucht allen Raum und alle Zeit so dringend für das Eigene, dass nichts für den anderen bleibt – für den Nächsten, für den Armen, für Gott«, so Benedikt XVI.

Die alttestamentlichen Gebote, den Armen und Fremden beizustehen, sind nach dem biblischen Selbstverständnis nicht irgendwelche nebensächlichen Zusatzvorschriften, durch deren Erfüllung sich der Fromme noch einmal besonders auszeichnen könnte. Frömmigkeit und Gerechtigkeit, Gottes- und Nächstenliebe gehören vielmehr zusammen. Man kann nicht fromm sein, ohne gerecht zu sein, und man kann nicht Gott lieben, ohne seinen Nächsten zu lieben. Gottes Geschenk der Befreiung und des verheißenen Landes und Gottes Gebot der Gerechtigkeit und der Solidarität stehen im Alten Testament in einem untrennbaren Zusammenhang. Und eine an diese Vorstellung anknüpfende Praxis der Gerechtigkeit ist nach der biblischen Botschaft die notwendige Voraussetzung für ein richtiges und gelingendes Leben im Volk Gottes und als Volk Gottes. Vor allem die alttestamentlichen Propheten schärfen ihren Zuhörern immer wieder in mitunter drastischen Worten ein, dass ohne diese Ausrichtung auf die Gerechtigkeit aller Glaube wertlos und alle Gottesdienste überflüssig sind.

Der Prophet Jesaja etwa, der in der zweiten Hälfte des achten vorchristlichen Jahrhunderts in Jerusalem lehrte, einer Zeit wachsender äußerer Bedrohung Israels, kritisiert die Heuchelei jener, die eifrig Gottesdienste feiern und Schlachtopfer darbringen, aber zugleich die Armen und Schwachen unterdrücken. Ihre Gebete, so warnt er, fänden bei Gott kein Gehör, und ihre Missachtung der Gerechtigkeit werde sich gegen sie selbst kehren:

»Was soll ich mit euren vielen Schlachtopfern?, spricht der Herr. Die Widder, die ihr als Opfer verbrennt, und das Fett eurer Rinder habe ich satt; das Blut der Stiere, der Lämmer und Böcke ist mir zuwider. Wenn ihr kommt, um mein Angesicht zu schauen – wer hat von euch verlangt, dass ihr meine Vorhöfe zertrampelt? Bringt mir nicht länger sinnlose Gaben, Rauchopfer, die mir ein Greuel sind. Neumond und Sabbat und Festversammlung – Frevel und Feste – ertrage ich nicht. Eure Neumondfeste und Feiertage sind mir in der Seele verhasst, sie sind mir zur Last geworden, ich bin es müde, sie zu ertragen. Wenn ihr eure Hände ausbreitet, verhülle ich meine Augen vor euch. Wenn ihr auch noch so viel betet, ich höre es nicht. Eure Hände sind voller Blut. Wascht euch, reinigt euch! Lasst ab von eurem üblen Treiben! Hört auf, vor meinen Augen Böses zu tun! Lernt, Gutes zu tun! Sorgt für das Recht! Helft den Unterdrückten! Verschafft den Waisen Recht, tretet ein für die Witwen« (Jes 1,11–17).

Diese deutliche Sozialkritik des Propheten, die sich gegen das Establishment, die Reichen und Mächtigen seiner Zeit richtet, macht zugleich deutlich, dass in der Botschaft des Alten Testaments etwas Revolutionäres steckt. In den antiken Hochkulturen des Orients einschließlich Ägyptens waren weltliche Macht und die Sphäre des Heiligen bzw. Göttlichen in einer politischen Theologie ineinander verwoben. Die Machthaber, der Pharao oder der König, konnten nicht als gerecht oder ungerecht qualifiziert werden, denn sie verkörperten ja selbst das göttliche Gesetz und damit die Gerechtigkeit.

Anders in Israel: Indem im Alten Testament Gott der Sphäre dieser Welt enthoben wird bzw. als Schöpfer und überirdischer Herrscher dieser Welt geglaubt wird, emanzipiert sich die Religion von der Politik. Die Politik wird gleichsam entsakralisiert. Und dadurch wird so etwas wie Sozialkritik überhaupt erst möglich. Der Begriff der Gerechtigkeit erhält so eine theologische Bedeutung, und Gott selbst wird zum Garanten der Gerechtigkeit.

Die wahren Propheten im alten Israel waren deshalb auch keine Hofbeamten mehr, die den Königen und Mächtigen nach dem Mund redeten, sondern sie fühlten sich Gott und damit einem höheren Recht, einer höheren Gerechtigkeit verpflichtet. Dadurch gerieten sie nicht selten in Konflikt mit der Macht, wurden angefeindet und verfolgt.

Ein besonders eindrucksvolles Beispiel ist der Prophet Jeremia, der um die Wende vom siebten zum sechsten vorchristlichen Jahrhundert wirkte und die damals Herrschenden mit kompromissloser Härte kritisierte. Dem von 608 bis 598 v. Chr. regierenden König Jojakim hielt er in drastischen Worten seine Ungerechtigkeit vor und prophezeite ihm als Strafe Gottes ein erbärmliches Ende:

»Weh dem, der seinen Palast mit Ungerechtigkeit baut, seine Gemächer mit Unrecht, der seinen Nächsten ohne Entgelt arbeiten lässt und ihm seinen Lohn nicht gibt, der

sagt: Ich baue mir einen stattlichen Palast und weite Gemächer. Er setzt ihm hohe Fenster ein, täfelt ihn mit Ze-
dernholz und bemalt ihn mit Mennigrot. Bist du König
geworden, um mit Zedern zu prunken? Hat dein Vater
nicht auch gegessen und getrunken, dabei aber für Recht
und Gerechtigkeit gesorgt? Und es ging ihm gut. Dem
Schwachen und Armen verhalf er zum Recht. Heißt nicht
das, mich wirklich erkennen? – Spruch des Herrn. Doch
deine Augen und dein Herz sind nur auf deinen Vorteil
gerichtet, auf das Blut des Unschuldigen, das du vergießt,
auf Bedrückung und Erpressung, die du verübst. Darum –
so spricht der Herr über Jojakim, den Sohn Joschijas, den
König von Juda: Man wird für ihn nicht die Totenklage
halten: ›Ach, mein Bruder! Ach, Schwester!‹ Man wird
für ihn nicht die Totenklage halten: ›Ach, der Herrscher!
Ach, seine Majestät!‹ Ein Eselsbegräbnis wird der bekommen. Man schleift ihn weg und wirft ihn hin, draußen vor
den Toren Jerusalems« (Jer 22,13–19).

Heute sitzen die Zyniker, die keine Hemmungen haben, sich
auf Kosten anderer zu bereichern, in aller Regel nicht mehr
in Königspalästen, sondern in Büros in New York, London
und anderen Metropolen dieser Welt. Anders als die Tyran-
nen im Alten Orient brauchen sie sich bei ihren Beutezügen
allerdings nicht auf das eigene Volk zu beschränken, sondern
sie können in der ganzen Welt ihr Unwesen treiben. Dazu
benötigen sie auch nicht wie ihre antiken Vorfahren teure
Armeen, sondern es reichen Laptop, Handy und das »nötige
Kleingeld« für ein paar Investments und Anwaltshonorare.

Unglaublich, aber wahr: Während die internationale Staatengemeinschaft sich den Kopf darüber zerbricht, wie man die
Schuldenprobleme von Entwicklungsländern in den Griff bekommen kann, haben sich gewissenlose Spekulanten gerade
auf Geschäfte mit diesen Schulden spezialisiert. Ihren Namen

haben sich diese Spezialfonds redlich verdient: »*Geierfonds*« (*vulture funds*). Wenn ein Land nachhaltig in Zahlungsschwierigkeiten gerät, kaufen die »Geier« unter den Hedgefonds mit hohen Abschlägen auf die ursprüngliche Kreditsumme dessen Schulden auf und verklagen es dann auf Rückzahlung der vollen Beträge einschließlich Zins und Zinseszins. Dieses Geschäft ist so simpel und lukrativ, wie es unmoralisch ist.

Erfinder dieses »Investmentmodells« ist der New Yorker Milliardär Paul Singer. Dessen Hedgefonds Elliot Associates hatte 1996 Schulden von Peru in Höhe von 20 Millionen Dollar für rund 11 Millionen gekauft und verklagte dann das Land auf Rückzahlung der vollen Summe plus Zinsen, Zinseszinsen und Anwaltshonorare. Weil Singer damit drohte, dass er peruanische Gelder im Ausland gerichtlich pfänden bzw. einfrieren lassen werde und dass er über Klagen und politische Einflussnahme versuchen werde, die Verhandlungen mit den internationalen Institutionen über eine Neustrukturierung der Schulden Perus zu blockieren, hatte er Erfolg. Während die Gläubigermehrheit ein Umschuldungsprogramm unterstützte, erstritt sich Elliot Associates vor Gericht 58 Millionen Dollar – nach einer ursprünglichen »Investition« von wie gesagt 11 Millionen Dollar.

Ein so lukratives »Geschäftsmodell« hat inzwischen zahlreiche Nachahmer gefunden. Im April 2007 hat ein Gericht in London das südafrikanische Land Sambia zu der Zahlung von 17 Millionen Dollar an den amerikanischen »Geierfonds« Donegal verurteilt. Donegal hatte zu dem Spottpreis von 3 Millionen Dollar Schulden Sambias im Wert von 15 Millionen Dollar von Rumänien gekauft. 1979 hatte das bitterarme afrikanische Land diesen Kredit im Rahmen eines Kaufs landwirtschaftlicher Geräte von den Rumänen bekommen. Sambia geriet bald in Zahlungsverzug, und 1999 kaufte Donegal die Ansprüche aus dem 20 Jahre alten Kreditgeschäft. Ursprünglich wollte der »Geierfonds« 55 Millionen Dollar erstreiten. Der zuständige Londoner Richter reduzierte die Summe nur deshalb auf 17 Millionen Dollar, weil er zu der Überzeugung gelangt war, dass Donegal den damaligen sambischen Präsidenten Chiluba mit einer Millionen-»Spende« geschmiert hatte, damit dieser dem Verkauf der Staatsschulden auf dem sogenannten sekundären Markt zustimmte.[5] Trotzdem konnte der »Geierfonds« sich über eine Rendite von mehr als 550 Prozent freuen.

Besonders perfide an diesem Fall ist, dass Sambia zu einem der ärmsten Länder der Welt gehört. 64 Prozent der knapp 12 Millionen Menschen in dem Land müssen mit weniger als einem Dollar am Tag auskommen. Die internationale Gläubigergemeinschaft hatte Sambia deswegen einen umfassenden Schuldenerlass gewährt. Die 17 Millionen Dollar an Donegal zahlt Sambia aus seinem Sozial- und Schulbudget, was drastische Einschnitte bei der Gesundheitsversorgung und bei dem Programm der Alphabetisierung der Bevölkerung bedeutet. Dringend benötigte Medikamente für rund 100 000 Menschen kann die sambische Regierung nun nicht mehr finanzieren. Die Aids-Rate in Sambia ist eine der höchsten weltweit. 20 Prozent der sambischen Kinder sind schon jetzt Aids-Waisen.

Als der BBC-Reporter Greg Palast den Gründer von Donegal, Michael Sheehan, darauf ansprach, ob er bei seinen Geschäften mit der Not der Ärmsten der Armen keine Gewissensbisse habe, antwortete Sheehan ungerührt: »Das sind nicht meine Schulden. Ich hatte lediglich die Möglichkeit zu einem Investment.«[6]

Aber nicht nur bitterarme Entwicklungsländer, auch ganz normale »Häuslebauer« in Deutschland sind von gewissen-

---

5 Vgl. Frankfurter Allgemeine Zeitung v. 21.5.2007; Spiegel-Online v. 23.4.2007.
6 Vgl. http://news.bbc.co.uk/2/hi/programmes/newsnight/6362783.stm; 14.2.2007.

losen Spekulanten bereits in den Ruin getrieben worden. Durch die amerikanische Immobilienkrise in Schwierigkeiten geratene deutsche Banken und Sparkassen haben in den letzten Monaten sogenannte »notleidende« Kredite mit einem Gesamtwert im zweistelligen Milliardenbereich an Schuldenaufkäufer – häufig Hedgefonds – verkauft.

Solche Finanzinvestoren sind jedoch in aller Regel nicht an einer langfristigen Kreditbeziehung interessiert, sondern sie wollen möglichst schnell Kasse machen. Deswegen haben sie bei mit einer Grundschuld gesicherten Darlehensforderungen in vielen Fällen sofort die Zwangsvollstreckung betrieben, wenn der Kunde – zum Beispiel in Folge einiger Wochen Arbeitslosigkeit – auch nur mit ein, zwei Raten in Rückstand geraten war. Selbst bei immer ordnungsgemäß bedienten Krediten wurde nach fadenscheinigen Kündigungsgründen gesucht. So wurden unbescholtene »Häuslebauer« verraten und verkauft.

Angesichts solcher schreienden Ungerechtigkeiten fällt es mir auch als Bischof schwer, mich zurückzuhalten. Ich wünsche raffgierigen und gewissenlosen Spekulanten unserer Tage nicht das Schicksal, das der Prophet Jeremia dem König Jojakim vorhergesagt hat. Aber ich glaube fest, dass diese »Investoren«, die mit ihnen kooperierenden Banker und ihre (Un-)Rechtsanwälte dereinst vor Gott Rechenschaft für das von ihnen begangene Unrecht werden ablegen müssen. Ich glaube nicht, dass ihnen dann der Hinweis auf bestehende Gesetzeslücken helfen wird. Die Gebote Gottes kennen keine Löcher, durch die jene schlüpfen könnten, die sich an der Not und dem Elend anderer bereichern.

Einstweilen möchte ich im Namen der Gerechtigkeit nachdrücklich an die Politik appellieren, den »Geierfonds« das Handwerk zu legen – freilich mit zivilisierteren Mitteln, als sie zu Zeiten Jeremias üblich waren. Der deutsche Gesetzgeber hat sich mittlerweile endlich des Problems der »Häuslebauer« angenommen und ein Gesetz zum besseren Schutz redlicher Kreditnehmer beschlossen, das »Risikobegrenzungsgesetz«. Aber Verbraucherschützer und auch manche Rechtsexperten scheinen mit der Neuregelung noch nicht rundum zufrieden zu sein.

Auch im Neuen Testament spielt die Frage der Gerechtigkeit eine herausragende Rolle. Den Spekulanten unserer Tage möchte ich folgende Mahnung Jesu ins Stammbuch schreiben:

> »Gebt acht, hütet euch vor jeder Art von Habgier. Denn der Sinn des Lebens besteht nicht darin, dass ein Mensch aufgrund seines großen Vermögens im Überfluss lebt« (Lk 12,15).

Der bereits im Alten Testament betonte Zusammenhang von Gottesdienst und Dienst am Nächsten wird von Jesus durch die ausdrückliche Gleichstellung von Gottes- und Nächstenliebe noch einmal verschärft. Auf die Frage nach dem wichtigsten aller Gebote antwortet Jesus:

> »Du sollst den Herrn, deinen Gott, lieben mit ganzem Herzen, mit ganzer Seele und mit all deinen Gedanken. Das ist das wichtigste und erste Gebot. Ebenso wichtig ist das zweite: Du sollst deinen Nächsten lieben wie dich selbst. An diesen beiden Geboten hängt das ganze Gesetz samt den Propheten« (Mt 22,37–40).

Das heißt ganz unmissverständlich: Die Nächstenliebe ist nicht das Sahnehäubchen auf der Festtagstorte des christlichen Lebens, also etwas, was man zur Not auch weglassen könnte. Nein, ohne Nächstenliebe kein Christsein!

Auch die Gerechtigkeit muss nach christlichem Verständnis im Lichte der Nächstenliebe verstanden werden. Die Liebe ist, wie einmal sehr schön gesagt wurde, die »Sehbedingung« und die »treibende Kraft« der Gerechtigkeit.

In der Bergpredigt, also dem neutestamentlichen Text, in dem die sozialethische Dimension der Botschaft Jesu am deutlichsten hervortritt, ist »Gerechtigkeit« neben »Gottesherrschaft« der zentrale Begriff. Auch hier werden also die Gnade Gottes, seine liebende und erlösende Zuwendung zum Menschen, und die Gebote Gottes, die wahre Gerechtigkeit, die Jesus von seinen Jüngern fordert, in einen untrennbaren Zusammenhang gestellt. In der Bergpredigt Jesu stehen die *Seligpreisungen* am Anfang:

»Selig, die arm sind vor Gott; / denn ihnen gehört das Himmelreich.
Selig die Trauernden; / denn sie werden getröstet werden.
Selig, die keine Gewalt anwenden; / denn sie werden das Land erben.
Selig, die hungern und dürsten nach der Gerechtigkeit; / denn sie werden satt werden.
Selig die Barmherzigen; / denn sie werden Erbarmen finden.
Selig, die ein reines Herz haben; / denn sie werden Gott schauen.
Selig, die Frieden stiften; / denn sie werden Söhne Gottes genannt werden.
Selig, die um der Gerechtigkeit willen verfolgt werden; / denn ihnen gehört das Himmelreich.
Selig seid ihr, wenn ihr um meinetwillen beschimpft und verfolgt und auf alle mögliche Weise verleumdet werdet.
Freut euch und jubelt: Euer Lohn im Himmel wird groß sein. Denn so wurden schon vor euch die Propheten verfolgt« (Mt 5,3–12).

Erst nach diesen Seligpreisungen, der Heilszusage Gottes an die Menschen also, formuliert Jesus in den *Antithesen* der Bergpredigt jene Gebote, in denen er seinen Jüngern die »größere Gerechtigkeit« abverlangt. Jesus wendet sich hier gegen eine legalistische Interpretation des alttestamentlichen Gesetzes, wie sie von vielen Schriftgelehrten und Pharisäern seiner Zeit praktiziert wurde. Für Jesus kommt es nicht auf den Buchstaben, sondern auf den Geist des Gesetzes an, das er im Lichte des Liebesgebotes auslegt. So zeigt er auf, was möglich ist, wenn der Mensch auf die in ihm, dem Christus, endgültig offenbar gewordene Liebe Gottes mit aller Konsequenz antwortet. Das alttestamentliche Gebot der Nächstenliebe weitet sich in der Predigt Jesu vor diesem Horizont bis hin zu dem Gebot der Feindesliebe:

> »Ihr habt gehört, dass gesagt worden ist: Du sollst deinen Nächsten lieben und deinen Feind hassen. Ich aber sage euch: Liebt eure Feinde und betet für die, die euch verfolgen« (Mt 5,43–44).

Natürlich steckt in diesem Gebot der Feindesliebe, in der Bergpredigt und ihren Weisungen insgesamt eine enorme Herausforderung für jede Christin und für jeden Christen – auch für mich als Bischof. Das haben die Christen zu allen Zeiten der Kirchengeschichte aber nie anders empfunden. Es hat deshalb im Lauf der Geschichte unzählige Versuche gegeben, die Botschaft der Bergpredigt in ihrer Radikalität zu entschärfen, sie lebbar zu machen. In der katholischen Tradition bis zum Zweiten Vatikanischen Konzil hat man die Gebote der Bergpredigt weithin als »evangelische Räte« verstanden, auf die nur eine kleine Gruppe von »Elite-Christen« verpflichtet ist, insbesondere Nonnen und Mönche, die in klösterlicher Abgeschiedenheit ein ganz und gar Gott geweihtes Leben führen.

Auch in der evangelischen Tradition finden sich solche Relativierungen des Anspruches der Bergpredigt. Luther verstand deren Gebote als eine Art »Sündenspiegel«, der vor allem dazu dienen solle, den Menschen ihre Unvollkommenheit vor Augen zu führen. Weil die Weisungen der Bergpredigt letztlich unerfüllbar seien, sei der Mensch zu seiner Rettung ganz und gar auf die Gnade Gottes angewiesen.

Heute sind sich die Theologen aller Konfessionen einig, dass derartige Relativierungen der Botschaft Jesu unzulässig sind. Die Bergpredigt darf weder durch die Einschränkung ihrer inhaltlichen Reichweite noch durch die Beschränkung des von Jesus angeblich angesprochenen Adressatenkreises zu einem weitgehend unverbindlichen Text degradiert werden.

Natürlich ist es eine berechtigte Frage, ob man in allen Herausforderungen des persönlichen Lebens nach der Bergpredigt handeln kann, ob man vielleicht sogar das Zusammenleben in einem politischen Gemeinwesen nach den Regeln der Bergpredigt gestalten muss. Aber mit der Bergpredigt wollte Jesus auch keine politische Programmschrift formulieren und keine fertigen Antworten für alle möglichen Konflikte des irdischen Lebens liefern. Die Kontrastbilder, die Jesus in den Seligpreisungen und den Antithesen verwendet, zeigen deutlich, dass er sich der Realitäten von Hass und Gewalt, Missgunst und Ungerechtigkeit in dieser Welt sehr wohl bewusst ist. Aber er möchte in diese Realitäten hinein seine Heilsbotschaft verkünden und zeigen, was möglich ist, wenn Menschen sich in die Liebe Gottes hineinnehmen lassen.

Deswegen sollten auch wir Christinnen und Christen keinem naiven Idealismus anhängen und glauben, wir hätten immer schon die passenden Antworten für alle gesellschaftlichen Konflikte parat. Aber wir sollten die verbreitete Rede von den Sachnotwendigkeiten, die keine Wahl lassen, auch nicht immer einfach akzeptieren. Wir sollten es nicht frag-

und klaglos hinnehmen, wenn ungerechte Gesetze oder gar Kriege mit angeblichen politischen Sachnotwendigkeiten gerechtfertigt werden. Und wir sollten es nicht frag- und klaglos akzeptieren, wenn soziale Missstände mit angeblichen wirtschaftlichen Sachnotwendigkeiten begründet werden.

Ich will ein Beispiel geben, um zu verdeutlichen, was ich meine. Am 11. September 2001 sind die USA durch schrecklichen Terror angegriffen worden; über 3000 Menschen starben. Es war der Anfang einer beispiellosen Terrorserie, die bis heute auf der ganzen Welt Angst und Schrecken verbreitet. Es folgten die furchtbaren Attentate auf der tunesischen Ferieninsel Djerba und der indonesischen Ferieninsel Bali im Jahr 2002 und die verheerenden Terroranschläge in Istanbul 2003, in Madrid 2004, in London 2005 und in Bombay 2006.

Kann angesichts dieses menschenverachtenden Terrors die Bergpredigt mit ihrer Botschaft der Feindesliebe überhaupt eine Rolle spielen? Ich glaube, die Antwort auf diese Frage lautet: ja. Ich bin sogar der festen Überzeugung, die Botschaft der Bergpredigt *muss* eine Rolle spielen, wenn wir in dem »Krieg gegen den Terror« nicht Gefahr laufen wollen, die humane, die zivilisatorische Substanz unserer freiheitlich-demokratischen Gemeinwesen zu beschädigen.

Wie bereits gesagt, die Bergpredigt enthält keinen politischen Masterplan. Aber sie enthält Werte und Maßstäbe, die unserem Handeln Richtschnur sein können und vor allem Grenzen setzen können – auch in Krisen- und Ausnahmesituationen. Natürlich kann das Gebot der Feindesliebe nicht bedeuten, dass wir als politische Gemeinschaft nicht verteidigungsfähig und verteidigungsbereit sein sollten. Aber dieses Gebot setzt der Art und Weise, *wie* wir uns verteidigen, Grenzen.

Das heißt konkret: Wir dürfen nicht selbst zu terroristischen Mitteln greifen, um uns zu verteidigen. Wir dürfen nicht in eine Feindideologie hineingeraten, die den Angreifer zum unmenschlichen Scheusal, zum Dämon abstempelt und ihn zu einem Feind erklärt, der nicht nur abgewehrt, sondern der vernichtet werden muss. Unser Ziel muss ein »Gerechter Friede« sein – so auch der Titel eines Hirtenwortes der Deutschen Bischofskonferenz aus dem Jahr 2000.

Um es klar zu sagen: Das System von Guantanamo Bay ist falsch! Es ist politisch falsch, und es ist moralisch falsch. Es ist vor allem falsch, weil die Gefangenen auf Guantanamo nicht als Rechtspersonen wahrgenommen und behandelt werden, die einen Anspruch auf die umfassende Achtung ihrer Menschenrechte und insbesondere faire Gerichtsverfahren haben. Dadurch wird die Idee der Freiheit und der Würde jedes Menschen verletzt, um deren Verteidigung es doch gehen soll. Hier bricht sich ein eskalierender Feindbegriff Bahn, der fatal ist. Das widerspricht eklatant der Botschaft der Bergpredigt, die sich gegen die Eskalation der Gewalt, gegen die Ideologie absoluter Feindschaft wendet, die vielmehr die Idee der »Entfeindung« verfolgt.

Entfeindung heißt, die sich immer weiter zuspitzende Spirale von Gewalt und Gegengewalt, von Hass und Rache zu durchbrechen. Das bedeutet nicht, dass man die Realität der Gewalt ignorieren soll, dass man sich gegen Angriffe nicht wehren darf. Aber es bedeutet, dass ich versuchen soll – so schwer das bisweilen auch sein mag – mir immer wieder bewusst zu machen, dass der Angreifer auch ein Mensch ist. Wenn uns das gelingen würde, dann wäre ein erster, entscheidender Schritt auf dem Weg der Entfeindung und damit auf dem Weg zu einem gerechten Frieden getan.

Wie Jesus sollten wir Christen in die bisweilen düsteren Realitäten dieser Welt die frohe Botschaft von dem kommenden und in Christus schon angebrochenen Reich Gottes verkünden und in tätiger Nächstenliebe erlebbar machen. Beides gehört, ich kann es nicht oft genug wiederholen, zusammen: Gottesliebe vollzieht sich gemäß der Botschaft Jesu in der Menschenliebe. In der großen Endzeitrede am Schluss des Matthäus-Evangeliums identifiziert sich Jesus mit den Armen und Entrechteten, und die tätige Nächstenliebe wird zum Kriterium, anhand dessen der endzeitliche Richter die Spreu vom Weizen, die Gerechten von den Verworfenen trennt.

»Wenn der Menschensohn in seiner Herrlichkeit kommt und alle Engel mit ihm, dann wird er sich auf den Thron seiner Herrlichkeit setzen. Und alle Völker werden vor ihm zusammengerufen werden und er wird sie voneinander scheiden, wie der Hirt die Schafe von den Böcken scheidet. Er wird die Schafe zu seiner Rechten versammeln, die Böcke aber zur Linken. Dann wird der König denen auf der rechten Seite sagen: Kommt her, die ihr von meinem Vater gesegnet seid, nehmt das Reich in Besitz, das seit der Erschaffung der Welt für euch bestimmt ist. Denn ich war hungrig und ihr habt mir zu essen gegeben; ich war durstig und ihr habt mir zu trinken gegeben; ich war fremd und obdachlos und ihr habt mich aufgenommen; ich war nackt und ihr habt mir Kleidung gegeben; ich war krank und ihr habt mich besucht; ich war im Gefängnis und ihr seid zu mir gekommen. Dann werden ihm die Gerechten antworten: Herr, wann haben wir dich hungrig gesehen und dir zu essen gegeben, oder durstig und dir zu trinken gegeben? Und wann haben wir dich fremd und obdachlos gesehen und aufgenommen, oder nackt und dir Kleidung gegeben? Und wann haben wir dich krank oder im Gefängnis gesehen und sind zu dir gekommen? Darauf wird der König ihnen antworten: Amen, ich sage euch: Was ihr für einen meiner geringsten Brüder getan habt, das habt ihr mir getan.

Dann wird er sich auch an die auf der linken Seite wenden und zu ihnen sagen: Weg von mir, ihr Verfluchten, in das ewige Feuer, das für den Teufel und seine Engel bestimmt ist! Denn ich war hungrig und ihr habt mir nichts zu essen gegeben; ich war durstig und ihr habt mir nichts zu trinken gegeben; ich war fremd und obdachlos und ihr habt mich nicht aufgenommen; ich war nackt und ihr habt mir keine Kleidung gegeben; ich war krank und im Gefängnis und ihr habt mich nicht besucht. Dann werden auch sie antworten: Herr, wann haben wir dich hungrig oder durstig oder obdachlos oder nackt oder krank oder im Gefängnis gesehen und haben dir nicht geholfen? Darauf wird er ihnen antworten: Amen, ich sage euch: Was ihr für einen dieser Geringsten nicht getan habt, das habt ihr auch mir nicht getan. Und sie werden weggehen und die ewige Strafe erhalten, die Gerechten aber das ewige Leben« (Mt 25,31–46).

In den jungen christlichen Gemeinden sind diese mahnenden Worte Jesu auf fruchtbaren Boden gefallen. Das bis hin zur Feindesliebe gesteigerte christliche Ethos der Nächstenliebe wurde zu einem wesentlichen Unterscheidungsmerkmal, in dem sich die junge Kirche deutlich von ihrer antiken heidnischen Umwelt abhob. Armenhilfe und -speisung sowie die Unterstützung von Kranken, Schwachen und auch kinderreichen Familien sind zentrale Charakteristika urgemeindlicher Praxis und hat die antike Welt zutiefst beeindruckt.

Mit der Bestellung von Diakonen zum »Dienst an den Tischen« in der Apostelgeschichte (Apg 6,1–7) deutet sich bereits in frühester christlicher Zeit eine Institutionalisierung der Caritas, der Nächstenliebe, an. Zugleich wird aber deutlich hervorgehoben, dass Caritas immer auch spezifischer Ausdruck christlichen Lebens ist. Sie ist also Aufgabe und Verpflichtung aller, das heißt, der Einzelne kann sich karitativer Pflichten ebenso wenig entziehen wie die Ortsgemeinde. Wahrer Glaube und Dienst am Nächsten, insbesondere am Notleidenden, sind untrennbar miteinander verbunden.

Diese Praxis christlicher Nächstenliebe war in der Antike ein Missionsfaktor ersten Ranges. Denn die Fürsorge für Notleidende außerhalb der eigenen Familie und des eigenen Freundeskreises war innerhalb der Welt der Spätantike keine moralische Pflicht. Natürlich gab es auch in der heidnischen Antike spontane Regungen des Mitleids gegenüber der Not anderer, aber es gab keine allgemein anerkannte Tugend der Nächstenliebe und erst recht keine Institutionen, in denen eine solche Tugend gepflegt worden wäre.

Der frühe christliche Schriftsteller Tertullian (ca. 160 bis nach 220) berichtet, wie sehr die Sorge der Christen für ihre notleidenden Mitmenschen ihre heidnische Umwelt in Erstaunen versetzt hat.

Nehmen wir als Beispiel die Krankenfürsorge. Krankenhäuser gab es in der Spätantike nicht. Es gab zwar an einzelnen Tempeln, die zu Ehren von Heilgöttern errichtet worden waren, Herbergen, in denen sich wohlhabende Leute aufnehmen und von Priesterärzten behandeln lassen konnten. Und es gab auf großen Landgütern und in römischen Heerlagern Lazarette, sogenannte Valetudinarien, für Sklaven und Soldaten. Aber diese verfolgten kein fürsorgerisches Ideal, sondern ein rein pragmatisches Interesse: Sie dienten der Erhaltung der Arbeitskraft der Sklaven beziehungsweise der Wehrtüchtigkeit der Soldaten. Valetudinarien zur Gesundheitsversorgung der einfachen Bevölkerung in großen Städten sind hingegen bisher nicht entdeckt worden. Krankenhäuser zur allgemeinen Krankenbetreuung, die auch und gerade Kranken aus den armen Bevölkerungsschichten offen standen, sind erstmals in großen christlichen Gemeinden errichtet worden, früh nachweisbar etwa von Bischof Basilius von Caesarea (ca. 330–379).

Basilius' Amtszeit als Bischof von Caesarea fiel in eine Zeit des wirtschaftlichen Niedergangs, der zu einer dramatischen materiellen Not breiter Bevölkerungsschichten führte. Die täglich um ihr Überleben kämpfende Masse der besitzlosen Tagelöhner und Sklaven, der verarmten Kleinbauern, Handwerker und Gewerbetreibenden stand einer kleinen Oberschicht gegenüber, die riesige Landgüter besaß und in Saus und Braus lebte. Der als Kirchenvater verehrte Basilius forderte deshalb von den Reichen in seiner Gemeinde nachdrücklich den materiellen Einsatz für die Notleidenden. In seinen Predigten betonte er, dass Gott die irdischen Güter allen Menschen zugedacht hat. Er lehnte zwar nicht das Privateigentum ab, aber er interpretierte es – anders als im römischen Recht – nicht als umfassendstes Verfügungsrecht des Eigentümers, mit seinen Sachen tun und lassen zu können, was ihm beliebt. Der Privatbesitz bleibt das Eigentum Gottes, des Schöpfers, sagt Basilius, es ist ein »fremdes Gut«, das dem Menschen nur zur treuhänderischen Verwaltung überlassen ist.

Für Basilius war das keine bloße Theorie. Er und auch seine Gemeindemitglieder wussten sehr gut, wen er meinte, wenn er die schlechten Verwalter der Güter Gottes in seinen Predigten attackierte. Als eine Hungersnot in Caesarea ausbrach, versuchten gewissenlose Wucherer und Spekulanten aus der Not des Volkes Profit zu schlagen. Sie hielten ihre Vorräte zurück, um sie nach und nach zu Wucherpreisen verkaufen zu können. Basilius mahnte sie: »Wohlan – verteile großzügig deinen Reichtum, sei freigebig in deinen Spenden an die Notleidenden, damit man auch von dir sagen kann: Er streute aus, gab den Armen, seine Gerechtigkeit währet ewig. Beute die Not nicht durch Preiserhöhungen aus!« Und er warnte ganz im Sinne der oben zitierten matthäischen Endzeitrede: Wer diesem Gebot der tätigen Nächstenliebe nicht Folge leistet, verwirkt sein Heil – mag er auch alle anderen Gebote erfüllen: »Hörst du aber nicht, dann ist die Drohung für dich niedergeschrieben. Lass sie nicht an dir wahr werden, ich bitte dich darum, sondern nimm eine bessere Gesinnung an, damit dein Reichtum dir zu einem Lösegeld werde und dich zu den himmlischen Gütern führe, die für dich bereitet sind« (Homilie 6).

Nach allem, was wir wissen, verhallten die Worte des Bischofs von Caesarea nicht ungehört. Es gelang ihm, in Zeiten der Hungersnot die Herzen und die Kornkammern der Reichen zu öffnen. Und bei ihm war es auch keineswegs so, dass er Wasser predigte und selbst Wein trank. Er, der aus einer reichen Familie stammte, brauchte sein ganzes eigenes Vermögen für die Armenfürsorge auf und griff in der »Suppenküche« auch schon mal selbst zur Schöpfkelle. Er errichtete eine ganze »Sozialstadt«, die sogenannte »Basilias«, die er einem eigenen Bischof unterstellte und in der Obdachlose, Kranke, Fremde und Aussätzige Zuflucht fanden.

Natürlich muss ich zugeben, dass nicht jeder Christenmensch und beileibe auch nicht jeder Bischof im Lauf der Kirchengeschichte einen solchen Sensus für die soziale Dimension des Evangeliums hatte. Aber es gibt viele beeindruckende Zeugnisse davon, wie bereits in der Spätantike zahlreiche einzelne Christen und ganze Gemeinden sich finanziell völlig verausgabten, um Witwen und Waisen zu versorgen, Arme und Kranke zu betreuen, Sklaven und Gefangene loszukaufen und Fremde zu beherbergen. Gerade in Trier, wo es schon seit dem 3. Jahrhundert einen Bischof gab, habe ich auf Schritt und Tritt den Atem der Geschichte des Christentums gespürt. Und das hat mich immer wieder mit großem Respekt und Dankbarkeit erfüllt.

Es stimmt, dass die Kirche im Lauf der Geschichte vor allem im europäischen Mittelalter zu einem gewaltigen Reichtum gekommen ist. Und es stimmt auch, dass viele Bischöfe zu dieser Zeit von diesem Reichtum fürstlich gelebt haben und sich um die Sorgen und Nöte der einfachen Menschen wenig geschert haben. Aber dennoch bleibt es wahr, dass im gesamten Mittelalter die Kirche die einzige öffentliche Institution war, die die Fürsorge für die Armen und Kranken wahrnahm und dafür auch beträchtliche Mittel aufwendete. Neben Bischofskirchen und Klöstern wurden Hospitäler und Herbergen errichtet; ganze Ordensgemeinschaften widmeten sich der Betreuung von Armen, Waisen, Alten, Pilgern, Kranken und Aussätzigen.

Die Kirche beschränkte sich aber nicht nur auf die Einrichtung und Unterhaltung solcher karitativer Einrichtungen, sondern versuchte durchaus auch strukturelle Verbesserungen für die Bedürftigen zu erreichen. So gab es erhebliche kirchliche Anstrengungen, die waffenlose einfache Bevölkerung vor Übergriffen des bewaffneten Adels zu schützen. Im Mittelalter trugen Adelige immer wieder bewaffnete Privatfehden aus. Weil die verfehdeten Ritter einander dabei aber meist nicht gefahrlos habhaft werden konnten, drangsalierten sie vorzugsweise die wehrlosen Untertanen ihres jeweiligen Gegners, raubten deren Bauern das Vieh, vergewaltigten Frauen, mordeten und brandschatzten. Die Grenzen zwischen Fehde und Raubrittertum waren dabei fließend und für die einfachen Menschen, die unter diesen immer wiederkehrenden Ausschreitungen erheblich zu leiden hatten, ohnehin nicht erkennbar.

Zur Bekämpfung dieses Fehdewesens entwickelte sich die sogenannte kirchliche »Gottesfriedensbewegung«. Durch den Gottesfrieden sollten Kleriker, Frauen, Bauern und deren Vieh vor Übergriffen geschützt werden. Wer gegen den Gottesfrieden verstieß, musste mit empfindlichen Kirchenstrafen bis hin zur Exkommunikation rechnen. Und die Bischöfe versuchten auch, die Politik, also Kaiser und Hochadel, auf ihre Seite zu ziehen, damit diese Friedens-Milizen aufstellten, um die Einhaltung des Gottesfriedens durch den niederen Adel kontrollieren zu können. Die Gottesfriedensbewegung bildete so einen entscheidenden Ausgangspunkt für die Entwicklung hin zum Gewaltmonopol des Staates, einer wesentlichen Voraussetzung des modernen Rechtsstaates. Und Theologen und Kirchenjuristen waren es, die im 16. Jahrhundert wesentlich beigetragen haben zur Entstehung des Völkerrechts, also einer globalen Vorstellung von Recht und Gerechtigkeit.

Wer um diese christlich-kirchliche »Gerechtigkeits-Tradition« weiß, den kann es eigentlich nicht verwundern, dass auch das moderne Nachdenken über *soziale* Gerechtigkeit im Umfeld der Kirche ihren Anfang genommen hat. Der Begriff der »sozialen Gerechtigkeit« tauchte erstmals zu Beginn der vierziger Jahre des 19. Jahrhunderts auf, und zwar bei einem der Begründer der kirchlichen Soziallehre, dem sizilianischen Jesuiten Luigi Taparelli. Angesichts der damaligen umwälzenden Veränderungen in Wirtschaft und Gesellschaft war Taparelli klargeworden, dass Gerechtigkeit nicht allein eine Kategorie zur moralischen Bewertung individuellen Verhaltens, sondern auch zur Qualifizierung gesellschaftlicher Zustände und Strukturen ist. Nicht nur ein einzelner Mensch, auch eine Gesellschaft kann gerecht oder ungerecht sein. Um dieser Erkenntnis Ausdruck zu geben, kreierte Taparelli einen neuen Begriff: *soziale* Gerechtigkeit.

Sowenig die Menschen im 19. Jahrhundert anfangs wussten, wie sie auf die sozialen Herausforderungen der Zeit, insbesondere die Arbeiterfrage, reagieren sollten, so vage blieb zunächst auch die Vorstellung Taparellis von der sozialen Gerechtigkeit. Er beschreibt sie als ein gesellschaftlich-politisches Leitprinzip, das »faktisch alle Menschen gleichstellen muss in dem, was die Rechte der Menschheit im Allgemeinen betrifft; eben so, wie der Schöpfer jedem Menschen« die gleiche menschliche Natur gab«. Diese Definition ist zwar wenig konkret, aber doch bemerkenswert und entspricht ganz der biblischen Tradition. Denn unverkennbar verknüpft Taparelli hier den Begriff der sozialen Gerechtigkeit mit einer von dem christlichen Schöpfungsglauben abgeleiteten Vorstellung natürlicher Menschenrechte.

Das ist deshalb so bemerkenswert, weil die Kirche im 19. Jahrhundert in einem spannungsgeladenen Verhältnis zu dem politischen Liberalismus und dessen Menschenrechtsvorstellungen stand. Und Taparelli war nicht irgendwer, sondern einer der wichtigsten Vordenker der Katholischen Soziallehre. An der päpstlichen Universität *Gregoriana* in Rom war er der akademische Lehrer von Vincenzo Gioacchino Pecci, dem späteren Papst Leo XIII., der 1891 die erste Sozialenzyklika *Rerum novarum* veröffentlichte.

Taparellis Denken zeigt, dass das Verhältnis zwischen Kirche und Liberalismus bereits im 19. Jahrhundert komplexer war, als manche klischeehaften Darstellungen es wahrhaben wollen. Freilich kann man der Kirche vorwerfen, dass ihre Vorstellungen von politischen Freiheitsrechten damals noch defizitär waren. Aber man muss genauso anerkennen: Bei der Idee *sozialer* Grundrechte hatte die Kirche eine Vorreiterrolle; hier hinkte stattdessen der politische Liberalismus dem Lauf der Geschichte hinterher.

Sowohl dem christlich-sozialen Denken als auch dem liberalen Denken kann man mit Blick auf das 19. Jahrhundert also einerseits Fortschrittlichkeit, aber andererseits auch partielle Defizite vorwerfen oder besser gesagt: Inkonsequenzen. Denn die Idee politischer Freiheitsrechte und *ebenso* die Idee sozialer Grundrechte ergeben sich letztlich *notwendigerweise*, wenn man bereit ist, die politischen und sozialen Konsequenzen des christlichen Menschenbildes und der diesem christlichen Menschenbild eng verbundenen Anthropologie der Aufklärung zu ziehen.

Taparelli leitet als Theologe die Idee der Menschenwürde und der sich daraus ergebenden Menschenrechte aus dem

Schöpfungsglauben und aus dem biblischen Verständnis des Menschen als Ebenbild Gottes ab. Die theologische Rede von der *Heiligkeit* des menschlichen Lebens ist aber auch säkularen Deutungen zugänglich. Philosophisch ergeben sich Menschenwürde und Menschenrechte gemäß der klassischen Begründung nach Immanuel Kant aus der Eigenschaft des Menschen als einem zur Selbstbestimmung seines Willens fähigen sittlichen Subjekt. Es geht dabei sowohl der theologischen als auch der philosophischen Rede darum auszudrücken, dass das Leben jedes Menschen einen absoluten, inneren Wert hat und dass deshalb jedes Menschenschicksal absolut wesentlich ist – wesentlich sozusagen im Zusammenhang der ganzen Weltgeschichte, ja im Angesicht der Ewigkeit.

Dieser Gedanke der unveräußerlichen Würde jedes einzelnen Menschen liegt auch der Vorstellung der sozialen Gerechtigkeit zugrunde: Die sozialen Institutionen und Strukturen müssen so gestaltet sein, dass sie jedem Mitglied in Staat und Gesellschaft eine menschenwürdige Existenz ermöglichen. Was das konkret bedeutet, kann nicht jenseits von Raum und Zeit formuliert werden. Die Soziale Frage ist kein einmaliges historisches Phänomen des 19. Jahrhunderts gewesen, sondern jede Gesellschaft, jede Epoche kennt ihre Soziale Frage. Und immer wieder stellt sich insofern auch die Frage nach der sozialen Gerechtigkeit, immer wieder müssen wir das Soziale neu denken.

In der Sozialphilosophie und auch in der Christlichen Sozialethik ist seit Taparelli viel über soziale Gerechtigkeit nachgedacht worden. Man kann heute mit den zu diesem Thema geschriebenen Büchern ganze Bibliotheken füllen. Nur so viel vielleicht: In der Tat kann man soziale Gerechtigkeit nach wie vor wie seinerzeit Taparelli als übergeordnetes sozialethisches Leitprinzip verstehen. Soziale Gerechtigkeit bezieht sich dann auf jene Voraussetzungen und Rahmenbedingungen, die in einem Gemeinwesen erfüllt sein müssen, damit jede und jeder Einzelne sich in der Gemeinschaft entfalten kann. Was diese Voraussetzungen und Rahmenbedingungen sind, wird begrifflich in verschiedenen »Teilgerechtigkeiten« artikuliert, die gleichsam »Unterabteilungen« der umfassenden sozialen Gerechtigkeit darstellen.

Zunächst einmal bedarf es für jede und jeden der Garantie der bürgerlichen Grundfreiheiten und auch einer materiellen Grundausstattung, die allen Menschen eine, gemessen am kulturellen Existenzminimum, würdige Existenz und eine Teilhabe an den zentralen Lebensvollzügen der Gesellschaft ermöglicht. Menschen haben eben bestimmte Anspruchsrechte allein aus der Tatsache heraus, dass sie Menschen sind. Hier spricht man von »Grundgerechtigkeit« oder »Bedarfsgerechtigkeit«, und auch der Begriff der »Beteiligungsgerechtigkeit« muss hier genannt werden. Natürlich ist jeder zunächst einmal dazu verpflichtet, seinen materiellen Bedarf selbst zu decken und seine Partizipationsmöglichkeiten selbst zu erarbeiten. Aber wenn jemand das nicht *kann*, dann muss die solidarische Gemeinschaft einspringen und helfen. Der Sozialstaat ist ein Gebot der sozialen Gerechtigkeit.

Ein weiterer Teilaspekt der umfassenden sozialen Gerechtigkeit ist die »Leistungsgerechtigkeit«. Niemand, auch nicht der Staat, darf die Vorteile konfiszieren, die sich jemand durch seinen Fleiß, seine Kreativität oder seinen Wagemut erarbeitet hat. Ein Leistungswettbewerb wird aber nur dann zu allgemein akzeptablen Ergebnissen führen, wenn alle Teilnehmer eine grundsätzliche Chance auf »Gewinn« haben, das gewählte Verfahren also fair ist. Hier kommen die Begriffe der »Chancengerechtigkeit« und der »Verfahrensgerechtigkeit« ins Spiel. Volle Chancengleichheit freilich wird kein moralisch akzeptables Verfahren je herstellen können, aber vor allem durch die Garantie eines allgemeinen Zugangs zu den Schul- und Ausbildungseinrichtungen können ungleiche soziale Ausgangsbedingungen zumindest teilweise ausgeglichen werden.

Im Bereich der Wirtschaft garantiert der Markt, sofern er funktioniert und nicht vermachtet ist, in hohem Maß ein faires Verfahren. Wer auf dem Markt seine Güter anbietet, muss sich dem Wettbewerb aussetzen, und die Konsumenten entscheiden gleichsam demokratisch, wer bei welchem Preis eine gute Leistung erbringt. Deswegen hatte Franz Böhm, einer der Begründer der Sozialen Marktwirtschaft, durchaus Recht, als er den Wettbewerb das »großartigste und genialste Entmachtungsinstrument der Geschichte« genannt hat.

Aber der Markt ist blind gegenüber jenen Leistungen, die nicht marktförmig, gleichwohl aber für die menschliche Gemeinschaft lebenswichtig sind. Hier ist vor allem an diejenigen zu denken, die sich in den Familien um ihre Kinder oder auch alte und kranke Angehörige kümmern. Es ist ein Gebot der »Ausgleichsgerechtigkeit« – und wenn man will, dass eine Gesellschaft eine Zukunft hat, ist es auch ein Gebot des gesunden Menschenverstandes –, für diese noch nicht vom Markt entlohnten Tätigkeiten durch die Solidargemeinschaft einen Lastenausgleich zu organisieren.

Mit dieser kleinen Auswahl an Begriffen aus der gegenwärtigen Gerechtigkeitsdiskussion möchte ich es an dieser Stelle bewenden lassen. Wer auf den Geschmack gekommen ist und mehr wissen möchte, kann in der angegebenen Literatur Hinweise finden.

Es bleibt dabei: Ohne Gerechtigkeit sind Staaten nichts anderes als Räuberbanden, wie Augustinus gesagt hat.

V

Das Soziale neu denken
Für eine gerechte und nachhaltige Reformpolitik

Ein Sprichwort sagt: »Wo der Wind des Wandels weht, bauen die einen Mauern und die anderen Windmühlen.« Ein kluges Wort, das Mut machen will, den Wandel als Chance zu begreifen. Aber auch ein Wort, das eine traurige Realität beschreibt. Denn tatsächlich bietet der Wandel zumindest in seiner heutigen Gestalt keineswegs für jede und jeden eine Chance. Natürlich: Es gibt Gewinner, denen die gegenwärtigen weltwirtschaftlichen Veränderungen tatsächlich gewaltigen Auftrieb verleihen. Aber es gibt unbestreitbar auch diejenigen, denen der Wind des Wandels eisig ins Gesicht bläst. Man nennt sie in Politik und Medien bisweilen die »Modernisierungsverlierer«. Ich habe versucht, die Situation dieser Menschen im dritten Kapitel ein wenig zu beleuchten. Es sind die Langzeitarbeitslosen, die »Geringqualifizierten«, die Kranken und Schwachen, kurz: es sind diejenigen, denen es aus unterschiedlichen Gründen nicht gelingt, in allem den Anforderungen in der heutigen Arbeitswelt gerecht zu werden und in der beschleunigten Welt eines grenzenlosen Wettbewerbs Schritt zu halten. Wenn diese Menschen versuchen, sich möglichst lange hinter hohen Mauern oder in irgendwelchen Nischen der Gesellschaft vor dem Veränderungsdruck zu schützen, so kann man ihnen das wohl kaum verübeln.

Ende 2006 gab es in Deutschland eine Debatte über diese sogenannten »Modernisierungsverlierer«, deren Ausgangspunkt ein wenig kurios war. Irgendjemand warf irgendwann den Begriff »Unterschicht« in die Runde, und die halbe Republik entsetzte sich – einerseits über die Tatsache, dass es bei uns eine »Unterschicht« geben soll, und andererseits darüber, dass jemand einen solch despektierlichen Begriff verwendet, um diese hässliche Realität in das öffentliche Rampenlicht zu bringen. In Politik und Medien entspann sich eine wochenlange Diskussion über das Phänomen der Armut inmitten unserer hochentwickelten Wohlstandsgesellschaft.

Einigermaßen erstaunlich fand ich, wie eine solche öffentliche Debatte entsteht. Brauchen wir tatsächlich erst provozierende Formulierungen, um der Realität ins Auge zu schauen? Seit dreißig Jahren gibt es in Deutschland und in vielen anderen hochentwickelten Ländern dieser Welt eine Massenarbeitslosigkeit, die sich im Laufe der Jahre zu einem strukturellen Dauerphänomen verfestigt hat. Es sind Armutsberichte erschienen, die immer wieder auf die wachsende Armut gerade auch in den reichen Ländern hingewiesen haben. Jugendberichte warnen uns seit langem vor einer zunehmenden Perspektivlosigkeit bei vielen Heranwachsenden. Die Sozialforschung der letzten Jahre hat unterstrichen, wie sehr die prekären, also die unsicheren Arbeits- und Lebensverhältnisse zugenommen haben. Seit Jahren warnen Experten vor den sozialen Folgen der in unseren Gesellschaften stattfindenden Ausgrenzungsprozesse.

Ich selbst habe mich schon seit 1982 mit entsprechenden Untersuchungen beschäftigt. Damals hat der Deutsche Soziologentag in Bamberg den Wandel der Arbeitsgesellschaft zum Thema gemacht, und Ralf Dahrendorf hat ein Referat mit dem Titel *Wenn der Arbeitsgesellschaft die Arbeit ausgeht* gehalten. Als Direktor der *Kommende* in Dortmund, des Sozialinstituts des Erzbistums Paderborn, habe ich mit meinen Mitarbeitern seit 1989 gemeinsam mit dem Arbeitsamt Kurse für schwer vermittelbare Jugendliche abgehalten. Das Thema begleitet mich also schon seit 20 Jahren.

All dem ist damals bei weitem nicht die Aufmerksamkeit zuteil geworden, die Jahrzehnte später der etwas unachtsam gebrauchte Begriff der »Unterschicht« erregt hat. Insofern war der Verstoß gegen die Sprachregelungen der *political correctness* in diesem Fall einmal hilfreich, weil er die Blicke der Öffentlichkeit auf die hinter dem Wort liegende soziale Not gelenkt hat. Einen neuen, zwar wissenschaftlicher, aber meines Erachtens nicht weniger unfreundlich klingenden Begriff hatte man in der Debatte übrigens schnell gefunden: *abgehängtes Prekariat*. An der beklagenswerten Lebenssituation der – in dieser Weise etwas »soziologen-chinesisch« – beschriebenen Menschen hat sich dadurch freilich nichts geändert.

Aber auch nach der scheinbaren sprachlichen Bereinigung des Problems ist die Armutsdiskussion entgegen den allgemeinen Gepflogenheiten in unserer schnelllebigen Mediengesellschaft nicht abgeebbt. Das Thema Armut scheint in der öffentlichen Wahrnehmung und Diskussion angekommen zu sein. Das freut mich natürlich, auch in meiner Eigenschaft als Vorsitzender der Kommission für gesellschaftliche und soziale Fragen der Deutschen Bischofskonferenz. Denn manchmal war und ist es auch für uns als Kirche schwer, unsere sozialen Sorgen und Anliegen an die Frau und an den Mann zu bringen.

Die neue Armutsdiskussion ist also keine Modeerscheinung. Und sie ist auch nicht »typisch deutsch«. Ähnliche Debatten werden auch in den anderen hochentwickelten Gesellschaften geführt. Auch dort wird nach den Gründen für die »neue Armut« gefragt, und es wird über Lösungen des Problems gestritten. Weltweit entstehen neue Sozialbewegungen, die sich das Ziel der Armutsüberwindung auf ihre Fahnen schreiben. Das begrüße ich, weil die Kirche als die älteste und wahrscheinlich heute noch größte Bewegung zur Armutsbekämpfung damit Verstärkung bekommt.

Die öffentliche Aufmerksamkeit, die das Thema Armut bei uns inzwischen auch ohne terminologische Entgleisungen erreicht, ist jedoch insofern ein wenig erstaunlich, als die Armut in unserer Gesellschaft niemals ausgemerzt war. Auch in dem »Goldenen Zeitalter« der prosperierenden, global gesehen letztlich konkurrenzlos erfolgreichen westlichen Marktwirtschaften gab es in den hochentwickelten Industrieländern Armut. In Europa war diese Armut vielleicht nicht immer ganz so offensichtlich wie etwa in den USA, aber sie war durchaus vorhanden. Dennoch wurde in der Öffentlichkeit, in den Medien und in der Politik viel weniger über Armut gesprochen als heute.

Worin liegt dieser – wie gesagt, aus meiner Sicht äußerst begrüßenswerte – Wandel in der allgemeinen Wahrnehmung und dem öffentlichen Interesse begründet? Ich glaube inzwischen, der Grund ist, dass die Armut näher an die Mitte der Gesellschaft herangerückt ist. Auch früher wusste man in der sozial abgesicherten Mittelschicht, dass es da draußen im Land Langzeitarbeitslose und Sozialhilfeempfänger gibt, aber man kannte solche Schicksale meist nur vom Hörensagen. Das hat sich inzwischen geändert. Auch in den sogenannten »gutbürgerlichen Kreisen« hat man heute oft Verwandte und Bekannte, die sozial »abgestürzt« sind. »Das geht heute ja so schnell!«, wird oft gesagt. Ein Jahr arbeitslos, und dann gibt es nur noch Hartz IV; vom Tariflohn mit Anspruch auf Urlaubs- und Weihnachtsgeld innerhalb von zwölf Monaten auf das Existenzminimum zurückfallen.

Nach dem Zweiten Weltkrieg gab es in den hochentwickelten Ländern Westeuropas und in den USA eine Art sozialen Konsens, nach dem nahezu jede und jeder in diesen Gesellschaften ein auskömmliches Leben sollte führen können. Früher verdienten auch Arbeitnehmer ohne besondere berufliche Qualifikation in den westlichen Industrienationen anständige Löhne. Der Grund war, dass sie in erfolgreichen, prosperierenden Volkswirtschaften lebten und arbeiteten. Sie hatten gegenüber Konkurrenten aus weniger entwickelten Ländern die bessere Technik zur Verfügung und Kollegen an ihrer Seite, die hervorragend ausgebildet waren. Von der dadurch erzielten höheren Produktivität profitierten alle Arbeitnehmer. Dieser Effekt hat sich mit der stärkeren Globalisierung der Weltwirtschaft allmählich aufgelöst. Und den dadurch entstehenden Druck auf den Arbeitsmarkt bekommen heute keineswegs mehr nur die sogenannten »Geringqualifizierten« zu spüren.

Davon spricht auch der prominente amerikanische Ökonom Lester C. Thurow, wirtschaftspolitischer Berater mehrer US-Präsidenten, in seinem Buch *Die Zukunft des Kapitalismus*: »Der seit dem Zweiten Weltkrieg bestehende Gesellschaftsvertrag hat heute seine Gültigkeit verloren. Jährliche Lohnsteigerungen sind nicht mehr selbstverständlich. Konjunkturbedingte Entlassungen sind nicht mehr vorübergehend und auch nicht mehr auf gewerbliche Arbeitnehmer beschränkt. Angestellte und Führungskräfte können nicht mehr davon ausgehen, einen sicheren Arbeitsplatz zu haben, solange das Unternehmen Gewinne erwirtschaftet und sie eine zufriedenstellende Leistung erbringen. In unserer heutigen schönen neuen Welt wird es immer noch Mitarbeiter und Führungskräfte geben, die während ihres gesamten Erwerbslebens bei nur einem Arbeitgeber beschäftigt sind. Eine Garantie dafür wird es nur noch für wenige geben. Wenn Arbeit auch gegen niedrigeren Lohn geleistet werden kann, wird sich ein Unternehmen für die jeweils billigeren Arbeitskräfte entscheiden. Seinen Anfang nahm der Arbeitsplatzabbau in den Vereinigten Staaten. Inzwischen ist die Welle auch nach Europa übergeschwappt« (Thurow 2000, 44 f.).

Die Schlussfolgerung, die Thurow aus diesen Beobachtungen zieht, kann meines Erachtens allerdings nicht das letzte Wort sein, das in dieser Angelegenheit zu sagen ist: »In der Wirtschaft der Zukunft werden Arbeitnehmer, die über Fertigkeiten der Dritten Welt verfügen, Löhne der Dritten Welt verdienen – auch dann, wenn sie zufällig in der Ersten Welt leben« (ebd., 104).

Wenn wir jenen sozialen Konsens, von dem ich gesprochen habe, so sang- und klanglos verabschieden würden, ginge unserer Gesellschaft nicht nur ein gutes Stück humaner Substanz und sozialer Gerechtigkeit verloren, sondern es würde auch ein entscheidender Faktor verschwinden, der dafür gesorgt hat, dass das politische Gefüge der Nachkriegsgesellschaften so stabil und immun gegen extremistische Versuchungen von links wie von rechts gewesen ist. Und wir dürfen nicht vergessen, dass unser Modell des »Rheinischen Kapitalismus« auch ökonomisch äußerst erfolgreich war. Mit seinen guten Resultaten bei Wachstum, Beschäftigung und Preisstabilität galt es in der Welt lange Zeit weithin als vorbildlich. Bereits in seinem Anfang der neunziger Jahre erschienenen Buch *Kapitalismus contra Kapitalismus* hat Michel Albert die Vorzüge des »rheinischen« gegenüber dem angelsächsischen Modell hervorgehoben.

Dennoch wäre die einfache Parole »Weiter so!« heute verfehlt. Der Prozess der Globalisierung hat uns an einen Wendepunkt unserer Wirtschafts- und Sozialgeschichte geführt. Es ergeben sich hierbei neue Chancen, aber auch zweifellos Risiken. Wenn wir diese Risiken missachten würden, könnte uns das irgendwann teuer zu stehen kommen. Wir stehen meines Erachtens unzweifelhaft vor einer neuen Sozialen Frage, die in ihren Ausmaßen durchaus mit der Sozialen Frage des 19. Jahrhunderts vergleichbar ist. Wenn wir nach

Antworten auf diese *neue* Soziale Frage suchen, kann uns ein Blick zurück auf die *alte* Soziale Frage sicher nicht schaden.

Auch die Menschen des 19. Jahrhunderts erlebten die dramatischen Veränderungen ihrer Epoche als bedrohlich und chancenreich zugleich. Schon damals wurden von den einen Windmühlen und von den anderen Mauern errichtet. Das Zerbrechen der alten Feudal- und Zunftordnung im Zuge der wirtschaftlichen Liberalisierung und der fortschreitenden Industrialisierung bot neue Möglichkeiten, bedeutete aber auch den Verlust von alten Sicherheiten. Anders als die adeligen Grundherren in der alten Feudalordnung kannten viele »neureiche« Fabrikherren keine paternalistischen Gefühle sozialer Verantwortung für ihre Arbeiter. Durch die Gewerbefreiheit verschwanden in den Städten die Zünfte, und mit ihnen zerbrach auch die überkommene soziale Ordnung.

Schon damals gab es wie heute auch Gewinner und Verlierer dieser Entwicklung. Während einige Bürger ihre neuen wirtschaftlichen Freiheiten nutzen konnten und in teilweise atemberaubendem Tempo ein ungeheures Vermögen anhäuften, litten viele Arbeiter in den neuen Fabriken unter unerträglichen Arbeits- und Lebensbedingungen. Und die Menschen erkannten, dass die alten Garanten der sozialen Ordnung dieses Problem nicht in den Griff bekommen konnten. Die Gesellschaft fiel immer offensichtlicher in zwei Klassen auseinander, die sich zunehmend nicht nur in ihren wirtschaftlichen Möglichkeiten, sondern auch in ihrer sittlich-moralischen Kultur und ihren politischen Überzeugungen unterschieden.

Dieser ökonomische und soziale Wandel wurde von vielen Zeitgenossen als massive Bedrohung bislang unbekannten Ausmaßes erlebt. Der *nationale* Markt war für die damaligen Menschen genauso ein Schreckgespenst, wie es heute der *globale* Markt für viele ist. Aber wie wir konnten auch unsere Vorfahren nicht den Kopf in den Sand stecken. Sie konnten sich nicht darauf beschränken, der alten Sozialordnung nachzutrauern, sondern sie mussten das Soziale neu denken. Und dabei gab es einige, die in Wort und Tat mutig voranschritten.

In diesem Zusammenhang erinnere ich noch einmal an meinen Mitbruder Bischof Wilhelm Emmanuel von Ketteler, jenen Zeitgenossen und ideologischen Gegner von Karl Marx, den ich bereits in der Einleitung erwähnt habe und der als »Arbeiterbischof« und Sozialreformer in die Geschichtsbücher eingegangen ist.

Bischof Ketteler wusste um die moralische und auch die politische Bedeutung der Sozialen Frage. Wie Karl Marx kritisierte er das defizitäre Freiheitsverständnis des Wirtschaftsliberalismus seiner Zeit. Ketteler betonte mit Blick auf die unter erbärmlichen Bedingungen lebenden Arbeiter der frühindustrialisierten Gesellschaften, dass jemand, der nicht weiß, wie er sein täglich Brot und sein Dach über dem Kopf finanzieren soll, wohl schwerlich als wirklich frei bezeichnet werden kann. Wer materielle Not leidet, schert sich wenig um politische Freiheitsrechte wie Presse-, Meinungs- und Demonstrationsfreiheit. Diese Tatsache ist in der Geschichte von vielen Wirtschaftsliberalen leider allzu oft vernachlässigt und von politischen Extremisten immer wieder ausgenutzt worden.

Ketteler hielt bereits am 25. Juni 1869 auf der Liebfrauen-Heide bei Offenbach vor 10 000 Arbeitern eine programmatische Rede, die als »Magna Charta der christlichen Arbeiterbewegung« bezeichnet worden ist und in der er mahnte: »Was helfen die sogenannten Menschenrechte in den Konstitutionen, wovon der Arbeiter wenig Nutzen hat, solange die Geldmacht diese sozialen Menschenrechte mit Füßen treten kann?« (Ketteler Werke I. 2, 418).

Ketteler, der an Weihnachten 1811 geboren wurde, hatte als Sprössling eines alten westfälischen Adelsgeschlechts selbst nie materielle Sorgen gehabt. Dennoch hatte er zeitlebens ein Herz für die Nöte der einfachen Leute und einen ausgeprägten Gerechtigkeitssinn. Er war zudem ein politisch sehr interessierter, ein äußerst emotionaler und auch ein zutiefst gläubiger Mensch. Diese bunten Charakterzüge waren es, die ihn überhaupt erst zum Priesterberuf führten. Ursprünglich hatte Ketteler nämlich Jura studiert und war preußischer Staatsbeamter geworden. Dann aber kam es zu einem politischen Ereignis, das sein Leben veränderte: Ende 1837 wurde der Erzbischof von Köln Clemens August zu Droste-Vischering durch die preußische Regierung seines Amtes enthoben, verhaftet und dann eineinhalb Jahre auf der Festung Minden gefangen gehalten.

Der Grund hierfür war ein Streit über die sogenannte »Mischehenfrage«: Der preußische Staat hatte per Dekret verfügt, dass Kinder aus konfessionsverschiedenen Ehen in dem Bekenntnis des Vaters erzogen werden sollten. Das stieß auf Widerstand seitens der katholischen Kirche – vor allem im Rheinland, wo »zugereiste« evangelische Soldaten und Beamte aus dem preußischen Kernland häufig ihr Herz an katholische Mädchen und Frauen verloren. Der Kölner Erzbischof Clemens August zu Droste-Vischering wollte nicht akzeptieren, dass die aus diesen Ehen hervorgehenden Kinder nicht katholisch getauft und erzogen werden sollten, und leistete offenen Widerstand gegen die staatliche Einmischung in religiöse und kirchliche Angelegenheiten. Daraufhin klagte ihn die Regierung kurzerhand wegen »revolutionärer Umtriebe« an und sperrte ihn ein.

Dieses »Kölner Ereignis« löste einen Sturm der Entrüstung unter den deutschen Katholiken aus und wurde zum Fanal des politischen Katholizismus in Deutschland. Auch der junge Ketteler wollte nicht mehr als Beamter für einen

Staat arbeiten, der so wenig Respekt vor seinem Glauben, seiner Kirche und deren Repräsentanten hatte. Aus Glaubens- und Gewissensgründen quittierte er den preußischen Staatsdienst und begann in Münster ein Theologiestudium.

Bereits an seiner ersten Wirkungsstätte als Priester, als Kaplan in Beckum, einer Kleinstadt im Münsterland, kümmerte sich Ketteler nicht nur um das Seelenheil, sondern auch um die sozialen Belange der ihm anvertrauten Menschen. Der junge Priester wurde von der Sozialen Frage ergriffen – sie sollte ihn zeitlebens nicht mehr loslassen.

Kaplan Ketteler lag vor allem das Wohl der Kinder am Herzen. Er sorgte zum Beispiel für die Einrichtung eines warmen Aufenthaltsortes für jene Schüler, die von den Bauernhöfen im Umland einen weiten Weg zur Schule in die Stadt hatten und die deshalb in der Mittagspause nicht heimgehen konnten. Ketteler selbst leistete den Kindern in diesem Pausenraum häufig Gesellschaft. Die Stadt Beckum ehrt ihn für dieses Engagement noch heute dadurch, dass die städtische Hauptschule seinen Namen trägt.

Auf der Homepage der *Kettelerschule* finden sich viele Anekdoten über den jungen Kaplan.[7] Es wird dort zum Beispiel berichtet, dass er eines Tages bei seinem Gang durch die Gemeinde auf ein weinendes Kind traf. Es war hungrig und hatte gerade bei einem reichen Bauern um Brot gebettelt, war aber zurückgewiesen worden. Als Kaplan Ketteler das hörte, ging er schnurstracks zu dem betreffenden Bauernhaus. Dort hieß man ihn herzlich willkommen, bat ihn Platz zu nehmen und bot ihm Essen und Trinken an. Ketteler lehnte dankend ab und bat nur um ein Butterbrot, das man ihm etwas irritiert gab. Er bedankte sich und sagte dann laut dem Bericht des Heimatchronisten mit tiefem Ernst: »Ihr habt mich geehrt, weil ich Kaplan, weil ich Freiherr bin; das Butterbrot ist

---

7 http://www.kettelerschule.de/Ketteler/Kettelerseite.htm.

aber für ein armes Kind, für einen Gast, der höher steht als ich: denn ›Was ihr dem Geringsten meiner Brüder tut‹, sagt Christus, ›das habt ihr mir selbst getan‹.«

Ketteler, der nur etwa zwei Jahre als Kaplan in Beckum wirkte, sammelte in dieser Zeit auch einen beträchtlichen Betrag, um die Errichtung eines Krankenhauses in der Stadt zu ermöglichen. Als es eröffnete wurde, war er selbst bereits weitergezogen auf seine erste Stelle als Pfarrer in der Landgemeinde Hopsten bei Rheine. Auch hier, wo weite Teile der Landbevölkerung in großer Armut lebten, bekämpfte er Not und Elend; bald trug er den Ehrentitel »Bauernpastor«. Er sagte von sich selbst, in seiner neuen Aufgabe habe er die ganze Seligkeit seines irdischen Daseins gefunden. Aber wiederum waren es politische Ereignisse, die ihn aus seinem beschaulichen Leben als Landpfarrer herausrissen.

1848 kam es zur Revolution in Europa. Mit Ausnahme von England und Russland gingen in allen großen europäischen Ländern die Menschen auf die Barrikaden, um gegen verknöcherte politische Strukturen zu protestieren. Auch in Deutschland demonstrierten die Massen. Sie forderten politische Mitwirkungsrechte, Freiheitsgarantien, soziale Reformen und nicht zuletzt die nationale Einheit Deutschlands, das damals in Dutzende Teilstaaten zersplittert war. Es wurde eine Nationalversammlung gewählt, die in der Frankfurter Paulskirche zusammentrat, um eine Verfassung zur Gründung eines deutschen Einheitsstaates auszuarbeiten. Mit dabei als einer von 585 Abgeordneten war Wilhelm Emmanuel von Ketteler.

Als es im September 1848 zu Angriffen auf die Nationalversammlung und zu der brutalen Ermordung zweier Abgeordneter kam, hielt Ketteler eine Grabrede für seine ermordeten Kollegen, die ihn deutschlandweit bekannt machte. Gleichsam über Nacht war aus dem westfälischen »Bauernpastor« eine nationale Berühmtheit geworden. Im Oktober des gleichen Jahres trat er auf dem ersten deutschen Katholikentag in Mainz auf und geißelte die massenhafte soziale Not. Im Advent 1848 hielt er sechs Predigten im Mainzer Dom und stellte dabei ebenfalls die Soziale Frage in den Mittelpunkt seiner Ausführungen.

1849 wurde Ketteler Propst der Sankt Hedwigskirche in Berlin. Bereits ein halbes Jahr später ernannte ihn Papst Pius IX. zum Bischof von Mainz. In dieser Position wurde Ketteler zum sozialen Gewissen nicht nur der deutschen katholischen Kirche. Der erste deutsche Reichskanzler Otto von Bismarck, unter dessen Regierung die ersten sozialpolitischen Gesetze erlassen wurden, insbesondere Kranken-, Unfall- und Rentenversicherung für Arbeiter eingeführt wurden, bekannte nach Kettelers Tod: »Ohne ihn wären wir noch nicht so weit.« Durch sein Engagement und seine Schriften wirkte Ketteler aber auch außerhalb Deutschlands. Für die erste päpstliche Sozialenzyklika *Rerum novarum* von 1891 lieferte sein Beispiel wichtige Impulse.

Ketteler ist allerdings nicht, wie manchmal behauptet wird, der erste Kirchenführer gewesen, der die Soziale Frage aufgegriffen hat. Andere haben das bereits vor ihm getan, etwa die französischen Bischöfe Gustave de Croy, Louis de Belmas und Pierre Giraud. Kardinal Giraud schrieb bereits 1845 einen umfangreichen Hirtenbrief über *Das Gesetz der Arbeit*, in dem er scharf gegen die Ausbeutung der Arbeiterschaft protestierte.

Aber kein Bischof des 19. Jahrhunderts hat in der gleichen Intensität, Tiefe und Breite die Soziale Frage analysiert und politisch deren Lösung betrieben wie der Mainzer Bischof Ketteler. Deswegen ist er heute noch ein Vorbild für mich. Aber nicht nur für mich, sondern für die ganze Kirche: Papst Benedikt XVI. würdigt in seiner Enzyklika *Deus caritas est* von 2005 Ketteler als einen der wichtigsten Wegbereiter der kirchlichen Soziallehre.

Von Bischof Ketteler kann man in der Tat behaupten, dass er zeitlebens der Gerechtigkeit nachgejagt ist. Dabei ist es ihm oft ähnlich gegangen, wie es auch uns heute geht: Ketteler erkannte die mit dem Prozess der Industrialisierung einhergehenden Ungerechtigkeiten, so wie wir die mit der Globalisierung verbundenen sozialen Probleme sehen. Und Ketteler protestierte im Namen der Menschenwürde gegen die sozialen Missstände seiner Zeit, so wie auch wir unsere Stimme gegen die grenzen- und gewissenlose Raffgier einiger weniger und die Ausbeutung so vieler erheben. Ketteler war ein Anwalt der sozialen Gerechtigkeit, so wie wir Anwälte für diejenigen sein wollen, die in den wirtschaftlichen und sozialen Umwälzungen *unserer* Tage unter die Räder zu geraten drohen.

Aber in dieser Anwaltschaft stieß bereits Ketteler auf Schwierigkeiten, die auch wir heute kennen: Es ist nicht damit getan, Ungerechtigkeiten zu erkennen und anzuprangern, sondern man muss auch sagen, wie es besser, wie es gerechter zugehen könnte. Das ist mit Blick auf die Gesellschaft aber nicht immer so einfach. Für Ketteler stand schon früh klar vor Augen, dass die Ausbeutung der Lohnarbeiter im 19. Jahrhundert zutiefst ungerecht war. Aber er hat sich sein ganzes Leben immer und immer wieder die Frage gestellt, wie gerechtere gesellschaftliche und wirtschaftliche Strukturen hergestellt werden könnten.

Anfangs, etwa in seinen Adventspredigten von 1848, war er der Meinung, dass allein die christliche Nächstenliebe und eine auf dieser fußende christliche Eigentumsauffassung wie jene, die wir schon von Basilius von Caesarea kennen, die Soziale Frage lösen könnte.

Ketteler appellierte an das Gewissen der Reichen, die Arbeiter nicht auszubeuten und sie an dem wirtschaftlichen Aufschwung teilhaben zu lassen. Später erkannte er, dass moralische Appelle alleine nichts auszurichten vermögen. Er dachte deshalb auch über strukturelle, politische Lösungen für die Soziale Frage nach.

Zeitweise verfolgte er die damals auch bei anderen Sozialreformern populäre Genossenschaftsidee: Die Arbeiter sollten in selbstorganisierten Produktionsgemeinschaften arbeiten und so von Opfern zu Profiteuren der neuen technischen Möglichkeiten werden. Ketteler war derart angetan von dieser Idee genossenschaftlicher Selbsthilfe, dass er unter hohem Geldeinsatz selbst ein Experiment mit einer solchen Produktivassoziation vorbereitete. Er kontaktierte in dieser Frage mit einem anonymen Brief sogar den Sozialisten Ferdinand Lassalle, um seinen Rat und seine Meinung einzuholen. Wenn das publik geworden wäre: Ein katholischer Bischof beratschlagt sich mit einem Sozialisten – das war damals ein unerhörter Vorgang.

Schnell zeigte sich, dass das Konzept der Produktivassoziationen nicht geeignet war, die soziale Not der Arbeiterschaft zu überwinden. Gegen Ende der sechziger Jahre des 19. Jahrhunderts setzte sich deshalb bei Ketteler die Überzeugung durch, dass die Kirche und andere gesellschaftliche Kräfte nicht alleine in der Lage sein würden, die Soziale Frage zu lösen. Notwendig war vielmehr ein Eingreifen des Staates mit seiner Gesetzgebungsgewalt. Auch diese Erkenntnis war damals revolutionär für einen katholischen Bischof. Bis ins 19. Jahrhundert hinein hatte die Kirche eine Alleinzuständigkeit in karitativen Angelegenheiten. Auch angesichts der Arbeiterfrage waren weite innerkirchliche Kreise nicht bereit, dieses Monopol aufzugeben. Ketteler aber erkannte die Zeichen der Zeit und bekehrte auch viele andere Bischöfe in Deutschland und ganz Europa zu dem Programm der politischen Sozialreform. Er wurde zu einem der prominentesten Verfechter einer umfangreichen Arbeiterschutzgesetzgebung und einer staatlichen Sozialpolitik. Soziale Gerechtigkeit war für ihn fortan nicht mehr bloß eine sittliche

Idee, sondern auch ein politischer Auftrag, dem sich auch die Regierung zu widmen hatte.

Mit dieser Idee der sozialen Gerechtigkeit und dem Konzept der Sozialreform stand Ketteler in krassem Widerspruch zu dem Programm seines Zeitgenossen Karl Marx. Marx setzte nicht auf Reform, sondern auf Revolution. Die Forderung nach sozialer Gerechtigkeit gehörte für ihn zu den nutzlosen Parolen eines von ihm zutiefst verachteten »Vulgärsozialismus«.

Als sich die sozialistischen Kräfte in Deutschland 1875 in Gotha zu einer einheitlichen Partei formierten und sich bei dem neuen Parteiprogramm die sozialdemokratisch-reformerischen Kräfte in vielen Punkten gegenüber den kommunistisch-revolutionären Kräften durchsetzten, spuckte Karl Marx im Londoner Exil Gift und Galle. Die Forderung des Programms nach einer gerechten Verteilung des Arbeitsertrages bezeichnete er als »veralteten Phrasenkram«, und die Parole vom »gerechten Lohn« hielt er erst recht für blanken Unsinn. Für Karl Marx war »das System der Lohnarbeit ein System der Sklaverei, [...] ob nun der Arbeiter bessere oder schlechtere Zahlung empfange« (MEW 19, 26).

Das Gothaer Programm mit seiner vorsichtigen Abkehr vom Revolutions- und seiner ebenso vorsichtigen Hinwendung zum Reformgedanken war für Karl Marx weder Fisch noch Fleisch. »Zwischen der kapitalistischen und der kommunistischen Gesellschaft liegt die Periode der revolutionären Umwandlung der einen in die andre. Der entspricht auch eine politische Übergangsperiode, deren Staat nichts andres sein kann als die *revolutionäre Diktatur des Proletariats*. Das Programm nun hat es weder mit letzterer zu tun, noch mit dem zukünftigen Staatswesen der kommunistischen Gesellschaft. Seine politischen Forderungen enthalten nichts, außer der aller Welt bekannten demokratischen Litanei« (ebd., 28 f.).

Anders als Ketteler hielt Marx einen »dritten Weg« zwischen Kapitalismus und Kommunismus nicht für möglich. Der Verfasser des *Kommunistischen Manifests* würde sich vermutlich verwundert die Augen reiben, wenn er sehen würde, wer heutzutage alles diese seine Auffassung teilt. Das sind neben einem kleinen versprengten Häuflein unentwegter Kommunisten vor allem die marktradikalen Wirtschaftsgurus, die den Sozialstaat, das Miet-, Verbraucherschutz- und Arbeitsrecht am liebsten ganz abschaffen würden, weil derlei Eingriffe in den Markt gegen die reine wirtschaftsliberale Lehre verstoßen. Diese Leute predigen nicht mehr, dass man der Gerechtigkeit, sondern dass man dem Profit nachjagen soll, und zwar dem Profit um jeden Preis. Auch deutsche Wirtschaftszeitungen singen heute schon mal das »Lob der Gier«. Die »Geierfonds« als einen besonders hässlichen Auswuchs dieser Ideologie habe ich erwähnt.

Ich habe schon in dem ersten Kapitel gesagt, dass ich als Christ nicht akzeptieren kann, dass das die sozialen Grundsätze unseres zukünftigen Zusammenlebens sein sollen. Ich will nicht tatenlos zusehen und -hören, wenn die Sünde gelobt und praktiziert wird, denn Gier ist nach der Lehre der Kirche eine Hauptsünde. Als Christ und in Übereinstimmung mit Immanuel Kant gehe ich davon aus, dass der Mensch an sich ein sittliches Subjekt ist, das darauf angelegt ist, das Gute zu suchen, gut zu leben, ein Gewissen zu haben. Das ist ein Anspruch, der am Anfang stehen muss. Wenn wir den aufgeben, brauchen wir gar nicht weiter zu diskutieren. Dann geht es nur noch um Interessenausgleich und um den Kampf der Stärkeren gegen die Schwächeren. Dann ist Ethik eigentlich ausgeklammert.

Wenn wir den Menschen aber als moralisches Subjekt anerkennen, dann kann nicht allgemeine Gier, sondern dann muss Gerechtigkeit unser gemeinsames Ziel bleiben. Aber wir müssen uns die Frage stellen, was soziale Gerechtigkeit heute bedeuten kann – unter den Bedingungen einer globalisierten Wirtschaft und angesichts so vieler, die aus dem Markt- und Wirtschaftsprozess ausgeschlossen werden. Bei der sicher mühevollen Suche nach einer Antwort auf diese Frage kann uns Ketteler mit seinem unermüdlichen Streben und seiner lebenslangen Lernbereitschaft ein Vorbild sein.

Vor dem Hintergrund des christlichen Menschenbildes und im Anschluss an die in dem vorangehenden Kapitel angestellten Überlegungen bedeutet soziale Gerechtigkeit für mich zunächst und vor allem einmal den Respekt – und zwar den auch in den gesellschaftlichen Institutionen und Strukturen abgebildeten Respekt – vor der Würde jedes einzelnen Menschen in unserer Gesellschaft. Angesichts der heute auf vielen gesellschaftlichen Ebenen wirksamen Mechanismen der Exklusion, des sozialen Ausschlusses, ist die erste Gerechtigkeitsforderung deshalb: Menschen dürfen bei uns nicht länger an den Rand gedrückt und herausgedrängt werden; jeder und jedem steht eine Chance auf Teilhabe, auf Bildung und auf Arbeit zu.

Dieses Verständnis von sozialer Gerechtigkeit als *Beteiligungsgerechtigkeit* ist tatsächlich erstmals in einem kirchlichen Dokument formuliert worden, und zwar in dem seinerzeit vielbeachteten Hirtenbrief der US-amerikanischen katholischen Bischofskonferenz von 1986 über die Katholische Soziallehre und die amerikanische Wirtschaft. Dort heißt es wörtlich: »Die soziale Gerechtigkeit beinhaltet, dass die Menschen die Pflicht zu aktiver und produktiver Teilnahme am Gesellschaftsleben haben und dass die Gesellschaft die Verpflichtung hat, dem Einzelnen diese Teilnahme zu ermöglichen« (*Wirtschaftliche Gerechtigkeit für alle* 71). Die Beteiligungsgerechtigkeit ist auch die Leitidee des Gemeinsamen Wortes *Für eine Zukunft in Solidarität und Gerechtigkeit* des Rates der Evangelischen Kirche in Deutschland und der Deutschen Bischofskonferenz von 1997.

Einen Widerspruch zu einem wirklich liberalen Denken, das diese Bezeichnung auch tatsächlich verdient, kann ich in dem Konzept der Beteiligungsgerechtigkeit nicht erkennen. Zur Wahrnehmung ihrer Freiheit und damit zu eigenverantwortlichem Handeln müssen die Menschen nämlich erst einmal fähig und befähigt werden. Ganz im Sinne des Subsidiaritätsprinzips geht es deshalb bei dem Konzept der Beteiligungsgerechtigkeit darum, nicht Abhängigkeit, sondern Selbständigkeit zu fördern und Eigenverantwortung zu stärken.

Eigenverantwortung darf dabei übrigens nicht mit bloßen finanziellen Eigenleistungen verwechselt werden, wie das in der politischen Alltagsrhetorik bisweilen »passiert«. Da wird dann von Politikern gerne gesagt, die zehn Euro Praxisgebühr etwa und andere Zuzahlungen im Gesundheitswesen seien Ausdruck von Eigenverantwortung. Das ist natürlich Unsinn. Die in den letzten Jahren den Patienten vermehrt abverlangten Zuzahlungen stellen keine Stärkung der Selbstverantwortung dar, sondern sie sind vielmehr der Versuch, den Krankenversicherungen weitere Einnahmequellen zu eröffnen. Das mag ja auch eine sachlich gerechtfertigte Maßnahme sein, aber man sollte dann auch sagen, worum es sich handelt, und nicht versuchen, mit rhetorischen Taschenspielertricks die Leute hinters Licht zu führen.

Mehr Eigenverantwortung bedeutet aber eigentlich, dass man das eigene Leben stärker selbst in die Hand nimmt. Nicht eine größere Umverteilung – die im Übrigen größtenteils im Bereich der mittleren Einkommen stattfindet –, sondern ein verstärktes Ernstnehmen der Mündigkeit der Menschen ist die Zielrichtung des Modells der Beteiligungsgerechtigkeit. Dahinter steht letztlich das Bild des Menschen als zur eigenen freien Willensbildung fähige Person: »Wir trauen dir etwas zu. Wir glauben, dass du etwas kannst. Dazu helfen wir dir, dazu vermitteln wir Fähigkeiten.«

Bereits 1955 erstatteten der spätere Kardinal Joseph Höffner, damals noch Professor für Christliche Sozialethik in Münster, und drei andere prominente Sozialwissenschaftler im Auftrag von Bundeskanzler Konrad Adenauer ein Gutachten zur *Neuordnung der sozialen Leistungen*, in dem sie ein eindeutiges Plädoyer für den Sozialstaat ablegten, aber auch eindringlich vor dem den Bürger entmündigenden Versorgungsstaat warnten. Der Versorgungsstaat entwöhne die Menschen ihrer Eigenverantwortung bzw. Eigentätigkeit und degradiere sie dadurch auf Dauer zum bloßen Objekt staatlicher Handlungen. Das von den Gutachtern vorgeschlagene Modell ist das eines Sozialstaats, der entsprechend dem Subsidiaritätsprinzip zunächst auf die Selbsthilfe und auf die Leistungskraft der kleineren Lebenskreise setzt und nur dann eingreift, wenn diese Akteure überfordert sind. Und auch die subsidiäre staatliche Hilfe soll nach Möglichkeit dem Konzept der Hilfe zur Selbsthilfe entsprechen, also Verantwortung nicht abnehmen, sondern zur Wahrnehmung von Eigenverantwortung wieder befähigen.

Aber nicht nur die Eigenverantwortung und damit letztlich die Würde des Einzelnen haben Höffner und seine Kollegen in dem allumfassenden Versorgungsstaat in Gefahr gesehen: »Auch gefährdet ein solches System den Staat, da es die Menschen dazu verleitet, dem Staat lediglich mit Forderungen gegenüberzutreten, wodurch die im Solidaritätsprinzip verankerte wechselseitige Bindung und Rückbindung zwischen Einzelmensch und Staat gestört wird« (Höffner u. a. 1955, 30).

Mehr Eigenverantwortung ist heute auch erforderlich, um weiterhin und neuerlich Solidarität zu ermöglichen. Eigenverantwortung und die Verantwortung für andere und das

Gemeinwesen müssen im Zusammenhang gesehen werden. Das heißt aber auch: Der Staat darf sich nicht aus seiner Verantwortung stehlen. Er muss darum bemüht sein, die Eigenverantwortung der Bürger und den Aufbau von neuen Solidaritätsformen zu stärken. In diesem Sinne plädiere ich für einen kraftvollen Staat, der verlässliche Rahmenbedingungen setzt, für ein Gemeinwesen, das jedem eine Chance gibt.

Der Wirtschaftsnobelpreisträger Amartya Sen, von dem zu Beginn des zweiten Kapitels die Rede war, hat ein ganz ähnliches Gerechtigkeitsverständnis. Für Sen bemisst sich der »Gerechtigkeitsgrad« einer Gesellschaft danach, inwieweit ihre Mitglieder die tatsächliche Möglichkeit haben, ein selbstbestimmtes Leben zu führen. Für ihn ist es die primäre Aufgabe sozialstaatlicher Institutionen, diese Möglichkeiten der Menschen zu einem selbstbestimmten Leben und damit deren tatsächliche Freiheit zu erweitern und zu garantieren.

Das entspricht genau der Vorstellung der Katholischen Soziallehre, die die Begriffe der Gerechtigkeit und der Solidarität in engem Zusammenhang mit dem Gemeinwohl sieht. Die Begriffe »soziale Gerechtigkeit« und »Gemeinwohlgerechtigkeit« werden in der Tradition der kirchlichen Soziallehre synonym verwendet, und Solidarität wird verstanden als »die feste und beständige Entschlossenheit, sich für das ›Gemeinwohl‹ einzusetzen« (*Sollicitudo rei socialis* 38). Das Gemeinwohl bezieht sich aber in der Katholischen Soziallehre wie bei Amartya Sen auf die Lebensmöglichkeiten der Menschen. In der Pastoralkonstitution des Zweiten Vatikanischen Konzils heißt es: »Das Gemeinwohl aber begreift in sich die Summe aller jener Bedingungen gesellschaftlichen Lebens, die den Einzelnen, den Familien und gesellschaftlichen Gruppen ihre eigene Vervollkommnung voller und ungehinderter zu erreichen gestatten« (*Gaudium et Spes* 74).

Vor dem Hintergrund dieses Grundgedankens ist heute durchaus ein Umdenken im Bereich der staatlichen Sozialpolitik erforderlich. Die lange Zeit gepflegte Verengung des Verständnisses von Sozialpolitik auf Verteilungspolitik muss revidiert werden, und zwar aus mehreren Gründen. Erstens degradiert eine sich bloß auf Umverteilung konzentrierende Sozialpolitik die Menschen, denen geholfen werden muss, zu rein passiven Empfängern staatlicher Leistungen. Damit wird man der Würde und den wirklichen Bedürfnissen der Menschen aber nicht gerecht. Wer arbeitslos ist, der leidet nicht nur an dem Einkommensverlust, sondern auch an dem Verlust eines sinnvollen Tätigseins und an dem Verlust sozialer Kontakte. Das heißt aber auch, dass sozialpolitische Hilfe für Erwerbslose sich nicht darin erschöpfen darf, den Menschen ein »arbeitsloses« Ersatzeinkommen (Arbeitslosengeld) zu zahlen. Damit wird Unfreiheit nicht beseitigt, sondern allenfalls erträglicher gemacht. Wirkliche Arbeitslosenhilfe muss auch darin bestehen, eine Politik zu betreiben, die darauf gerichtet ist, das Angebot an Arbeitsplätzen zu mehren. Die systematische Eröffnung von Beteiligungschancen auf dem Arbeitsmarkt ist heute eines der wichtigsten Gebote der sozialen Gerechtigkeit – auch weil die Teilhabechancen in vielen anderen Lebensbereichen faktisch an die Erwerbsarbeit geknüpft sind.

Zweitens ist eine sozialpolitische Neuausrichtung erforderlich, weil durch eine auf Umverteilung konzentrierte Sozialpolitik wichtige sozialpolitische Bereiche unterbelichtet wurden, vor allem die Familien-, aber auch die Bildungspolitik als in besonderem Maße zukunftsorientierte Bereiche der Gesellschaftspolitik. Familiengerechtigkeit und Bildungsgerechtigkeit, das sind zwei Schlüsselfragen für die Zukunftsfähigkeit unserer Gesellschaft. Es war bereits die Rede davon, dass Bildungsarmut einer der wichtigsten Gründe für soziale Ausgrenzung in den Wohlstandsgesellschaften ist. Und insgesamt ist eine Gesellschaft offensichtlich dann nicht zukunftsfähig, wenn in ihr auf Dauer zu wenige Kinder geboren werden.

Auch die Familienpolitik darf dabei nicht als bloße Umverteilungspolitik betrieben werden. Das wird den Bedürfnissen junger Familien heute nicht mehr gerecht. Die Förderung der Familie als wichtigste soziale Gemeinschaft des Dialogs, des Unterhalts, des gegenseitigen Beistands und des Zusammenlebens muss als elementare Querschnittsaufgabe aller Politik anerkannt werden. Im Hinblick auf die in unserer Gesellschaft so herausragend wichtige Erwerbsarbeitssphäre bedeutet das: Nicht die Familie muss arbeitsgerecht werden, sondern die Arbeitswelt muss familiengerecht werden. Sonst droht uns eine »im Erwerbsstreben sterbende Gesellschaft«, wie es der ehemalige Bundesverfassungsrichter Paul Kirchhof einmal sehr treffend formuliert hat.

Die Leistungen, die die Familien für unsere Gesellschaft erbringen, müssen endlich anerkannt werden. Und junge Menschen müssen dazu ermutigt und befähigt werden, ihren Familienwunsch zu realisieren. Eine Gesellschaft, die in ihrem System der sozialen Sicherung bis heute die Erziehungsleistung erheblich geringer bewertet als den monetären Beitrag durch Erwerbsarbeit, braucht sich über die davon möglicherweise ausgehenden negativen Anreizwirkungen nicht zu wundern.

Drittens schließlich ist eine Revision der bisherigen Sozialpolitik erforderlich, weil der Staat mit der herkömmlichen Umverteilungspolitik an die Grenzen seiner Möglichkeiten gekommen ist. Hier müssen wir auch an die zukünftigen Generationen denken, auch ihnen schulden wir Solidarität. Die deutsche Staatsverschuldung ist, nimmt man die Verbindlichkeiten von allen öffentlichen Haushalten zusammen, inzwischen auf über 1,5 Billionen Euro angewachsen. Davon entfallen etwa zwei Drittel auf den Bund. Der Zinsdienst ist der zweitgrößte Posten im Bundesetat, er ist viermal so hoch wie die Neuverschuldung. Daran sieht man, wie begrenzt der politische Handlungsspielraum geworden ist.

Aus allen diesen Gründen müssen wir die Prioritäten neu setzen: Nicht mehr allein die Verteilungsgerechtigkeit – die weiterhin ihre Berechtigung hat – kann der Maßstab sein, sondern im Vordergrund muss die Beteiligungsgerechtigkeit stehen. Wer die sozialstaatlichen Instrumentarien darauf ausrichtet, wer also Hilfebedürftigen statt bloße Alimente eine Hilfe zur Selbsthilfe gibt, der sorgt für eine Sozialpolitik, die der Würde des Menschen besser gerecht wird, die zudem den Staat entlastet und einen neuen Anschluss an das Wirtschaftsgeschehen finden kann.

Damit wir uns auch wirklich nicht missverstehen: Ich möchte mit diesen Überlegungen keineswegs nun doch noch in den Chor derer einstimmen, die den traditionellen Sozialstaat schlechtreden. Ich denke, das ist auf den zurückliegenden Seiten auch mehr als deutlich geworden. Wer aber heute jeglichen Reformbedarf abstreitet, wird sich nach meiner festen Überzeugung morgen schon als Totengräber des Sozialen erweisen. Überholte Strategien und Fehlentwicklungen der Vergangenheit müssen korrigiert werden, damit die Substanz eines solidarischen Gemeinwesens erhalten werden kann.

Allein in den deutschen Sozialversicherungen wurden 2006 rund 450 Milliarden Euro umgesetzt; rechnet man alle Sozialleistungen zusammen, dann kommt man auf ein Sozialbudget von rund 700 Milliarden Euro. Das sind knapp 100 Milliarden Euro mehr als das Bruttoinlandsprodukt, das 2006 von Indien mit seinen 1,1 Milliarden Einwohnern erwirtschaftet worden ist. Die Sozialleistungsquote in Deutschland, also das Verhältnis der Sozialausgaben zum bundesdeutschen Bruttoinlandsprodukt, betrug 2006 30,3 Prozent.

Niemand wird angesichts dieser Zahlen ernsthaft bestreiten wollen, dass der deutsche Staat auf dem Gebiet der Sozialpolitik finanziell äußerst engagiert ist. Und der Staat wird ja nicht von irgendwem, sondern von uns, seinen Bürgern, finanziert. Im Jahr 2006 haben die Deutschen nach Berechnungen des Bundes der Steuerzahler durchschnittlich 51 Prozent ihres Einkommens als Steuern und Abgaben an den Staat abgeführt, 2007 sogar rund 53 Prozent, wobei hier allerdings auch die Abgaben an die gesetzliche Sozialversicherung eingerechnet sind. Gemessen am Bruttoinlandsprodukt betrug die Abgabenlast 2006 in Deutschland knapp 40 Prozent. Wenn es trotz dieses Engagements in zunehmendem Maße wieder Armut und soziale Ausgrenzung in unserer Gesellschaft gibt, dann drängt sich die Einsicht der Reformnotwendigkeit doch geradezu auf. Dann muss man sich doch ernsthaft die Frage stellen, ob unsere sozialstaatlichen Institutionen, durch die so viel Geld fließt und die Armut in vielen Fällen trotzdem nicht verhindern können, noch richtig funktionieren.

Auch das ist kein typisch deutsches Problem. Auch in den anderen hochentwickelten Ländern muss man sich diese Frage stellen. Denn überall nimmt der Staat viel Geld in die Hand, und überall tun sich trotzdem immer größere Gerechtigkeitslücken auf. Von den in der Debatte so populären internationalen Vergleichen darf man sich in diesem Punkt nicht ins Bockshorn jagen lassen. Sogenannte »linke« Politiker fordern zum Beispiel gerne so hohe Steuersätze wie in Skandinavien, und sogenannte »Wirtschaftsliberale« wiederum loben immer wieder die Staatsquote der USA als vorbildlich niedrig. Hier versucht man allerdings, uns ein X für ein U vorzumachen. In Deutschland ist die Steuerquote im Vergleich zu Skandinavien relativ niedrig, da die deutschen Sozialversicherungen größtenteils über Beiträge finanziert werden, während das Sozialsystem in den skandinavischen Ländern eben vor allem über Steuern bezahlt wird. In den USA dagegen müssen die Bürger privat vorsorgen. Die entsprechenden Aufwendungen der Amerikaner werden deshalb von den Statistiken auch als private und nicht als staatliche Wirtschaftsaktivität erfasst, fehlen also in der Staatsquote der USA.

Mit vereinfachenden Parolen kommen wir nicht weiter. Unzweifelhaft aber besteht im Zuge der Globalisierung in den alten Industrienationen die Notwendigkeit zu wirtschafts- und sozialpolitischen Anpassungen. Die anhaltend hohe Arbeitslosigkeit und die wachsende Zahl der *working poor* in den hochentwickelten Ländern machen das überdeutlich. Zu den weltwirtschaftlichen Veränderungen und ihren sozialen Folgen auf dem Arbeitsmarkt kommen der demographische Wandel und die Aushöhlung der traditionellen Solidaritätsformen wie der Familie. Alle diese Umstände erfordern grundlegende Veränderungen der sozialstaatlichen Instrumente, der sozialen Sicherungssysteme und auch des Steuersystems. Aber ich bin leidenschaftlich der Überzeugung, dass wir in diesem Anpassungsprozess den Weg des sozialen Ausgleichs nicht verlassen dürfen.

Mein sozialethisches Denken ist von der kirchlichen Soziallehre geprägt, die seit jeher Solidarität und Subsidiarität gleichermaßen als »Baugesetze der Gesellschaft« (Nell-Breuning) versteht. Das ist für mich nach wie vor ein guter, menschenfreundlicher und vernünftiger Ansatz. Einerseits werden Kreativität, Eigenverantwortung und die Freiheit der Menschen und damit auch der Markt und die Wettbewerbsordnung bejaht. Aber es werden auch solidarische gesellschaftliche Strukturen und ein starker, dem Gemeinwohl verpflichteter Staat gefordert.

Was mir vor dem Hintergrund dieses Denkens vorschwebt, ist eine *solidarische Marktordnung*. Ich möchte in diesem Zusammenhang noch einmal Papst Johannes Paul II. zitieren, diesen großen »Sozialpapst«. Er wendet sich in seiner Enzyklika *Centesimus annus* von 1991 ganz entschieden gegen jene Anarchokapitalisten, »die für einen völligen Verzicht auf Ordnungsnormen im Bereich der Wirtschaft eintreten«. Gerade auch mit Blick auf die Bedeutung der Wirtschaft für das Gemeinwohl, für die Erwerbsarbeit der Menschen schreibt er: »Ja, der Staat hat die Pflicht, die Tätigkeit der Unternehmen dahingehend zu unterstützen, dass er Bedingungen für die Sicherstellung von Arbeitsgelegenheiten schafft. Er muss die Tätigkeit dort, wo sie sich als unzureichend erweist, anregen bzw. ihr in Augenblicken der Krise unter die Arme greifen.«

Aber Johannes Paul II. spricht von *Unterstützung*, nicht von Bevormundung oder gar Steuerung. Er war ein großer Freund und Verteidiger der Freiheit, auch der wirtschaftlichen Freiheit des Menschen. Interventionen des Staates, »die durch dringende, vom Gemeinwohl geforderte Gründe gerechtfertigt sind«, müssen seiner Ansicht nach daher »zeitlich möglichst begrenzt sein, um nicht den genannten Bereichen und Unternehmenssystemen die ihnen eigenen Kompetenzen auf Dauer zu entziehen und nicht den Umfang der staatlichen Intervention übermäßig auszuweiten. Dies wäre sowohl für die wirtschaftliche wie für die bürgerliche Freiheit schädlich.«

Johannes Paul II. möchte deshalb – ganz im Sinne des oben zitierten Gutachtens von 1955 (Höffner u. a) – einen Sozialstaat, der im Dienst der Menschenwürde und der Beteiligungsgerechtigkeit steht. Aber er möchte nicht den Versorgungsstaat, der, wie Wilhelm Röpke es einmal formuliert hat, dem »Ideal der komfortablen Stallfütterung« entspricht und den mündigen Bürger zum »schweifwedelnden Haustier« herabwürdigt.

Der Papst betont: Auch auf dem Gebiet der Sozialpolitik »muss das *Subsidiaritätsprinzip* gelten: Eine übergeordnete Gesellschaft darf nicht in das innere Leben einer untergeordneten Gesellschaft dadurch eingreifen, dass sie diese ihrer Kompetenzen beraubt. Sie soll sie im Notfall unterstützen und ihr dazu helfen, ihr eigenes Handeln mit dem der anderen gesellschaftlichen Kräfte im Hinblick auf das Gemeinwohl abzustimmen. Der Wohlfahrtsstaat, der direkt eingreift und die Gesellschaft ihrer Verantwortung beraubt, löst den Verlust an menschlicher Energie und das Aufblähen der Staatsapparate aus, die mehr von bürokratischer Logik als von dem Bemühen beherrscht werden, den Empfängern zu dienen; Hand in Hand damit geht eine ungeheure Ausgabensteigerung« (*Centesimus annus* 48).

Im christlichen Menschenbild ist der Mensch sowohl eigenverantwortliches Individuum als auch mit seinen Mitmenschen solidarisch verbundener Teil der Gesellschaft. Der Mensch kann deshalb seine äußere Freiheit nie für sich alleine erreichen, sondern nur im Verein mit seinen Mitmenschen. Aus diesem Grund muss der gegenwärtige Reformprozess den Prinzipien der Subsidiarität und Solidarität auch gleichermaßen Rechnung tragen.

Eine solche grundlegende Reformpolitik kann sich allerdings nicht auf eine bloße Umgestaltung der Institutionen und Veränderung der Verfahrensweisen beschränken, sondern sie muss auch von einem Wandel der Mentalitäten begleitet werden. Veränderungen beginnen in den Köpfen. Wir alle müssen dazu beitragen, mentale Blockaden überwinden zu helfen. Wir deutschen Bischöfe sprechen deshalb in unserem Impulstext *Das Soziale neu denken* aus dem Jahr 2003 auch von einer »Entwicklungspolitik für ein entwickeltes Land«, »wohlweislich«, wie Bundespräsident Horst Köhler, diesen Text aufgreifend, in seiner Antrittsrede am 1. Juli 2004 vor dem Deutschen Bundestag konkretisierend gesagt hat, »Entwicklung, nicht Abriss oder Abbau, Entwicklung als Umbau«.

Nach dem Prinzip der Beteiligungsgerechtigkeit muss bei der Fortentwicklung der solidarischen gesellschaftlichen Strukturen und Institutionen die Sorge um die bislang von aktiver Teilnahme Ausgeschlossenen und an den Rand Gedrängten unserer Gesellschaft im Zentrum der Aufmerksamkeit stehen. Gemäß der *Option für die Armen* muss gefragt werden, wie vor allem ihre Situation nachhaltig verbessert werden kann. Und ich möchte noch einmal ganz klar sagen: Es geht dabei nicht nur um ökonomische Existenzsicherung, also die rechtliche Garantie eines sozialen Minimums. Sondern es geht darum zu erreichen, dass jeder Mensch in unserer Gesellschaft, wirklich jede und jeder Einzelne, die tatsächliche Chance erhält, in einer sozial anerkannten Rolle aktiv an dem Leben dieser Gesellschaft teilzunehmen und zu ihrem Gedeihen etwas beizutragen. Deswegen stehe ich auch den Konzepten eines »Grundeinkommens ohne Arbeit« skeptisch gegenüber.

Neben der Familienpolitik muss deshalb die Beseitigung der nach wie vor herrschenden Massenarbeitslosigkeit weiterhin ganz oben auf der sozialpolitischen Agenda stehen. Weil in der europäischen Diskussion bei dem Thema der Bekämpfung der Arbeitslosigkeit die USA immer wieder als leuchtendes Beispiel herhalten müssen, will ich aber auch ganz klar sagen: Das US-amerikanische Modell der arbeitenden Armen (*working poor*) ist keineswegs besser als das europäische Modell der arbeitslosen Armen. Auf beiden Seiten des Atlantiks besteht gerade im Hinblick auf den Arbeitsmarkt nach wie vor dringender Handlungsbedarf!

Wenn wir nicht den Mut und die Kraft aufbringen, diesen Handlungsbedarf zu erkennen, zu benennen und das Notwendige zu tun, wenn alles so bleibt, wie es ist, werden gerade die Schwächsten unserer Gesellschaft die Leidtragenden sein. Wenn Systeme sozialer Sicherheit und Solidarität nicht mehr tragen, wird dies gerade für jene zum existenziellen Problem, die wirklich auf Hilfe angewiesen sind.

Mir ist natürlich klar, dass im Hinblick auf die notwendigen Veränderungen das von mir in diesem Kapitel skizzierte Modell der Beteiligungsgerechtigkeit nicht so konkret ist, dass bestimmte Reformschritte aus diesem unmittelbar abgeleitet werden könnten. Aber dieses Modell bietet einen ethischen und auch politischen Maßstab, an dem konkrete Politik sich orientieren und an dem sie auch gemessen werden kann. Und damit dieser ethische Maßstab nicht ins Leere läuft und die bloße »Gerechtigkeitsrhetorik« durch eine »Teilhaberhetorik« ergänzt wird, haben wir deutschen Bischöfe in unserem Text »Das Soziale neu denken« einen Vorschlag gemacht: Wir fordern einen »Sozialstaats-TÜV«, der die Aufgabe haben soll, die soziale Entwicklung im Land kontinuierlich zu beobachten bzw. zu bewerten und die Regierung in sozialpolitischen Fragen zu beraten. In Deutschland gibt es die fünf »Wirtschaftsweisen«, den Sachverständigenrat zur Begutachtung der gesamtwirtschaftlichen Entwicklung, der einen jährlichen Bericht zur ökonomischen Lage der Nation abliefert und Verbesserungsvorschläge macht. Der »Sozialstaats-TÜV« sollte als Gremium unabhängiger Experten eine ähnliche Aufgabe für den Bereich des Sozialen haben. Wirtschaftliche Stabilität ist unbestreitbar wichtig, soziale Stabilität ist aber mindestens genauso wichtig. Und da sollte uns auch in Zeiten klammer öffentlicher Kassen guter Rat nicht zu teuer sein.

VI

Die Karten neu verteilen
Arbeit, Bildung, Familie

Die Aktienkurse haben ein dauerhaft hohes Niveau erreicht.« – »Ich erwarte, dass die Kurse in wenigen Monaten noch ein gutes Stück höher stehen werden als heute.« Diese Sätze stammen von Irving Fisher, einem der Star-Ökonomen seiner Zeit. Nur wenige Wochen nachdem er sie gesagt hatte, war Fisher allerdings nicht nur blamiert, sondern auch noch bankrott. Er hatte sein gesamtes Vermögen bei dem Zusammenbruch der New Yorker Börse Ende Oktober 1929 verloren. Am 24. Oktober, dem *Schwarzen Donnerstag*, erlebte die Wall Street einen noch nie dagewesenen Kurssturz. Bei uns spricht man vom *Schwarzen Freitag*, weil die Nachrichten von den Kursverlusten in New York nach Börsenschluss in Europa eintrafen und sich so erst am folgenden Tag auswirken konnten.

Irving Fisher konnte sich den Crash nicht erklären. »Der Markt brach ein, weil er einbrach«, analysierte er. Ganz so war es natürlich nicht. Der Grund für den Zusammenbruch war, dass eine gigantische Spekulationsblase zerplatzte, die sich über Jahre hinweg von einer Art kollektivem Realitätsverlust der Anleger genährt hatte. In dem Wirtschaftsboom der Zwanziger Jahre hatte es ein regelrechtes Aktienfieber gegeben. John J. Raskob, Direktor von General Motors, hatte in einem Artikel für ein populäres Journal geschrieben, dass die Börse jedem Amerikaner die Möglichkeit biete, ein eigenes Vermögen zu machen. Raskob schrieb, dass seiner

Meinung nach jeder »nicht nur reich werden kann, sondern dazu auch verpflichtet ist«. Solche Verheißungen vom schnellen Geld ließen Zigtausende Menschen jegliche Vorsicht vergessen. Sie nahmen bei ihren Banken Kredite auf, um sich Aktien kaufen zu können. Man schätzt, dass am Ende mehr als zehn Prozent der Aktien auf Pump gekauft waren.

Eine Zeitlang ging diese Rechnung auf. Die Kursgewinne an der Börse übertrafen die für die Kredite zu zahlenden Zinsen deutlich. Doch Ende Oktober 1929 brachen die Angst aus und die Kurse ein. Einige Anleger bekamen kalte Füße und verkauften ihre Aktienpakete. Sie lösten eine Kettenreaktion aus.

Aus der Angst einiger wurde binnen weniger Stunden die Panik vieler, und aus der Panik vieler wurde noch schneller eine Massenhysterie. Die Kurse an der New Yorker Börse fielen ins Bodenlose, und sie rissen die gesamte Weltwirtschaft mit in den Abgrund. Es begann eine jahrelange wirtschaftliche Depression. Von 381 Punkten Anfang September 1929 fiel der Dow Jones Index bis zum Sommer 1932 auf 41 Punkte. 90 Prozent des Marktvolumens waren vernichtet worden. Erst 25 Jahre später, Ende 1954, erreichte der Dow Jones Index wieder den Höchststand von 1929.

Der wirtschaftliche Zusammenbruch hatte dramatische soziale Folgen. 1932/33 waren etwa 15 Millionen Amerikaner im erwerbsfähigen Alter arbeitslos, was einer Arbeitslosenquote von über 25 Prozent entsprach. Anders als ihre Schicksalsgenossen in den meisten europäischen Ländern, denen zumindest vorübergehend eine geringe Arbeitslosenhilfe zustand, erhielten die amerikanischen Erwerbslosen jedoch keinerlei staatliche Fürsorgeleistungen. Übrigens: In Deutschland war die Arbeitslosenversicherung 1927 unter der Verantwortung eines katholischen Priesters eingeführt worden: Heinrich Brauns, der von 1920-28 Reichsarbeitsminister war.

Die amerikanischen Opfer der Weltwirtschaftskrise waren jedoch auf die kommunale Armenhilfe und auf private Mildtätigkeit verwiesen. In den Städten bildeten sich täglich lange Schlangen vor den von Kirchengemeinden und karitativen Organisationen betriebenen Suppenküchen. Auch auf dem Land war die Lage dramatisch. Im mittleren Westen und Südwesten brach die Landwirtschaft weitgehend zusammen, und Hunderttausende Menschen zogen als Wanderarbeiter aus Oklahoma, Colorado, Kansas und New Mexico nach Kalifornien, wo sie zu einem Hungerlohn arbeiten und in Obdachlosenunterkünften hausen mussten. Die Atmosphäre dieser Zeit hat John Steinbeck in seinen Romanen *Von Mäusen und Menschen* und *Früchte des Zorns* in beklemmender Dichte festgehalten.

Der damalige amerikanische Präsident Herbert Hoover, der seinen Wählern 1928 noch den endgültigen Sieg über die Armut versprochen hatte, stand der Krise hilflos gegenüber. Zumindest war das der Eindruck von Millionen amerikanischer Familien, die sich ihrer Existenzgrundlage beraubt sahen. Hoover hörte auch nach dem Börsencrash noch auf die Phantastereien von Wirtschaftsgurus wie Irving Fisher und vertraute trotz des katastrophalen Ausmaßes der Depression weitgehend auf die »Selbstheilungskräfte« des Marktes. Wie Reichskanzler Brüning in Deutschland betrieb er eine um Haushaltskonsolidierung bemühte Sparpolitik, was die Deflationsspirale vorantrieb und damit die soziale Lage noch weiter verschärfte. Zum politischen Verhängnis wurde Hoover aber vor allem, dass die notleidenden Menschen den Eindruck hatten, ihrem Präsidenten mangele es an jeglichem Mitleid oder auch nur Verständnis für ihre Ängste und Sorgen. Die an den Stadträndern errichteten Barackenlager für Arbeitslose und Obdachlose wurden bald *Hoovervilles* getauft.

Wir in Europa, insbesondere wir in Deutschland, wissen allerdings, dass das bisweilen von Hoover gezeichnete Bild eines herzlosen Technokraten so nicht stimmt. Nach dem Ersten Weltkrieg und noch einmal nach dem Zweiten Weltkrieg organisierte er maßgeblich den Kampf gegen den Hunger im notleidenden Europa. Hoover setzte sich in Washington dafür ein, dass trotz der Verbrechen der Nazis auch den Menschen in Deutschland geholfen wurde. Viele Ältere bei uns erinnern sich noch an die »Hooverspeisung«, die sie als Kinder in der Nachkriegszeit vor dem Hungertod bewahrt hat.

Hoover war in moralischer Hinsicht ein integrer Mensch, aber seine kompromisslose Gesellschaftsideologie von dem, wie er es selbst ausdrückte, *rugged individualism*, also einem schroffen, rauhen Individualismus, hatte sich zur Zeit seiner Präsidentschaft längst überlebt, und die Weltwirtschaftskrise machte das für alle offensichtlich. Die Amerikaner glaubten nicht mehr an die Botschaft ihres Präsidenten. Und sie fingen an, auch den Glauben an sich selbst zu verlieren, an den *American Way of Life*.

Auf dem Höhepunkt der Wirtschaftskrise, im Juli 1932, versprach Franklin D. Roosevelt bei seiner Nominierung zum Gegenkandidaten von Hoover für die anstehenden Präsidentschaftswahlen den Amerikanern eine Politik des *New Deal*. Wörtlich übersetzt heißt das: Neuverteilung der Spielkarten. Gemeint war, dass die sozialen Verwirklichungschancen wieder neu und gerechter verteilt werden sollten. Roosevelt wusste zu diesem Zeitpunkt wohl selbst noch nicht hundertprozentig, wie dieser *New Deal* aussehen sollte, er hatte noch kein inhaltlich ausgearbeitetes Programm. Aber es war eine Formel geboren, die den Amerikanern neue Hoffnung gab, die ihrem tief empfundenen Wunsch nach mehr sozialer Gerechtigkeit entgegenkam und die Roosevelt mit einem Erdrutschsieg ins Weiße Haus brachte.

Mit Roosevelts Amtsantritt wurde Washington aus seiner Schockstarre herausgerissen. Der Kongress überließ dem neuen Präsidenten die Initiative, der auch prompt ein atemberaubendes Reformtempo an den Tag legte. Die bekannte Rede von den »ersten hundert Tagen« geht auf die damalige Regierung zurück. Die Maßnahmen des *New Deal* bezogen sich auf alle Wirtschafts- und Sozialbereiche.

Es geht mir hier aber nicht darum, die einzelnen dieser Reformen genauer in den Blick zu nehmen oder gar zu bewerten. Roosevelt war ein Pionier auf dem Gebiet der modernen Wirtschafts- und Sozialpolitik, und als solcher konnte er gar nicht alles richtig machen. Aus heutiger Sicht würde man sicher vieles anders und auch besser machen können. Aber das Entscheidende war, dass die Politik des *New Deal* den Menschen das Gefühl gab, dass die Regierung sie auf einem verrückt spielenden Markt nicht einfach ihrem Schicksal überließ. Hier liegt auch der Grund dafür, dass es in den USA, anders als in Europa, zu keinem Zeitpunkt der Weltwirtschaftskrise zu einer ernsthaften Gefahr für den Bestand der freiheitlichen politischen und wirtschaftlichen Ordnung kam, dass insbesondere auch die in der Kommunistischen Partei der USA versammelten Epigonen meines Namensvetters immer eine völlig unbedeutende politische Splittergruppe geblieben sind.

Ich bin der festen Überzeugung, dass wir auch heute einen solchen politischen Aufbruch benötigen. Wir brauchen einen *New Deal*, eine Neuverteilung der Karten! Wir brauchen einen neuen »Gesellschaftsvertrag«.

Ganz ähnlich hat es vor kurzem der Bundesverfassungsrichter Udo Di Fabio geschrieben: »Heute haben sich viele Proportionen verschoben, und damit stellt sich die Frage neu, was wir einander schulden und was Gegenseitigkeit unter geänderten Bedingungen wohl sein kann« (Di Fabio 2008, 32).

Denn auch heute fühlen sich viele Menschen den anonymen Kräften des globalen Marktes hilflos ausgeliefert, und es verbreitet sich die Meinung, dass es nicht mehr gerecht zugeht in Wirtschaft und Gesellschaft. Leider reagierten viele Politiker auf diese Ängste noch vor kurzem wie seinerzeit Herbert Hoover: Sie zuckten mit den Achseln und beschworen das Vertrauen in den Markt. Das war aber schon vor achtzig Jahren der falsche Weg gewesen. Wer möchte, dass die Menschen weiterhin der Marktwirtschaft vertrauen, muss sich ihrer Sorgen und Ängste annehmen. Die Leute haben ja nicht irgendwelche diffusen Beklemmungsgefühle, sondern nehmen die wachsenden volkswirtschaftlichen Probleme wahr und spüren jeden Tag auch ganz persönlich, dass das soziale Klima rauher wird.

Die internationale Finanzmarktkrise, die im Verlauf des Sommers 2008 Dimensionen angenommen hat, die noch vor kurzem niemand für möglich gehalten hätte, scheint jedoch zu einem Umdenken zu führen. Selbst in den USA, wo die Politik jahrzehntelang ein schon fast blindes Vertrauen in die Wall Street hatte, versprechen beide Präsidentschaftskandidaten, Barack Obama und John McCain, inzwischen eine Reform des amerikanischen Finanzsystems und neue Überwachungs- und Regulierungsstrukturen für die Wall Street. Taumelnde Banken und Versicherungen, die sich bei ihren spekulativen Geschäften völlig verkalkuliert haben und nun in Existenznöten sind, strecken überall ihre Hände hilfesuchend nach den Regierungen aus. Auch Deutsche-Bank-Chef Josef Ackermann verkündete, er glaube angesichts der Dimension der Krise nicht an die Selbstheilungskräfte des Marktes, und forderte die Regierungen zu »mutigen Schritten« zur Stabilisierung des Systems auf.

Das sind ganz neue Töne, nachdem man in den letzten zehn, zwanzig Jahren jegliche Form von »Staatsinterventionismus« kritisiert und die Politik aufgefordert hatte, sich endlich aus der Wirtschaft herauszuhalten, von der sie einfach nichts verstehe. Angesichts des unglaublichen, nahezu kollektiven Versagens der hochbezahlten Manager der Finanzindustrie, das zu der wohl größten Krise seit der großen Depression der 1930er Jahre geführt hat, wird uns jedoch abermals deutlich: Ohne den Staat geht es nicht. Ich hoffe, dass das nicht so schnell vergessen werden wird, wenn die derzeitige Krise erst einmal überwunden ist. Ich hoffe, dass vor allem auch in den USA die Einsicht reift, dass die Globalisierung der Märkte von einer durchdachten Ordnungspolitik begleitet werden muss.

In der Finanzmarktkrise haben sich Regierungen in aller Welt dazu entschlossen, strauchelnden Banken und Versicherungen mit Milliardenzahlungen aus Steuergeldern beizustehen und sie vor dem Konkurs zu bewahren. Das hat auch viele kapitalkräftige private Investoren vor empfindlichen Verlusten bewahrt.

Solche ökonomischen Krisen erzeugen weltweit Schlagzeilen und schaffen es leicht auf die Titelseiten und gewinnen Aufmerksamkeit. Nicht weniger dramatisch und bedrohlich ist die Situation für einen einzelnen Menschen in seiner ökonomischen Krise. Wer es trotz aller Anstrengungen nicht schafft, aus der Arbeitslosigkeit zu entkommen, wer schon in der Schule das Gefühl vermittelt bekommt, von dieser Gesellschaft nicht gebraucht zu werden, wer hart arbeitet, aber mit seinem Gehalt die Familie nicht mehr ernähren kann, der hat doch allen Grund, an unserem Wirtschafts- und Sozialsystem zu zweifeln.

Auch hier müssen endlich befriedigende politische Antworten gefunden werden, und zwar – ich wiederhole mich – aus moralischen Gründen, aber auch aus Klugheitserwägungen: Wenn wir nicht wollen, dass die aus unserer Wohlstandsgesellschaft Ausgeschlossenen irgendwann auf die Barrikaden gehen, dann müssen wir die sozialen Ausschlussmechanismen bekämpfen. Dann brauchen wir einen *New Deal*, bei dem die bisher zu kurz Gekommenen bessere Karten, sprich: wirkliche soziale Beteiligungschancen bekommen.

Anders als zu Zeiten Roosevelts sind die USA in dieser Frage heute leider kein gutes Vorbild. Im Jahr 2006 waren rund 7,5 Millionen Amerikaner arbeitslos, was einer Arbeitslosenquote von rund fünf Prozent entspricht. Im Sommer 2008 ist die US-Arbeitslosenquote im Zuge der Subprime-Krise sogar auf knapp sechs Prozent gestiegen.

Ich habe es bereits gesagt: Das sind im Vergleich zu den meisten europäischen Ländern bessere Zahlen; viel besser, wie immer wieder behauptet wird, sind sie aber nicht; und gut sind sie schon überhaupt nicht – vor allem, wenn man bedenkt, dass der »Erfolg« auf dem Arbeitsmarkt durch Millionen *working poor* teuer erkauft wird.

Was es bedeutet, in den USA arbeitslos zu sein oder zu den *working poor* zu gehören, dazu gibt es auch noch andere Zahlen: Laut einem Bericht des amerikanischen Landwirtschaftsministeriums aus dem Jahr 2006 leiden 35 Millionen Amerikaner unter »Nahrungsmittelunsicherheit«. Das heißt: Diese Menschen haben zumindest zeitweise nicht genug zu essen. Das sind elf Prozent aller US-Bürger. Besonders betroffen sind alleinerziehende Mütter. Jede dritte von ihnen muss sich das Essen für ihre Kinder buchstäblich vom Munde absparen. Bei fast einem Drittel aller Betroffenen ist das Essen derart knapp, dass die Regierung von »sehr geringer Nahrungsmittelsicherheit« spricht, offensichtlich der Verwaltungsfachbegriff für *Hunger*. Eine andere Zahl: Mehr als 47 Millionen Amerikaner, darunter 8 Millionen Kinder, haben keine Krankenversicherung.

Um es mit aller Deutlichkeit zu sagen: Die angeblich so glänzenden, tatsächlich aber auch nicht so viel besseren amerikanischen Arbeitsmarktzahlen sind nach meinem Dafürhalten nichts wert, wenn Millionen Arbeitnehmer in den

USA nicht genug Geld verdienen, um sich und ihre Familien krankenversichern oder auch nur ausreichend ernähren zu können!

Auch wenn die amerikanische Arbeitsmarktpolitik kein Vorbild sein kann, sondern selbst dringend ethische und ordnungspolitische Nachhilfe benötigt: Ich bleibe dabei, dass in einer Gesellschaft wie der unseren die Bekämpfung der Arbeitslosigkeit von herausragender Wichtigkeit ist. Denn wir leben nach wie vor in einer ausgesprochenen Arbeitsgesellschaft, in der die materielle Versorgung und die soziale Anerkennung maßgeblich vom Zugang der Menschen zur Erwerbsarbeit abhängen.

Im Verlauf des Jahres 2007 sind die Arbeitslosenzahlen in Deutschland erfreulicherweise deutlich zurückgegangen: Im Jahresdurchschnitt waren nach der offiziellen Statistik rund 3,7 Millionen Menschen erwerbslos, so wenige wie seit vielen Jahren nicht mehr. Dieser positive Trend hat sich 2008 fortgesetzt: Im Juli 2008 waren 3,2 Millionen Menschen arbeitslos. Das ist eine gute Entwicklung, aber noch lange kein befriedigender Zustand. Immerhin beträgt die Arbeitslosenquote damit immer noch 7,7 Prozent. Und in dieser Statistik ist die sogenannte »stille Reserve« ja gar nicht enthalten, also diejenigen, die zwar Arbeit suchen, aber nicht statistisch erfasst werden. Dazu gehören zum Beispiel viele, die sich aus Scham oder Resignation gar nicht erst bei der Arbeitsagentur melden und als arbeitsuchend registrieren lassen, und dazu gehören auch alle, die in Qualifizierungs- und Arbeitsbeschaffungsmaßnahmen sind. Werden diese »verdeckt« Arbeitslosen zu den offiziellen Zahlen hinzuaddiert, dann sind vermutlich auch heute noch fünf Millionen Menschen arbeitslos.

Wenn wir zudem bedenken, dass mit jedem Arbeitslosen auch andere Menschen verbunden sind, besonders die Familienangehörigen, dann erkennen wir das nach wie vor bestehende dramatische Ausmaß des Problems. Hier ist über Jahrzehnte eine Situation entstanden, die einer demokratischen und wirtschaftlich starken Gesellschaft unwürdig ist. Noch einmal: Bei der Suche nach Arbeit geht es ja nicht nur um die Möglichkeit, Geld zu verdienen. Es geht auch darum, dass Menschen, die etwas beitragen wollen, erfahren, dass sie gebraucht werden.

Arbeit gehört zum menschlichen Leben; sie ist mit Anerkennung und Teilhabe verbunden. Und deswegen ist die Massenarbeitslosigkeit nicht nur ein ökonomisches, sondern ein gesellschaftliches Problem, ein Skandal, der nicht hinnehmbar ist. Auch angesichts aktuell positiver Entwicklungen auf dem Arbeitsmarkt gilt deshalb weiterhin das, was im Gemeinsamen Wort der Evangelischen und der Katholischen Kirche zur wirtschaftlichen und sozialen Lage in Deutschland aus dem Jahre 1997 gesagt wurde: »Tiefe Risse gehen durch unser Land: vor allem der von der Massenarbeitslosigkeit hervorgerufene Riss, aber auch der wachsende Riss zwischen Wohlstand und Armut oder der noch längst nicht geschlossene Riss zwischen Ost und West« (Ziffer 2).

Im Gemeinsamen Wort heißt es weiter: »Die katastrophale Lage auf dem Arbeitsmarkt ist weder für die betroffenen Menschen noch für den sozialen Rechtsstaat hinnehmbar« (Ziffer 49). Aber bis jetzt waren alle Bemühungen zur Bekämpfung der Massenarbeitslosigkeit letztlich erfolglos. Eine dauerhafte Trendwende, ein wirklicher Durchbruch ist bislang nicht gelungen. Wir brauchen deshalb neue Initiativen, ein neues »Bündnis für Arbeit«, das alle Verantwortlichen zusammenführt. Sicher gab es eine ganze Reihe von Reformbemühungen in den letzten Jahren. Aber das Ziel wurde nicht erreicht, und deshalb bedarf es weiterer Anstrengungen, die allerdings einen Grundkonsens in den Zielen voraussetzen. So wichtig dabei die wirtschaftliche Vernunft ist, sie allein wird nicht helfen, zu einer gesamtgesellschaftlichen Anstrengung zu kommen, die dem Prinzip der Solidarität genügt.

»Auch in Zukunft wird die Gesellschaft dadurch geprägt sein, dass die Erwerbsarbeit für die meisten Menschen den bei weitem wichtigsten Zugang zu eigener Lebensvorsorge und zur Teilhabe am gesellschaftlichen Leben schafft. In einer solchen Gesellschaft wird der Anspruch der Menschen auf Lebens-, Entfaltungs- und Beteiligungschancen zu einem Menschenrecht auf Arbeit. Wenngleich dieses ethisch begründete Anrecht auf Erwerbsarbeit nicht zu einem individuell einklagbaren Anspruch werden kann, verpflichtet es die Träger der Wirtschafts-, Arbeitsmarkt-, Tarif- und Sozialpolitik, größtmögliche Anstrengungen zu unternehmen, um die Beteiligung an der Erwerbsarbeit zu gewährleisten«, so noch einmal der Text der Evangelischen und der Katholischen Kirche. Und zu dem Problem der *working poor* wird klargestellt: »Dabei geht es um mehr als entlohnte Beschäftigung. Vielmehr muss die Entlohnung in Verbindung mit den staatlichen Steuern, Abgaben und Transfers auch ein den kulturellen Standards gemäßes Leben ermöglichen« (Ziffer 151).

Es gibt sicher nicht den einen Königsweg zur Überwindung der Arbeitslosigkeit. Dazu ist das Phänomen zu komplex, dafür sind die Gründe für die Veränderung unserer Arbeitsgesellschaft zu vielfältig. Wie tief greifend dieser Wandel in den letzten Jahrzehnten war, lässt sich schon an ganz alltäglichen Beobachtungen wahrnehmen. In meiner westfälischen Heimat zum Beispiel gibt es wie überall in Deutschland eine ganze Reihe mittelständischer Betriebe mit einigen dutzend Mitarbeitern. Ich kann mich noch gut daran erinnern, dass es in meiner Kindheit und Jugend in diesen Betrieben immer jemanden gab, der so »mitlief«, der das Werkzeug sortierte, die Hecken schnitt und den Hof fegte. Damit wir uns hier richtig verstehen: Ich will das keinesfalls romantisieren, auch die damalige Arbeitswelt hatte ihre Schattenseiten. Ich denke da zum Beispiel daran, dass es gerade in ländlichen Gegenden noch in den fünfziger und sechziger Jahren heute undenkbare Arbeitsverhältnisse gab, wo ein »Knecht« auf dem Bauernhof für kärgliche Kost und Logis den ganzen Tag hart arbeiten musste. Dass es so etwas inzwischen nicht mehr gibt, ist gut so.

Aber mit den manchmal entwürdigenden Lohn- und Arbeitsbedingungen für solche Hilfsarbeiter hat man inzwischen die Hilfsarbeiter selbst weitgehend abgeschafft. Sie sind schon lange von den Betriebshöfen verschwunden – nicht nur in Westfalen, sondern überall. Das Verschwinden dieses Mitarbeitertyps ist seinerzeit das erste Anzeichen einer tiefgreifenden Veränderung unserer Wirtschafts- und Arbeitsgesellschaft gewesen – einer Veränderung, die vor allem zu Lasten der Arbeitnehmer gegangen ist und die inzwischen bis weit in die gesellschaftliche Mittelschicht hinein soziale Ängste erzeugt.

Und diese Ängste sind ja keineswegs unbegründet. Auch eine noch so gute berufliche Qualifikation hilft nicht, wenn der wirtschaftliche Wandel eine ganze Branche und damit häufig eine ganze Wirtschaftsregion in ihrer Existenz bedroht. Man denke nur an den Niedergang des Bergbaus und der Bergbauregionen in unserem Land, etwa im Ruhrgebiet oder auch im Saarland.

Angesichts der Komplexität und Vielgestaltigkeit der Probleme müssen viele Wege und Initiativen in Gang gebracht oder neu angeregt werden, auch gerade im Blick auf die spezifischen Situationen der Arbeitslosen in strukturschwachen Gegenden, der sogenannten »Geringqualifizierten«, der Älteren und der Jugendlichen, die noch Ausbildung suchen. Wir werden Unterstützungssysteme und kompetente Träger brauchen, die Menschen begleiten, ermutigen, qualifizieren und Übergänge in den Arbeitsmarkt erleichtern. Gerade in diesem Bereich tun wir als Kirche bereits viel und werden das auch weiterhin tun.

Aber auch das wird nicht reichen. Wir werden nicht für alle, die arbeiten wollen, weltmarktkompatible Arbeitsplätze schaffen können. Aber wir brauchen eine Gesellschaft, in der jede und jeder eine Chance bekommt. Wenn die Wirtschaft nicht genügend Arbeitsplätze schaffen kann, brauchen wir deshalb öffentlich geförderte Modelle, die in solidarischer Verbundenheit Arbeit ermöglichen. Wir müssen ein System aufbauen, das wirtschaftliche Effizienz ermöglicht und Verarmung ausschließt. Ein Gemeinwesen, das dies nicht im Blick behält, ist unmenschlich.

Sechs Jahre war ich Bischof von Trier. Dort hatte bereits mein Vorgänger, Bischof Hermann-Josef Spital, 1983 die *Aktion Arbeit* ins Leben gerufen. Ich habe diese wichtige Initiative fortgeführt und ausgebaut. Im Laufe der Jahre konnte die *Aktion Arbeit* mit Hilfe von Spendengeldern Beratungsstellen für Arbeitslose einrichten und sich an Beschäftigungs- bzw. Qualifizierungsmaßnahmen beteiligen. 25 Jahre Erfahrung in diesem Bereich haben uns aber feststellen lassen, dass die Bemühungen allzu oft ins Leere laufen.

Viele der Menschen, die die *Aktion Arbeit* unterstützt, können später einen regulären Arbeitsplatz erlangen. Aber wir haben auch festgestellt, dass für viele andere eine Integration in den Ersten Arbeitsmarkt zumindest in absehbarer Zeit nicht möglich ist, weil trotz aller Maßnahmen und trotz allen Bemühens der Betroffenen ihre Leistungsfähigkeit – aus welchen Gründen auch immer – nicht ausreicht, um sich auf dem freien Arbeitsmarkt zu behaupten.

Qualifizierungsmaßnahmen mit einem Drehtüreffekt in die Sozialhilfe sind allerdings für die Betroffenen entwürdigend und auch für die Helfer demotivierend. Außerdem machen sie volkswirtschaftlich keinen Sinn, belasten nur die öffentlichen Haushalte und damit den Steuerzahler.

Auch der durch die Hartz-Gesetze auf die Erwerbslosen verstärkt ausgeübte wirtschaftliche Druck und die 2007/08 boomende Konjunktur haben nichts daran ändern können, dass es weiterhin (Stand: Juli 2008) mehr als eine Million sogenannte »Langzeitarbeitlose« gibt, also Menschen, die länger als ein Jahr ohne Beschäftigung sind. Mehr als 600 000 der Betroffenen sind sogar bereits länger als zwei Jahre arbeitslos.

Diese frustrierenden Erfahrungen haben die *Aktion Arbeit* Anfang 2007 dazu veranlasst, die Initiative zu ergreifen und mit einem Diskussionspapier an Experten und Akteure des Arbeitsmarktes und der Arbeitsmarktpolitik heranzutreten. Auf dessen Grundlage fanden offene und intensive Gespräche mit Vertretern der Gewerkschaften, der Kammern, der Wissenschaft, der Politik und der Agentur für Arbeit statt.

Als eine meiner letzten Amtshandlungen als Bischof von Trier konnte ich der Öffentlichkeit Anfang 2008 noch das Ergebnis dieses Konsultations- und Dialogprozesses vorstellen: ein Positionspapier zur Arbeitsmarktpolitik.

Darin wirbt die *Aktion Arbeit* für eine Neubelebung des sogenannten Dritten Arbeitsmarktes. Entsprechend dem Subsidiaritätsprinzip soll dieser aber nur eine Auffangfunktion haben. Das Konzept, das ich hier nur kurz skizziere, ist dreiteilig:

1. Wo reelle Chancen bestehen, steht auch nach unserem Vorschlag die Vermittlung in nicht geförderte Stellen (Erster Arbeitsmarkt) im Vordergrund. Wo keine staatliche Einflussnahme erforderlich ist, sollte sie auch nicht stattfinden.

2. Bei Menschen, die beim Übergang von der Arbeitslosigkeit in ein reguläres Beschäftigungsverhältnis Schwierigkeiten haben, soll über einen Zweiten Arbeitsmarkt mit Ver-

mittlungs- bzw. Qualifizierungsmaßnahmen, die Marktfähigkeit kurzfristig wiederhergestellt werden.

3. Langzeitarbeitslose ohne absehbare Vermittlungsaussichten sollen nicht mehr aus dem Arbeitsleben ausgegrenzt werden. Ihnen gegenüber ist der Staat moralisch verpflichtet, durch einen öffentlich unterstützten Dritten Arbeitsmarkt eine dauerhafte Teilhabe am Arbeitsleben zu ermöglichen.

Die Grundidee ist, dass es sinnvoller und vor allem auch gegenüber den Betroffenen verantwortlicher ist, Arbeit statt Arbeitslosigkeit zu subventionieren. Was die konkrete Ausgestaltung angeht, kann man von den Erfahrungen mit dem Integrations-Arbeitsmarkt für behinderte Menschen profitieren, wie er vom Sozialgesetzbuch vorgesehen ist. In diesem Bereich zeigt sich auch, dass es sehr wohl möglich ist – wenn der entsprechende politische Wille vorhanden ist –, selbst Menschen mit zum Teil ganz erheblichen und multiplen Leistungshemmnissen in Arbeitsabläufe zu integrieren. Umso mehr muss es doch möglich sein, auch Menschen mit weniger tiefgreifenden Leistungshemmnissen an der Arbeitsgesellschaft zu beteiligen.

Ein solcher Dritter Arbeitsmarkt sollte freilich mit ordnungspolitischer Vernunft ins Werk gesetzt und ausgestaltet werden. Deshalb sollte die öffentlich geförderte Beschäftigung auch für gewerbliche Unternehmen geöffnet sein und möglichst viel Markt auf dem Dritten Arbeitsmarkt herrschen. Das heißt, dass die Betroffenen aus einem Angebot von Maßnahmen und Arbeitgebern auswählen können sollten. Wird eine Arbeitsaufnahme verweigert, sollte der Fallmanager der Arbeitsagentur im Einzelfall über Sanktionen entscheiden.

Ein ausreichendes Angebot an Stellen kann ebenfalls durch marktkonforme Mittel erreicht werden. Es gibt verschiedene

Möglichkeiten, wie man für erwerbswirtschaftlich orientierte Arbeitgeber Anreize schaffen kann, sich hier zu beteiligen. Wir haben in dem Trierer Papier konkret vorgeschlagen: einen Investitionszuschuss zur Anschubfinanzierung von Integrationsarbeitsplätzen, einen Minderleistungsausgleich in Form von laufenden Lohnkostenzuschüssen und die Finanzierung der sozialpädagogischen Betreuung, die nach unserer Erfahrung bei der Reintegration von Langzeitarbeitslosen in die Arbeitswelt regelmäßig notwendig ist.

Das alles würde natürlich bei über 600 000 Langzeitarbeitslosen als potenziellen Leistungsempfängern eine Menge Geld kosten, aber die heutige sozialstaatliche Alimentierung von deren Arbeitslosigkeit kostet nicht weniger. Ein großer Teil des Geldes würde in dem neuen Modell zudem in Form von Subventionen an die sich beteiligenden Unternehmen fließen und damit zu produktivem Kapital. Die Subventionierung der gewerblichen Wirtschaft erfolgt in Deutschland ohnehin in großem Stil. Laut dem Subventionsbericht der Bundesregierung haben gewerbliche Unternehmen im Jahr 2007 12,3 Milliarden Euro Subventionen erhalten. Es gibt keinen vernünftigen Grund, weswegen die aus ethischer Sicht höchst dringliche Reintegration von Langzeitarbeitslosen in das Arbeitsleben nicht subventioniert werden sollte.

Berechnungen zur Finanzierung unseres Vorschlags lassen sogar einen positiven gesamtfiskalischen Effekt erwarten, weil den Kosten Einsparungen beim Arbeitslosengeld II und Mehreinnahmen bei den Steuern und Sozialabgaben gegenüberstehen. Und dabei sind noch gar nicht die verdeckten Kosten der Arbeitslosigkeit berücksichtigt: Langzeitarbeitslose erkranken beispielsweise signifikant häufiger als ihre Mitmenschen. Auch das Problem der Schwarzarbeit, durch das dem Staat jedes Jahr zig Milliarden Euro an Steuern und Abgaben entgehen, würde deutlich gemildert, wenn es »Sozialstaats-Trittbrettfahrern« nicht mehr möglich wäre, Arbeitslosengeld II zu kassieren und sich gleichzeitig schwarz so viel dazuzuverdienen, dass sie am Ende mehr haben als so mancher ehrliche Arbeitnehmer.

Damit möchte ich es aber bewenden lassen, was das Programm der *Aktion Arbeit* im Bistum Trier angeht. Ich habe es an dieser Stelle so breit dargelegt, weil mir das damit verbundene Anliegen ganz besonders am Herzen liegt. Ich würde mir sehr wünschen, dass über dieses Anliegen eine öffentliche Debatte in Gang kommt und die Politik hier tätig wird.

Ich glaube nicht, dass unser Trierer Vorschlag der Weisheit letzter Schluss ist. Aber wir wollten im Interesse der Abgehängten und Vergessenen unserer modernen Arbeitsgesellschaft eine Debatte in Gang bringen. Das ist in diesem Bereich die Aufgabe der Kirche. Und hier ist auch in unserem reichen Land die Rede von der christlichen *Option für die Armen* am Platze. Denn unsere heutige Soziale Frage dreht sich weniger um materielle Not als um die wachsende Zahl derer, die aus dem gesellschaftlichen Leben ausgeschlossen sind.

Natürlich ist es aus volkswirtschaftlicher und auch aus sozialethischer Sicht wünschenswert, den Bereich öffentlich geförderter Erwerbsarbeit möglichst klein zu halten. Besser ist es, die Menschen ausreichend dafür zu qualifizieren, dass sie sich aus eigenen Kräften auf dem Arbeitsmarkt behaupten können.

Wenn knapp 10 Prozent oder gar wie in den USA 30 Prozent eines Jahrgangs die Schule ohne Abschluss verlassen, dann sind die Probleme auf dem Arbeitsmarkt und die sozialen Verwerfungen in der Gesellschaft bereits vorprogrammiert. Wir dürfen nicht zulassen, dass in dieser Weise schon Kinder ausgegrenzt und zu Verlierern abgestempelt werden. Bildung ist ein Schicksalsthema – für die Zukunft jedes Einzelnen, aber auch für die Zukunft unserer Gesellschaft insgesamt. Auch hierbei geht es aber nicht nur um den materiellen Aspekt, dass Bildung und Ausbildung dazu befähigen, später gutes Geld zu verdienen.

Bildung ist ein »Grundnahrungsmittel«. Und das gilt gleich in mehrfacher Hinsicht. Bildung dient zunächst der individuellen Entfaltung. Von Geburt an sind wir mit der Fähigkeit begabt, zu lernen, uns weiter zu entwickeln, zu den Menschen zu werden, die wir letztlich sein wollen und die wir von Gott her sein können und sollen.

Zweitens, und das ist für mich natürlich ein entscheidender Punkt, der auf das engste mit dem ersten verknüpft ist: Bildung dient der Entfaltung des Menschen auch in einer religiösen Perspektive. Aus der Bindung zu Gott, der religio, erwächst dem Menschen die Erkenntnis von Würde und Freiheit. Das ist aber zugleich Gabe und Aufgabe, denn die menschliche Entfaltung ist ja nicht abgeschlossen mit der Geburt, sondern braucht lebenslange Aufmerksamkeit und Entwicklung. Der Mensch steht als Geschöpf Gottes vor der Herausforderung, sein Leben aktiv und verantwortlich zu gestalten. Die Befähigung und Ermächtigung, um dieser Herausforderung gerecht werden zu können, ist eine vorrangige Aufgabe von Bildung.

Zum Dritten dient Bildung der sozialen Entfaltung: Wir sind soziale Wesen, die sich erst in Beziehung mit anderen voll entfalten. Diese Angewiesenheit auf andere spiegelt sich auch in der Bildung wider. Wir bilden uns ja nicht selbst, sondern wir brauchen ein Gegenüber, um Bildung zu erlangen. Dieses Gegenüber erstreckt sich zudem weit über die Grenzen unseres Lebens; auch unsere Geschichte, unsere Tradition und unsere Zukunft bilden uns.

Erst als vierten Punkt würde ich nennen, dass Bildung auch der ökonomischen Entfaltung des Einzelnen und der Gesellschaft dient. Mit dieser Reihenfolge möchte ich der heute verbreiteten Tendenz entgegentreten, Bildung nur unter wirtschaftlichen Verwertungsgesichtspunkten zu betrachten. Ein in dieser Weise rein funktionales Verständnis von Bildung hatte übrigens auch mein Namensvetter Karl. Wir dürfen nicht vergessen: produktive Arbeit dient nach seiner Auffassung ja der Selbsterzeugung des Menschen. Deshalb vertritt Karl Marx einen »technischen Humanismus«, in dem Bildung in allen ihren Facetten eine funktionale Rückbezogenheit zur Arbeitswelt hat.

Ich halte es hier lieber mit Wilhelm von Humboldt, der Bildung grundlegend unter dem Aspekt der Zweckfreiheit, des Selbstzwecks betrachtet hat. Humboldt und der Humanismus stehen insoweit ganz in der Tradition des jüdisch-christlichen Bildungsideals, das bereits in der Bibel deutlich erkennbar ist. Bildung dient nach diesem Verständnis nicht primär äußeren Zwecken, sondern der inneren Menschwerdung. In der Geschichte der Menschheit war die Kirche deshalb auch der stärkste Bildungsträger.

Ich möchte an diesem christlich-humanistischen Bildungsideal festhalten. Kinder sollen in die Schule gehen, um reife, verantwortliche Menschen zu werden und nicht um möglichst früh effiziente Funktionsträger in unseren zweckrationalen gesellschaftlichen Institutionen zu werden.

Zur Bildung gehört auch Sport, gehört auch Bildung des Herzens, gehören Musik, Literatur und Kunst – und vor allem Muße. Kinder – und nicht nur sie – müssen auch einmal die Zeit und die Welt um sich herum vergessen dürfen. Wie sollen sie sonst kreativ und erfinderisch werden?

Mir wird angst und bange, wenn ich Bildungsstrategen am Werk sehe, deren »Bildungsvision« sich darin erschöpft, die Kinder in immer kürzerer Zeit mit immer mehr (sozial-) technischem Wissen auszustatten. Ich möchte noch einmal an die *Dialektik der Aufklärung* erinnern, in der Theodor W. Adorno und Max Horkheimer 1944 in beklemmender Dichte die Folgen eines so im Sinne einer rein instrumentellen

Rationalität verengten Vernunft- und Bildungsbegriffs beschrieben haben.

Das Beste, was Bildung leisten kann, ist Menschen in klaren Werthaltungen zu verwurzeln, sie zu beziehungsfähigen, innerlich reichen Persönlichkeiten zu bilden. Solche Persönlichkeiten können dann auch Verantwortung übernehmen und nicht bloß einen »Job« ausfüllen.

Ich habe Sorge, dass diese Perspektive heute zu kurz kommt. In den bildungspolitischen Diskussionen der letzten Zeit wird Bildung oftmals nur noch unter wirtschaftlichen Kategorien betrachtet. Da wird mit Begriffen wie Effizienz, Leistungssteigerung, Humankapital, Arbeitsmarktkompatibilität usw. operiert. Bei aller Wichtigkeit und Bedeutsamkeit ökonomischer Aspekte in der Bildungsfrage greift diese Sicht aber viel zu kurz. Bildungsökonomie alleine reicht nicht aus, um zu einer nachhaltigen Reform der Bildung zu kommen. Es bedarf mindestens ebenso sehr einer Bildungsethik.

Der einseitig-ökonomistische Blick auf das Thema Bildung hat vor allem einen Aspekt weitgehend aus dem öffentlichen Bewusstsein verdrängt: Bildung braucht Zeit. Der Markt aber hat keine Zeit. Der Wettbewerb ruft Beschleunigung hervor, die seit Beginn der Industrialisierung beharrlich angestiegen ist. Durch die modernen sozialen Kommunikationsmittel und die Globalisierung haben wir inzwischen in nahezu allen Lebensbereichen ein atemberaubendes Tempo erreicht. Einem so geprägten Zeitalter der Beschleunigung kann sich auch das Bildungssystem nur schwer entziehen. Für das Programm einer Bildung als Selbstzweck bleibt scheinbar keine Zeit mehr. Aber Bildung funktioniert nun mal nicht nach dem Modell des »Nürnberger Trichters«.

Leo J. O'Donovan, damals noch Präsident der Georgetown-Universität in Washington, hat beim Bildungskongress der Kirchen im Jahr 2000 in Berlin einen sehr interessanten Vortrag zu diesem Thema gehalten. Er empfahl als unterbrechenden Hebel die Religion, die sich nicht auf Funktionalität beschränken lässt und in ihrem Bezug auf Gott, der außerhalb aller Funktionalisierung liegt, der zunehmenden Beschleunigung eine Grenze setzt. Für die nachhaltige Reform der Bildung ist eine Aufhebung des Nutzenkalküls notwendig. Jenseits aller Kosten-Nutzen-Fragen, jenseits von Funktionalität und Zielgerichtetheit brauchen wir eine Bildung und ein »Lernen für die lange Dauer«, nicht nur für den Moment. Das bezieht sich zunächst auf den Erwerb von Basiswissen und von Schlüsselkompetenzen. Dazu gehört zunächst einmal und vor allem auch, »das Lernen zu lernen« (O'Donovan 2000, 13).

Gegen die funktionalistische Engführung eines rein ökonomistischen Denkens setzt O'Donovan die Tradition des jüdisch-christlichen Erbes, wie sie sich im Gebot der Sabbatruhe vom Beginn der Schöpfung an zeigt. Der Sabbat beziehungsweise der Sonntag ist der Ruhetag Gottes, und erst recht soll es der Ruhetag des Menschen sein. In dieser scheinbar so unnützen Funktion hat der Sonntag einen tiefen Sinn. In der Unterbrechung der alltäglichen Geschäftigkeit liegt für den Menschen die Möglichkeit, zu sich selbst zu finden und sich in der Hinwendung zu Gott selbst zu überschreiten.

Der Philosoph Robert Spaemann hat den Wert des religiösen Unterbrechers Sonntag vor dem Hintergrund der Diskussion über unbegrenzte Ladenöffnungszeiten und Produktion am Wochenende einmal sehr treffend skizziert: »Die Frage: ›Was kostet uns der Sonntag?‹ oder ›Wie viel wollen wir ihn uns höchstens kosten lassen?‹ ist eine heimtückische Frage, die selbst schon der entscheidende Anschlag auf den Sonntag ist. Der Sonntag ist nämlich gerade dadurch Sonntag, dass er nichts kostet und – im ökonomischen Sinne – nichts bringt. Die Frage, was sein Schutz als arbeitsfreier Tag kostet, setzt nämlich voraus, dass wir gedanklich den Sonntag bereits in einen Arbeitstag verwandelt haben und dann den Ertrag berechnen, den wir verlieren, wenn wir auf diesen Arbeitstag verzichten. Aber ebendiese Rechnung hat bereits den fundamentalen Sinn zerstört, der den Sonntag in den christlichen Ländern, den Samstag bei den Juden und den Freitag im Islam definiert. Dieser Sinn liegt darin, dass der Sonntag nicht Teil des funktionalen Systems unserer Daseinssorge ist. An diesem Tag sind wir nicht Knechte, sondern Herren. Nicht zu etwas gut, sondern einfach da, und alles andere ist gerade gut genug für uns« (Spaemann 2001, 275 f.).

Mit Spaemann, mit O'Donovan möchte ich für Unterbrechungen, die ökonomisch auf den ersten Blick ja nichts bringen, werben – auch im Blick auf den Unterricht in den Schulen. Die scheinbar unnützen Inhalte des Lehrplans – im geisteswissenschaftlichen, musischen, kulturellen und vor allem auch im religiösen Bereich – sind letztlich langfristig von außerordentlich hohem, unverzichtbarem Wert, denn, so O'Donovan: »Eine Wirtschaft, die kurzfristig Geld verdienen muss, schafft es nicht, für all das zu sorgen, was sie langfristig braucht. Deswegen helfen die Schulen und Hochschulen dem Beschäftigungssystem dadurch, dass sie Bildungsinhalte ausweisen, die dem Gedächtnis, der kulturellen Identität und der Erinnerung dienen, die für Kontinuität sorgen. Das Sabbatparadox lehrt, dass Musik-, Kunst- und Literaturunterricht, ja dass im Spezialfall sogar Latein und Griechisch langfristig und aufs Ganze gesehen wegen ihrer übernützlichen Potenzen auch der Wirtschaft nützen. Vielleicht sogar mehr als die Einführung eines Schulfachs Wirtschaftskunde. Solche Sabbatinhalte, Sabbaträume und Sabbatzeiten brauchen wir in unseren Schulen. Sie sind Inseln der Reflexion und der Selbstentfaltung und machen den Horizont weit. Sie nützen langfristig auch dem Beschäftigungssystem. Aber sie nützen vor allem dem Leben« (O'Donovan 2000, 15 f.).

Es braucht in der Schule Räume für soziales Lernen, für Persönlichkeitsbildung und für Wertevermittlung. Dazu dient auch in besonderer Weise der Religionsunterricht, der Dimensionen des Menschseins reflektiert, die im Lehrplan sonst nicht vorkommen. Manche Gegner des Religionsunterrichts meinen, die Schule solle Wissen vermitteln, Glaube dagegen gehöre ausschließlich in die Kirche.

Hier wird aber ein Gegensatz von Wissen und Glaube, von Vernunft und Religion behauptet, der so gar nicht besteht – nicht im Alltag des schulischen Religionsunterrichts und auch ganz grundsätzlich nicht. Schon ein oberflächlicher Blick zeigt, dass Kirche und Theologie sehr daran liegt, Glaube und Vernunft in ein wechselseitig-konstruktives Verhältnis zu stellen. Nirgendwo behauptet die Kirche, Glaube sei die bessere Alternative zu Wissen und Vernunft. Das war schon Reflexionsstand in den ersten Jahrhunderten des Christentums. Letzten Endes setzt der Glaube sogar Wissen voraus. Denn auch im Glauben gibt es rational einholbares Wissen, das allgemein zugänglich ist.

Ein wunderschöner Text zu diesem Thema ist die Enzyklika *Fides et ratio* von Papst Johannes Paul II. aus dem Jahr 1998. In ihr wird die in der Geschichte immer wieder versuchte gewaltsame Trennung von Glaube und Vernunft als ein Drama bezeichnet, das fatale Folgen hatte. Auch heute gibt es gefährliche Fundamentalismen – religiöse und antireligiöse. Dabei können sich Glaube und Vernunft wechselseitig Hilfestellung geben, indem sie füreinander die Funktion kritisch-reinigender Prüfung übernehmen und sich gegenseitig anspornen, auf dem Weg der Wahrheitssuche voranzuschreiten.

Papst Benedikt XVI., damals noch Joseph Kardinal Ratzinger, hat dazu geschrieben: »Als am meisten universale und rationale religiöse Kultur hat sich der christliche Glaube erwiesen, der auch heute der Vernunft jenes Grundgefüge an moralischer Einsicht darbietet, das entweder zu einer gewissen Evidenz führt oder wenigstens einen vernünftigen moralischen Glauben begründet, ohne den eine Gesellschaft nicht bestehen kann« (Ratzinger 2005, 64).

Letztlich geht es um die Frage, ob am Anfang der Schöpfung eine vernünftige, geistige Kraft – man könnte auch sagen, ob zu Beginn der Dinge die Vernunft beziehungsweise das Vernünftige – steht oder nicht. Jeder denkende Mensch nimmt an, dass mathematische Gesetze vernünftig sind; viele behaupten aber gleichzeitig, das Ganze von Welt und Kosmos sei unvernünftig, nämlich sinnlos. Mathematik ist dann sozusagen eine Insel der Vernunft in einem Meer der Unvernunft. Ist das vernünftig? Christlichen Denkern ist das immer suspekt vorgekommen. Mit der Antike – etwa mit Platon und Aristoteles – waren sie der Auffassung, dass die Vernunft grenzenlos und das Grenzenlose (also Gott) vernünftig ist.

Sicherlich lässt sich die These vertreten, dass das Vernünftige ein Zufallsprodukt des Unvernünftigen ist und erst im Laufe der Geschichte hervortritt. Christliche Theologie ist aber überzeugt, dass die schöpferische Kraft der Vernunft am Anfang steht und seit Beginn der Welt wirksam ist. Dadurch, dass ihr ein Primat einzuräumen ist, versteht sich das Christentum von Anfang an als vernunftgeleitete Aufklärung.

Christentum und Aufklärung, Glaube und Vernunft, passen bestens zusammen. Insgesamt, so Ratzinger in seinem Vortrag an der Sorbonne, überzeugt das Christentum »durch die Verbindung des Glaubens mit der Vernunft und durch die Ausrichtung des Handelns auf die Caritas, auf die liebende Fürsorge für die Leidenden, Armen und Schwachen, über alle Standesgrenzen hinweg.« Obschon die Synthese von Vernunft, Glaube und Leben in der Gegenwart scheinbar an Wirkmächtigkeit verloren hat und immer wieder in Zweifel gezogen wird, bleibt sie Kernbestandteil christlicher Tradition.

Zu dieser Tradition gehört ganz fundamental auch der Wert der Gerechtigkeit. Deshalb ist für mich Gerechtigkeit ein zentrales Thema und Ziel von Bildung. Zur vollen Entfaltung des Menschen gehören die Einübung in die Tugend der Gerechtigkeit und die Fähigkeit, Ungerechtigkeiten im Verhalten anderer beziehungsweise in gesellschaftlichen Strukturen wahrzunehmen und zu kritisieren. Aber das Bildungssystem ist natürlich nicht nur der Ort, an dem der Wert der Gerechtigkeit betrachtet und reflektiert, sondern an dem Gerechtigkeit auch verwirklicht werden soll. Gerade von der oben skizzierten Idee der Beteiligungsgerechtigkeit her ergeben sich zwei Forderungen an die Bildungsinstitutionen. Zunächst einmal im Hinblick auf die Bildungsfinanzierung. Die finanziellen Lasten des Bildungssystems müssen gleichermaßen und auf faire Weise auf alle Glieder der Gesellschaft verteilt werden.

Die zweite Dimension betrifft die Bildungsbeteiligung. Die sozialen Verwirklichungschancen des Einzelnen werden zunehmend durch seine Bildungskarriere bestimmt. Deshalb sind die Fragen des Zugangs zu Bildung, des Abbaus von diskriminierenden Eingangsschwellen und Bildungsresistenzen zentrale Zukunftsthemen und Themen der sozialen Gerechtigkeit.

Gerade die Gerechtigkeitsperspektive zeigt auch, wie sehr das Schicksalsthema Bildung mit dem Schicksalsthema Armut verknüpft ist. Materielle Armut und Bildungsarmut stehen in einem engen Zusammenhang. Die Wahrnehmung, dass Armut gleichsam von Generation zu Generation weiter »vererbt« wird, möchte ich vor diesem Hintergrund einmal provozierend umformulieren: Nicht Armut, sondern Bildungschancen werden von den Eltern an die Kinder weitergegeben.

Empirische Studien belegen, dass der Zugang zu höherwertigen Bildungsgängen und -abschlüssen wesentlich durch

Herkunft, Bildungsstand und berufliche Stellung der Eltern bestimmt ist. Entscheidend ist nicht primär das Einkommen, sondern das Bildungsniveau der Eltern. Ein höheres Elterneinkommen kann ein geringeres Bildungsniveau nur begrenzt kompensieren. Die Entscheidung für einen bestimmten Bildungsweg der Kinder hängt stark von eigenen biographischen Erfahrungen ab.

Unsere Gesellschaft steht vor der Grundsatzentscheidung, wie die Zukunft gesichert werden kann. Aus christlicher Perspektive muss die Grundoption lauten: Alle Menschen müssen an der gesellschaftlichen Entwicklung beteiligt sein. Keiner darf verlorengehen. In dem Interviewband *Salz der Erde* hat Kardinal Ratzinger es positiv gewendet so ausgedrückt: »Jedenfalls hat jeder seine Sendung, seine besondere Gabe, keiner ist überflüssig, keiner ist umsonst« (Ratzinger 1996, 44). Das hat auch und vor allem Konsequenzen für den Bildungsbereich. Der Versuch, Armut lediglich mit Geld zu bekämpfen, ist nicht erfolgreich gewesen. Es kommt heute darauf an, in die Köpfe und Herzen der Menschen zu investieren.

Der enge Zusammenhang von biographischer Herkunft und Bildungschancen macht deutlich, dass Bildungspolitik und Familienpolitik nicht voneinander zu trennen sind. Bildung beginnt in der Familie und wird hier durch Erziehung grundgelegt. Deshalb muss an erster Stelle die Stärkung der Familien stehen.

Die Pastoralkonstitution des Zweiten Vatikanischen Konzils, *Gaudium et Spes*, hat deutlich auf den Zusammenhang von Kultur, Bildung und Familie hingewiesen: »Insbesondere in der Familie, sozusagen der Mutter und Hüterin dieser Erziehung, lernen die Kinder, von Liebe umhegt, leichter die wahre Ordnung der Wirklichkeit; die erprobten Formen der menschlichen Kultur prägen sich gleichsam von selbst dem

Geist der heranwachsenden Jugend ein« (*Gaudium et Spes* 61).

Lebensorientierung, Wertebildung und praktische Alltagsbewältigung sind Vorgänge, die durch die Familie entscheidend gefördert werden. Gerade an diesem Punkt wird deutlich, dass bildungspolitische Überlegungen eng mit Sozialpolitik zusammenhängen. Wer die Herausforderungen einer immer komplexer werdenden Gesellschaft bestehen will, der braucht eine starke Persönlichkeitsstruktur und ein festes Wertefundament, auf dem er stehen kann. Wo sollen sich diese Eigenschaften aber entwickeln, wenn nicht an dem Ort, an dem die Kinder aufwachsen, in den Familien? Die Stärkung der Familien bedeutet eine Stärkung der Persönlichkeiten und Charaktere, was wiederum die Voraussetzung dafür ist, dass die Menschen mehr Eigenverantwortung wahrnehmen können. Anders gesagt: *Familienpolitik ist wie Bildungspolitik vorausschauende Sozialpolitik.* Deshalb ist die Stärkung der Familien für unser Gemeinwesen auch ökonomisch lebensnotwendig.

Auch Karl Marx war übrigens der Auffassung, die Familie sei der wichtigste Ort der Wertevermittlung. Insofern war für ihn die Familie aber auch eine konservative Institution, einer der tragenden Stützpfeiler der bürgerlich-kapitalistischen Gesellschaftsordnung, die er bekämpft hat. »Aufhebung der Familie!« – das war deshalb eine der zentralen Forderungen der Marxisten und einer der Punkte, in dem die Kirche von Anfang an auf klaren Konfrontationskurs mit Kommunisten und Sozialisten gegangen ist.

Freilich hatte Marx Recht, wenn er sagte, dass es den Arbeitern unter den sozialen Bedingungen der Frühindustrialisierung ohnehin unmöglich war, ein auch nur annähernd normales Familienleben zu führen. Aber dann wird wiederum deutlich, dass mein Namensvetter eine ganz andere Lösung für die Soziale Frage anstrebte als die Kirche. Die Kirche wollte durch Sozialreformen nicht nur die Rechte der Arbeiter stärken, sondern auch die Familie stützen. Karl Marx hingegen wollte nach einer Revolution in der kommunistischen Gesellschaft nicht nur eine neue gesellschaftliche Produktionsweise etablieren, sondern auch einen neuen Menschen und völlig neue Formen des menschlichen Zusammenlebens schaffen. Er selbst blieb in diesem Punkt noch vage, einige neomarxistische »Achtundsechziger« hatten bekanntlich ihre eigene Interpretation dieser marxschen Lehre.

Es ist jedenfalls bemerkenswert, dass nicht nur der Marxismus, sondern auch alle totalitären Ideologien des 20. Jahrhunderts – Kommunismus, Faschismus, Nationalsozialismus – sich gegen die Familie gewendet haben und andere Gemeinschaften, das Proletariat oder die Volksgemeinschaft, zur allein maßgeblichen Größe erklärten. Die Kirche wandte sich – wie die Geschichte gezeigt hat, völlig zu Recht – von Anfang an entschieden gegen solche Verirrungen. Für die Katholische Soziallehre ist die Familie eine naturrechtliche Institution, sie gehört zum vollen Menschsein.

Bereits in der ersten Sozialenzyklika, *Rerum novarum* von 1891, stellte Papst Leo XIII. mit Blick auf die Missachtung der Familie durch marxistische, kapitalistische und etatistische Ideologien fest: »Die Familie, die häusliche Gesellschaft, ist eine wahre Gesellschaft mit allen Rechten derselben, so klein immerhin diese Gesellschaft sich darstellt; sie ist älter als jegliches andere Gemeinwesen, und deshalb besitzt sie unabhängig vom Staate ihre innewohnenden Rechte und Pflichten« (*Rerum novarum* 9).

Es ist wichtig, diese Tatsache auch heute wieder in Erinnerung zu rufen. Vor wenigen Jahren hat ein prominenter deutscher Politiker für den Staat die »Lufthoheit über den Kinderbetten« reklamiert. Solche Anmaßungen sind völlig inakzeptabel. Denn: »Pflege und Erziehung der Kinder sind das natürliche Recht der Eltern und die zuvörderst ihnen obliegende Pflicht.« Das ist kein Zitat aus dem Katechismus der katholischen Kirche, sondern aus dem deutschen Grundgesetz, und damit ist auch die Orientierung für das politische Handeln klargestellt.

Natürlich gibt es Fälle des Elternversagens, mitunter auch ganz furchtbare, bei denen der Staat im Interesse des Kindeswohls eingreifen muss. Aber das rechtfertigt nicht, den Eltern grundsätzlich in ihrer Erziehungskompetenz zu misstrauen und staatlichen Betreuungseinrichtungen einen Vorrang einzuräumen. Wenn mir Politiker in Ballungsräumen sagen, dass viele Eltern ihre ureigensten Aufgaben nicht mehr wahrnehmen, dann erschreckt mich das. Aber dann muss man sich fragen, welche Gründe es dafür gibt, und den Familien im Sinne einer Hilfe zur Selbsthilfe unterstützend unter die Arme greifen, aber nicht gleich das Kind mit dem Bade ausschütten und die Eltern durch den Staat ersetzen.

Ein Staat ist auf Zukunft hin nur lebensfähig, wenn es in ihm genügend vitale Familien gibt. Diese Ressource an Leben kann der Staat nicht herstellen, er baut vielmehr auf ihr auf. Der freiheitliche Staat gibt sein Schicksal gleichsam in die Hand der Familie – und das nicht nur, weil die Familien den Nachwuchs hervorbringen, ohne den ein Staat offensichtlich nicht fortbestehen kann. In der Familie reifen Kinder auch zu den gefestigten Charakteren heran, auf die gerade der freiheitliche Staat und die liberale Gesellschaft angewiesen sind. Der Staatsrechtler Paul Kirchhof hat diesen Zusammenhang in einem 2002 vor der *Joseph-Höffner-Gesellschaft* gehaltenen Vortrag prägnant zusammengefasst: »Ohne Familie gibt es keine wirksame Erziehung, ohne Erziehung keine Persönlichkeit, ohne Persönlichkeit keine Freiheit.«

Angesichts dieses Befundes ist es extrem besorgniserregend, dass Deutschland seit nunmehr 30 Jahren eine dramatisch niedrige Geburtenrate aufweist. Noch einmal ein Zitat von Professor Kirchhof aus besagtem Vortrag: »Deutschland ist eines der ärmsten Länder der Welt. In der Armutsstatistik steht unser Land im Vergleich unter 191 Staaten an 180., also einer der letzten Stellen. Entwicklungshilfe ist nicht zu erwarten. Ich spreche von der Kinderarmut, nicht von unserem Kapitalreichtum, dessen Glanz bald verblassen wird, wenn wir nicht mehr wissen, an wen wir unseren Reichtum weitergeben sollen.«

Mit seinem warnenden Appell war Kirchhof bei der Höffner-Gesellschaft übrigens an der richtigen Stelle. Denn der Kölner Kardinal hatte als einer der Ersten, nämlich schon Anfang der siebziger Jahre, vor den Folgen gewarnt, wenn in Deutschland auf Dauer »mehr Särge als Wiegen« gezählt werden müssen.

Leider sind die Mahnungen Höffners seinerzeit nicht gehört worden. Aber auch heute, wo die dramatischen Folgen des demographischen Wandels sich allmählich herumgesprochen haben sollten, hat sich wenig geändert. Nach wie vor gelten Kinder vielfach als bloßes »Privatvergnügen« und die familienpolitischen Leistungen des Staates als Subventionen von Familien. Es geht aber darum, endlich anzuerkennen, dass die Aufwendungen für Kinder der Allgemeinheit zugute kommen.

Familienpolitik ist eine wichtige Form der Zukunftsvorsorge. Hätte man auf weitsichtige Köpfe gehört, die das schon vor über 50 Jahren gesagt haben, so wären wir vermutlich nie in die prekäre Lage gekommen, in der wir heute sind. Ich habe bereits oben geschrieben, dass der Kieler Sozialwissenschaftler Gerhard Mackenroth schon 1952 gefordert hat, den Familienlastenausgleich als die »sozialpolitische Großaufgabe des 20. Jahrhunderts« anzupacken. Die Politik hat das versäumt, und nun kriegen wir im 21. Jahrhundert ernste Probleme. Mackenroth sagte, der Familienlastenausgleich sei seiner Ansicht nach »der einzig sozial sinnvolle Lastenausgleich, denn sein Richtmaß ist nicht vergangener Verlust, sondern eine gegenwärtige Leistung, deren Lasten ausgeglichen werden sollen: Die Lasten für das Aufbringen der jungen Generation, ohne die kein Volk und keine Kultur ihre Werte erhalten und tradieren können, müssen gerecht verteilt werden, so dass das Volk nicht durch eine falsche Verteilung dieser Lasten seinen Bestand gefährdet« (Mackenroth 1952/57, 61).

In der Familienpolitik darf es aber nicht um die Bevormundung, sondern es muss um die *Befähigung* von Menschen gehen, Familie sein zu können. Davon wird in der Politik inzwischen viel geredet, aber gehandelt wird immer noch zu wenig. Man hat jahrzehntelang tatenlos zugesehen, wie immer mehr Familien in die Armut abgerutscht sind: In den letzten 40 Jahren ist in Deutschland der Anteil der Familien, die von staatlichen Transferzahlungen abhängig sind, von 1,5 auf 20 Prozent gestiegen.

Der Grund hierfür ist, dass viele in Staat und Gesellschaft heute immer noch nach jenem Motto handeln, das Friedrich List (1789–1846), einer der ersten großen deutschen Wirtschaftstheoretiker, bereits vor über 150 Jahren seinen Zeitgenossen vorgeworfen hat: »Wer Schweine erzieht, ist ein produktives, wer Menschen erzieht, ein unproduktives Mitglied der Gesellschaft.« Das ist hart formuliert, aber in unserer Sozialordnung gibt es eine systematische Benachteiligung von Familien. Hier klafft keine Gerechtigkeitslücke, sondern ein ganzer Gerechtigkeitsabgrund. Statt die Leistungen von Familien für Staat und Gesellschaft im Steuer- und Sozialsystem in angemessener Weise zu berücksichtigen, werden insbesondere kinderreiche Familien zu Empfängern staatlicher Almosen degradiert. Kinder sind heute in Deutschland ein Armutsrisiko. Das ist ein zutiefst beschämender Befund.

Nehmen wir nur die Rentenversicherung: Die Leute, die in die Sozialversicherungssysteme einzahlen und Kinder haben, leisten einen doppelten Beitrag. Im Vergleich zu den

Rentenansprüchen der Kinderlosen wird ihr zusätzlicher Beitrag – nämlich die Pflege und Erziehung der Kinder, die künftig Beitragszahler sein werden – aber nicht ausreichend berücksichtigt. Diese Leistung wird *sozialisiert*, während die unterschiedlichen finanziellen Beiträge dem einzelnen Beitragszahler zugeordnet, also *privatisiert* werden.

Das Bundesverfassungsgericht hat, federführend war dabei der damalige Verfassungsrichter Paul Kirchhof, den Gesetzgeber bereits mehrfach dazu ermahnt, diesen Missstand in unserem Sozialversicherungssystem zu beseitigen. Abgesehen von äußerst zaghaften, mehr oder weniger kosmetischen Korrekturen ist aber nichts passiert. Ich frage mich: Wie sollen wir das eigentlich Kindern und Jugendlichen erklären, die wir zu rechtstreuen Bürgern erziehen wollen? Der Staat wird von den Verfassungsrichtern dazu aufgefordert, einen Missstand zu beseitigen – und die Politiker tun das einfach nicht. Was wir endlich brauchen, ist ein wirklicher sozialversicherungsinterner Familienleistungsausgleich. Das ist ein Gebot der Gerechtigkeit.

Es geht nicht darum, Familien etwas zuzuschanzen. Wir reden hier nicht von einer Kaffeetafel, an der um das letzte Stück Torte gestritten wird. Hier geht es um die Beseitigung eines Unrechts, das seit über 50 Jahren besteht und das – im Zusammenspiel mit anderen Benachteiligungen der Familien in den verschiedensten Bereichen – auch im Hinblick auf die demographische Entwicklung offensichtlich nicht ohne Folgen geblieben ist.

Weil uns als Kirche die Frage der Familiengerechtigkeit ein ganz besonderes Anliegen ist, haben wir von der Kommission für gesellschaftliche und soziale Fragen der Deutschen Bischofskonferenz ein Gutachten zu einer familiengerechten Reform der gesetzlichen Rentenversicherung in Auftrag gegeben, das von dem Ökonomen Jörg Althammer ausgearbeitet und 2006 vorgestellt wurde.

Professor Althammer kommt zu dem Fazit: »Ein familiengerechtes System der sozialen Alterssicherung würde die Erziehungsleistung deutlich stärker berücksichtigen, als das bislang der Fall ist. Um ungerechtfertigte Ungleichbehandlungen zu vermeiden, sollte jede Geburt – unabhängig vom Zeitpunkt der Geburt, von der Höhe des Einkommens der Eltern und von der Erwerbsbiographie der Erziehungsperson – einen einheitlichen und unbedingten Rentenanspruch auslösen. Gemessen an dieser Anforderung erweist sich der rentenversicherungsinterne Familienleistungsausgleich als hochgradig defizitär und reformbedürftig. [...] Als besonders problematisch erweist sich die Tatsache, dass ein Anspruch auf Kinderberücksichtigungszeit i.d.R. die Erwerbstätigkeit der Erziehungsperson voraussetzt. Damit ist diese Maßnahme weder ein Element des Familienleistungs- noch des Familienlastenausgleichs.«

Im Rahmen seines Gutachtens hat Professor Althammer ein Modell vorgeschlagen, das die Defizite des heutigen Systems beseitigen würde. Er schlägt einen eigenständigen Rentenanspruch für jede Erziehungsperson vor, der sich am externen Effekt der Erziehungsleistung für die Rentenversicherung bemisst. Außerdem plädiert er für eine Anhebung der anrechnungsfähigen Zeiten der Kindererziehung.

Wie schon bei dem Trierer Vorschlag zur Arbeitsmarktpolitik kann ich an dieser Stelle nicht weiter in die Details einsteigen. Auch fehlt an dieser Stelle der Raum, noch andere Benachteiligungen von Familien, Eltern und ihren Kindern genauer in den Blick zu nehmen. Leider gibt es in unserer Gesellschaft noch eine ganze Reihe solcher Benachteiligungen.

Aber auch bei der Frage der Familiengerechtigkeit würde ich mir wünschen, dass ein Gerechtigkeitsdefizit in unserer Gesellschaft endlich mehr wahrgenommen und von der Politik entschlossener angepackt wird. Es geht dabei nicht darum, eine Art »Strafsteuer« für Kinderlose einzuführen. Wenn ich mir unser heutiges Steuer- und Sozialsystem anschaue, dann sind es vielmehr die Eltern, die eine »Strafsteuer« auf ihre Kinder entrichten. Kindergeld, Elterngeld und die Kinderfreibeträge bei der Einkommensteuer gleichen bei weitem nicht die Unterhaltsleistungen aus, die Eltern für ihre Kinder erbringen. Und die immer weiter steigenden Verbrauchssteuern und kommunalen Abgaben belasten auch vor allem die Familien.

Politisch muss es deshalb zunächst einmal um den konsequenten Abbau der bestehenden finanziellen Benachteiligungen und Diskriminierungen von Familien gehen. In einem zweiten Schritt sind auch Maßnahmen zu einer direkten Stärkung der Familien nötig. Dazu gehören eine Förderung der Familienbildung und auch eine Verbesserung des Betreuungssystems. Bei dem zuletzt genannten Punkt möchte ich aber, dass die Familien selbst die »Lufthoheit« behalten. Es geht also zunächst einmal darum, die Eltern finanziell so zu stellen, dass sie wirklich frei sind zu entscheiden, ob sie ihre Kinder bereits nach dem ersten Lebensjahr in eine Betreuungseinrichtung geben oder nicht. Für diejenigen, die das wünschen, soll es entsprechende Einrichtungen mit qualifiziertem Betreuungspersonal geben. Aber auch denjenigen, die sich länger selbst um ihren Nachwuchs kümmern möchten, muss das ermöglicht werden. Und Umfragen zeigen: Das ist nach wie vor die große Mehrheit der Menschen. Ich denke dabei an Frauen und Männer; manchmal wird Teilzeitarbeit für beide gewünscht. Das alles muss ohne riesige Einkommenseinbußen und ohne größere Nachteile in der Erwerbsbiographie möglich sein. Insofern sind auch die Forderungen nach einem angemessenen Betreuungsgeld durchaus vernünftig.

Letztlich geht es um das gesamtgesellschaftliche Klima, das für Familien herrscht. Wenn es im Steuer- und Sozial-

versicherungsrecht ebenso wie im Bereich der Betreuungseinrichtungen und der familienfreundlicheren Ausgestaltung
des Erwerbslebens gelänge, spürbare Verbesserungen für die
Familien zu erzielen, und wenn wir endlich wieder weniger
über die Lasten reden müssten und mehr von den Freuden
eines Lebens mit Kindern sprechen könnten, dann würden
wir ganz gewiss auch erleben, dass sich wieder mehr Menschen für Kinder entscheiden. Zentral scheint mir letztlich,
dass Eltern nach ihren Vorstellungen und den Bedürfnissen
ihrer Kinder Zeiten der Erwerbsarbeit und Zeiten der Fami-
lienarbeit neben- und nacheinander gestalten können. So viel
Freiheit muss sein.

VII

Moral fürs Kapital

Die soziale Verantwortung von Unternehmen

»Völker, hört die Signale! Auf zum letzten Gefecht! Die Internationale erkämpft das Menschenrecht.« Mit diesen Worten haben Sozialisten und Kommunisten mehr als hundert Jahre lang die internationale Arbeiterverbrüderung besungen. 1864 hatte sich unter Federführung von Karl Marx die *Erste Internationale* (eigentlich: *Internationale Arbeiterassoziation, IAA*) als ein Zusammenschluss von Sozialisten aus 13 europäischen Ländern und den USA gegründet. Inzwischen aber haben sich das Lied und die Idee der internationalen Arbeitersolidarität nach verbreiteter Meinung überholt. Denn in der Welt der globalisierten Wirtschaft ist für eine grenzüberschreitende Arbeiterverbrüderung scheinbar kein Platz mehr. Heute stehen nicht nur Unternehmen in Konkurrenz zueinander, sondern auch Wirtschaftsstandorte und mit diesen die jeweils dort arbeitenden Menschen. Die in verschiedenen nationalen Niederlassungen von Weltkonzernen beschäftigten Arbeitnehmer sind heute nicht mehr nur Kollegen, sondern – ohne dass sie das wollen – auch und vor allem Konkurrenten. Wer billiger arbeitet, der hat die Nase vorn; wer zu teuer ist, der wird wegrationalisiert.

Diese bittere Tatsache tritt einer breiten Öffentlichkeit immer wieder dann schmerzlich ins Bewusstsein, wenn ein großes Unternehmen eine Produktionsverlagerung von

Deutschland ins billigere Ausland verkündet und Tausende Arbeitsplätze verlorengehen. Anfang 2008 war es der Nokia-Konzern, der die Schließung seines Werkes in Bochum bekanntgab. Das bedeutete für die 2300 dort beschäftigten Mitarbeiter die Entlassung. Außerdem waren 1000 Leiharbeiter betroffen. Ende Juni 2008 schloss das Bochumer Nokia-Werk endgültig seine Pforten. Die Mehrzahl der ehemals dort Beschäftigten steht nun vor einer ungewissen Zukunft.

Während sich vor den Toren des Bochumer Nokia-Werkes weinende, verzweifelte Menschen zu ohnmächtigem Protest gegen die Entscheidung der Konzernleitung versammelten, war in Rumänien die Freude groß. Dorthin, genauer gesagt: in den Ort Jucu im Landkreis Klausenburg (Cluj) in Siebenbürgen wird nämlich die Bochumer Produktion verlagert. Im Sommer 2007 hat der finnische Handyhersteller dort mit dem Bau einer neuen Fabrik begonnen.

Die rumänische Regierung und der Kreis Klausenburg haben sich die Ansiedlung von Nokia etwas kosten lassen. Das 90 Hektar große Firmengelände wurde dem Unternehmen kostenlos zur Verfügung gestellt. Es ist Teil des neuen Industrieparks *Tetarom III* (*Transilvania Equipment and Technologies made in Romania*), für dessen Erschließung die Regierung in Bukarest 23 Millionen Euro und der Landkreis noch einmal 10 Millionen Euro auf den Tisch gelegt haben. Außerdem hat sich die Regierung verpflichtet, den Flughafen am Ostrand von Cluj auszubauen und bis 2010 zwischen dem »Nokia Village« und der Stadt Cluj eine Autobahn zu errichten.

Die Rumänen sind sich sicher, dass sich diese Investitionen lohnen werden. Nokia hat versprochen, in seine Handyfabrik 60 Millionen Euro zu investieren. In Jucu sollen bis Ende 2008 rund 1000 Menschen für die Herstellung der Mobiltelefone eingestellt werden, bis 2010 sollen es sogar 3500 sein. In dem Industriepark werden sich auch verschiedene

Nokia-Partner ansiedeln, die als Zulieferer des Handyherstellers arbeiten und weitere Stellen schaffen werden. Die Gesamtinvestitionen schätzen die Finnen auf 200 Millionen Euro. Insgesamt hofft der Landrat von Cluj, Marius Nicoara, darauf, dass »Nokia Village« im Großraum Klausenburg für 15 000 neue Arbeitsplätze sorgen wird und irgendwann einmal 100 Millionen Euro jährlich in den rumänischen Steuersäckel gespült werden.

Ich hoffe, dass Landrat Nicoara und seine Mitbürger in einigen Jahren nicht genauso enttäuscht sein werden wie die Menschen in Bochum. Auch die Stadt Bochum und vor allem das Land Nordrhein-Westfalen hatten sich nämlich jahrelang bemüht, dem finnischen Unternehmen alle Wünsche von den Augen abzulesen. In den Jahren 1995 bis 1999 hatte die Landesregierung Nokia rund 60 Millionen Euro Subventionen gezahlt, hinzu kamen noch einmal 28 Millionen vom Bund. Eine an diese Förderung geknüpfte Bindungsfrist zum Erhalt von knapp 3000 Arbeitsplätzen in Bochum lief im September 2006 aus.

Angesichts des Ablaufs der Ereignisse musste man den Eindruck gewinnen, dass die Manager von Nokia nichts anbrennen lassen wollten und frühzeitig dafür sorgten, dass sie schnellstmöglich nach Ablauf dieser Frist das Bochumer Werk abwickeln konnten: Bereits Anfang 2006 hatte der Handyhersteller erste Verhandlungen in Rumänien aufgenommen, im Frühjahr 2007 wurde in Bukarest ein Memorandum über die Errichtung der Produktionsstätte in Siebenbürgen unterzeichnet.[8]

Der nordrhein-westfälische Ministerpräsident Jürgen Rüttgers bezeichnete Nokia angesichts dieses Geschäftsgebarens als »Subventionsheuschrecke«. Das ist sprachlich nicht besonders schön und inhaltlich noch unfreundlicher als der

---

8 Vgl. Frankfurter Allgemeine Zeitung v. 19.1.2008.

Ausdruck »Karawanenkapitalismus«, den Bundesfinanzminister Peer Steinbrück verwendete, aber in der Tat: Es drängte sich der Eindruck auf, dass hier jemand erst Subventionen kassiert hatte und nun Kahlschlag hinterließ.

Die Begründung der Nokia-Sprecherin für die Verlagerung der Produktion von Deutschland nach Rumänien lautete: Die Produktionskosten in Deutschland seien zu hoch, der Standort sei unrentabel und nicht wettbewerbsfähig. Allein die Arbeitskosten seien in Deutschland zehnmal höher als in Rumänien. Wenn man allerdings sieht, dass der Lohnkostenanteil ganze fünf Prozent bei der Handyproduktion ausmacht und Nokia im Jahr 2007 bei einem Umsatz von 51,1 Milliarden Euro einen Rekordgewinn von 7,2 Milliarden Euro gemacht hat, dann kann diese Argumentation kaum überzeugen.

Auch das Werk in Bochum war für das finnische Unternehmen, das mit einem Marktanteil von 40 Prozent unumstrittener Weltmarktführer in der Handybranche ist, keineswegs unrentabel. Es war nicht eine wirtschaftliche Zwangslage, die die Manager veranlasste, das Werk in Bochum dichtzumachen, sondern sie wollten noch mehr Profit, noch mehr Rendite. Eine Gewinnmarge von 15 Prozent genügte ihnen nicht mehr; Ende 2007 wurde das Ziel von 17 bis 20 Prozent ausgegeben. Um das erreichen zu können, muss man freilich jeden Cent umdrehen und jeden noch so kleinen Kostenvorteil ausreizen.

Ich möchte klarstellen: Den in den letzten Jahren wirklich leidgeprüften Menschen in Rumänien gönne ich ihre Freude über die neuen Arbeitsplätze, und ich wünsche ihnen von Herzen, dass ihre Hoffnungen, die sie mit der Ansiedlung von Nokia verbinden, in Erfüllung gehen werden. Aber ich habe die Befürchtung, dass auch sie ein böses Erwachen werden erleben müssen.

Auch in Osteuropa steigen die Löhne, und zwar ziemlich schnell. In einigen Jahren wird Nokia sicher mit Bedauern feststellen müssen, dass der Standort in Jucu unrentabel geworden ist und man weiterziehen muss – weiter nach Osten oder nach Süden, irgendwohin, wo man schön billig produzieren kann, die Menschen arbeitswillig sind und fast gar keinen Lohn wollen. Das ist leider doch immer das Gleiche. Inzwischen kennt jeder halbwegs aufmerksame Tageszeitungsleser den Text solcher Pressemitteilungen.

Nokia ist kein Einzelfall. Was die Handybranche angeht, so hat das finnische Unternehmen sogar am längsten in Deutschland »durchgehalten«. Im Sommer 2007 hatte sich bereits der amerikanische Handyhersteller Motorola aus Deutschland verabschiedet. Der Branchenzweite schloss seine Produktionsstätte und sein Logistikzentrum in Schleswig-Holstein. 1998 war das Flensburger Werk eröffnet und als die modernste Handyfabrik Europas gefeiert worden. In Spitzenzeiten waren hier 3000 Menschen beschäftigt. Auch Motorola hatte übrigens staatliche Zuschüsse in Millionenhöhe erhalten.

Noch früher, im September 2006, hatte der taiwanesische Konzern BenQ angekündigt, seine Handyproduktion in Deutschland einzustellen. Für 3000 Menschen bedeutete das den Verlust ihres Arbeitsplatzes. Besonders pikant an der Sache war damals, dass BenQ erst ein Jahr zuvor die Handysparte von Siemens samt Markenname und Patenten übernommen hatte, und zwar ohne etwas dafür zu bezahlen, im Gegenteil: Der deutsche Traditionskonzern legte als »Mitgift« sogar noch rund 350 Millionen Euro drauf.

Die Pleite von BenQ Mobile war insofern auch für Siemens äußerst peinlich. Die Führungsspitze des deutschen Unternehmens sah sich plötzlich dem von Gewerkschaftern und Politikern erhobenen Vorwurf ausgesetzt, ihre ehemaligen Mitarbeiter ans Messer geliefert zu haben. Aufgebrachte BenQ-Angestellte, die das genauso sahen, demonstrierten vor der Siemens-Zentrale in München. Sie selbst hatten bei der Übernahme der Handyfertigung durch die Taiwanesen auf bis zu 30 Prozent ihrer Löhne verzichtet. Nun standen sie mit gänzlich leeren Händen da.

Die Wut der Menschen steigerte sich, als sie auch noch erfahren mussten, dass die Gehälter der Siemens-Vorstände zur gleichen Zeit um 30 Prozent angehoben werden sollten. Wohl selten in seiner 160-jährigen Geschichte blies dem deutschen Elektronikkonzern von allen möglichen Seiten ein derart eisiger Wind ins Gesicht. Freilich war das nur ein Vorgeschmack darauf, was der Traditionskonzern kurz darauf und bis heute wegen der Enthüllung von Schmiergeldzahlungen im großen Stil erlebt.

Aber offensichtlich war Siemens bei der BenQ-Pleite selbst ein Opfer. Nach der Darstellung des Unternehmens hatte der taiwanesische Konzern bei der Übernahme der Handysparte versichert, dass die Standorte in Deutschland erhalten blieben und sogar gestärkt würden. Dieses Versprechen wurde gebrochen. Der Siemens-Vorstand setzte ein Zeichen und verzichtete auf die geplante Erhöhung seiner Bezüge. Das eingesparte Geld – rund fünf Millionen Euro – und weitere 30 Millionen Euro flossen in einen Hilfsfonds für die von BenQ vor die Tür gesetzten ehemaligen Siemens-Mitarbeiter. Finanziert wurden mit diesem Geld vor allem Transfergesellschaften, um Betroffenen neue berufliche Perspektiven zu eröffnen. 330 ehemalige BenQ-Mitarbeiter stellte Siemens selbst wieder ein. Insgesamt hatten zwei Drittel aller Betroffenen ein Jahr nach der Pleite einen neuen Job gefunden – mehr, als man ursprünglich zu hoffen gewagt hatte. Aber knapp 1000 ehemalige Angestellte des Handyherstellers blieben trotz aller Anstrengungen arbeitslos.

Keinerlei Hilfe erhielten die Menschen übrigens von BenQ selbst. Ein Unternehmen übernehmen, binnen eines Jahres vor die Wand fahren und dann 3000 Menschen eiskalt im Regen stehen lassen: eine solch fatale Kombination von betriebswirtschaftlicher Unfähigkeit und sozialer Verantwortungslosigkeit hat man selten gesehen. Das Ungerechteste an der Geschichte ist aber, dass die entlassenen Arbeitnehmer mit ihren Jobs und damit ihrer sozialen Existenzgrundlage für dieses Missmanagement bezahlen mussten.

Solche Geschichten empören dann auch die Öffentlichkeit zu Recht: Ein Unternehmen wird in wirtschaftliche Turbulenzen oder gar den Konkurs hineinmanövriert, und während die Manager, die das zu verantworten haben, mit einer schönen Abfindung, dem sogenannten »goldenen Handschlag«, nach Hause geschickt werden, werden die Arbeitnehmer auf die Straße gesetzt. Im Fall BenQ tauchte sogar der Verdacht auf, dass einige Manager des Konzerns rechtzeitig ihr Scherflein ins Trockene gebracht und eigene Aktienpakete verkauft hätten, bevor im Zuge der Übernahme der Siemens-Handysparte der erste Quartalsverlust bekannt gegeben werden musste.[9] Angesichts solcher Missstände ist es bitter notwendig, dass wieder neu über die soziale Verantwortung von Unternehmen und die Sozialpflichtigkeit des Eigentums nachgedacht und gesprochen wird.

Die Verantwortung von Unternehmen und ihren Managern reicht über die Aktionärs- und Gesellschafterversammlungen hinaus. Weil betriebswirtschaftlicher Erfolg in nicht geringem Maße auch von den gesellschaftlichen Rahmenbedingungen abhängt, muss von den in der Wirtschaft Verantwortlichen erwartet werden können, über die innerbetrieblichen Erfordernisse sozialer Verantwortung hinaus zur Gestaltung der sozialen, gesellschaftlichen und politischen Umwelt beizutragen. Denn in einer freiheitlichen Wirtschafts- und Gesell-

---

9   Vgl. Handelsblatt v. 4.9.2007.

schaftsordnung erfüllt der Unternehmer nicht nur eine unverzichtbare ökonomische Funktion. Viel mehr als das ist er zugleich Träger moralischer Verantwortung für den Erhalt und die Fortentwicklung dieser Ordnung.

Über diese auch auf den Nutzen für die Unternehmen selbst abzielende Begründung der sozialen Verantwortung von Unternehmern und Managern hinaus gibt es aber auch einen anderen Aspekt, den ich mit einem Jesuswort erläutern möchte: »Wem viel gegeben wurde, von dem wird viel zurückgefordert werden, und wem man viel anvertraut hat, von dem wird man umso mehr verlangen« (Lk 12, 48). Der Evangelist Lukas hatte wohl zunächst die Leiter der frühchristlichen Gemeinden im Blick, als er dieses Doppelwort in den Evangelientext aufnahm. Doch wir können und sollten diese Ermahnung im heutigen Kontext auch in einem umfassenderen Sinne verstehen. Dann sind die, die persönlich mit besonderen Begabungen, aber auch mit Geld und Macht ausgestattet sind, dann sind auch die Unternehmer, Manager und Aktionäre jene, von denen viel verlangt und zurückgefordert wird. Sie sind in besonderem Maße verpflichtet, sich im Rahmen ihrer Möglichkeiten für die Gesellschaft und deren Wohl einzusetzen.

Das sind keine romantischen Utopien. Es gibt in Deutschland, aber auch den anderen alten Industrienationen eine reiche Geschichte bürgerschaftlichen Engagements von Unternehmern und Unternehmen. Der Einsatz für die Gemeinschaft, in der man lebt und wirtschaftet, war für Generationen führender Persönlichkeiten des Wirtschaftslebens eine Selbstverständlichkeit, war ein Teil ihrer Lebensphilosophie.

Man denke etwa an Hermann Josef Abs, der als erster Vorstandschef der *Deutschen Bank* nach dem Zweiten Weltkrieg die *Kreditanstalt für Wiederaufbau* verwirklichte und im Auftrag von Bundeskanzler Konrad Adenauer das Londoner Schuldenabkommen von 1953 aushandelte und damit maßgeblich zur Gesundung der Nachkriegswirtschaft beitrug. Oder an Wilfried Guth, einen der Nachfolger von Abs, der im Auftrag von Bundeskanzler Helmut Schmidt auf dem Höhepunkt der Ölkrise 1975 den ersten Weltwirtschaftsgipfel vorbereitete. Kürzlich hat Altkanzler Schmidt in der Wochenzeitung *Die Zeit* die Frage gestellt: »Wenn es jetzt einen transnationalen Notfall gäbe, auf welches Bankers Rat und Tat könnte sich die heutige Bundesregierung verlassen?«

Diese Frage kann ich auch nicht beantworten. Aber aus zahlreichen persönlichen Begegnungen weiß ich, dass gerade viele mittelständische Unternehmer und Handwerker auch heute noch diese soziale Verantwortung gegenüber den eigenen Mitarbeitern und dem ganzen Gemeinwesen sehr ernsthaft und engagiert wahrnehmen.

Und diese Mittelständler werden nicht wie manche Großkonzerne mit staatlichen Subventionen gefördert. Sie nehmen vielmehr noch das persönliche Haftungsrisiko auf sich. Wenn ein mittelständisches Unternehmen pleitegeht, dann stehen der Eigentümerunternehmer und auch der persönlich haftende Gesellschafter – anders als der angestellte Manager und der Großaktionär – für ihre betriebswirtschaftlichen Entscheidungen mit dem eigenen Vermögen gerade. Das heißt: Wenn ein Eigentümerunternehmer ökonomisch scheitert, dann steht der Gerichtsvollzieher nicht nur bei ihm in der Firma, sondern auch in seinem Wohnzimmer.

Und trotz dieses erhöhten eigenen Risikos, trotz ihrer *existenziellen* Angewiesenheit auf den betriebswirtschaftlichen Erfolg zeigen diese mittelständischen Eigentümerunternehmer meist mehr Verantwortungsbewusstsein gegenüber ihren Mitarbeitern und der Gesellschaft als ein Konzern wie Nokia, der ohne jede betriebswirtschaftliche Notwendigkeit den Standort in Bochum schließt und Tausende Menschen in die Arbeitslosigkeit entlässt, während gleichzeitig Milliardengewinne verkündet werden. Hier muss ganz klar unterschieden werden. Die allermeisten Mittelständler, die ich kenne, haben es in keiner Weise verdient, mit Leuten wie den BenQ- oder Nokia-Managern in einen Topf geworfen zu werden.

Im Gegenteil! Ich möchte bei dieser Gelegenheit einmal sehr deutlich sagen: Diesen vielen Handwerkern, kleinen und mittleren Unternehmern, die mit hohem persönlichen Einsatz in einem globalisierten Wettbewerb einen täglichen Kampf um den Erfolg ihres Unternehmens führen, gebührt unser aller Dank. Sie sind es, die in unserer Gesellschaft tatsächlich »Werte schaffen«, die wichtige Güter und Dienstleistungen zur Verfügung stellen, die Lehrlinge ausbilden und so jungen Menschen eine Zukunftsperspektive bieten, die mit ihrem Ideenreichtum und Wagemut die Garanten eines erfolgreichen Wirtschaftsstandorts sind und Arbeitsplätze schaffen.

Diese Leistung der Unternehmer hat mein Namensvetter übrigens nie wahrgenommen. Karl Marx hat in seiner Theorie des Kapitals volkswirtschaftliche Prozesse beschrieben und versucht hier allgemeine Gesetzmäßigkeiten zu erkennen. Aber er hatte keinerlei Sensus dafür wahrzunehmen, dass die Wirtschaft, dass vor allem wirtschaftlicher Fortschritt ganz wesentlich von dem Pioniergeist einzelner Unternehmer lebt, die immer wieder neue Wege gehen und damit auch ihren Mitmenschen immer wieder neue Möglichkeiten eröffnen. Ein wesentlicher Grund dafür, dass die kommunistische Zentralverwaltungswirtschaft gescheitert ist, liegt darin, dass in diesem System der Unternehmergeist erstickt worden ist und die Wirtschaft Technokraten und Bürokraten überlassen wurde.

Nein, wir brauchen Unternehmer, wir brauchen unternehmerischen Geist. Völlig zu Recht hat der große Ordoliberale Wilhelm Röpke einmal geschrieben:

»So erscheint der Unternehmer in einer auf echtem Wettbewerb beruhenden Marktwirtschaft im Grunde als ein treuhänderischer Verwalter der ihm anvertrauten Produktionsmittel, als ein – im Vergleich zu seinen Leistungen und im Vergleich zu den Kosten einer bürokratischen Staatswirtschaft im Durchschnitt sehr billiger – Funktionär der Gesellschaft, der seine Haut wirklich zu Markte trägt, während der Politiker nur die Verantwortung vor ›Gott und der Geschichte‹ zu übernehmen pflegt. Ein solcher Unternehmer, der die bequemen Krücken der staatlichen Subventionen wie diejenigen des Monopols verschmäht, sollte vor jedem Angriff eines vulgären Antikapitalismus gesichert sein« (Röpke 1972, 258).

Aber auch an dieser Stelle muss ich wieder einmal sagen: Ich möchte die Berufsgruppe der bezahlten Manager keineswegs den Eigentümerunternehmern nach einem Schwarz-Weiß-Schema gegenüberstellen. Ich weiß sehr gut, dass auch viele Familienunternehmen von Fremdmanagern geleitet werden, die einen guten Job machen, obwohl sie es bisweilen mit den Eigentümerfamilien nicht ganz leicht haben. Und ich weiß ebenso, dass Manager in mittelständischen Unternehmen durchaus auch sich selbst schaden, wenn sie das von ihnen geführte Unternehmen durch eigene Fehlentscheidungen in die wirtschaftliche Schieflage manövrieren. Solche Manager sind nämlich recht schnell ihren Job los und finden so bald auch keinen neuen.

Überhaupt ist es nicht der Mittelstand, der mir Sorgen bereitet, wenn es um die soziale Verantwortung der Unternehmen geht. Mit Sorge sehe ich vielmehr manche Entwicklungen der letzten Jahre bei den großen Kapitalgesellschaften. Die Sozialpflichtigkeit des Eigentums, die soziale Verantwortung der Eigentümer und Unternehmer ihren Mitarbeitern und dem ganzen Gemeinwesen gegenüber, das sind konstitutive Elemente der Sozialen Marktwirtschaft. Wo aber gibt es für diese Grundsätze bei den großen börsennotierten Unternehmen noch Raum? Nach den Gesetzen des »Aktionärskapitalismus« zählt nur noch der *Shareholder Value*. Das Management der großen Konzerne soll die internationale *Performance* optimieren, *Cost-Cutting* betreiben und dabei auch Standorte und Arbeitnehmer nur noch als bloße Kostenfaktoren betrachten.

Natürlich ist es nicht so, dass die Manager der Großkonzerne aus Boshaftigkeit so sehr auf den Aktienkurs schielen. Auch hier ist zu differenzieren und keine allgemeine »Kapitalisten-Schelte« angebracht. Die Wirklichkeit ist komplexer, und das muss man verstehen, wenn man nicht bloß lamentieren, sondern Lösungen für Probleme finden möchte.

Ich habe ja auch Begegnungen in großen DAX-Unternehmen, und auch dort führe ich immer wieder gute Gespräche, die von großer Offenheit und Ehrlichkeit geprägt sind. Und da merke ich sehr wohl, dass manche Kritik, die ich äußere, bei vielen Managern auf offene Ohren stößt. Und ich merke auch, dass viele Manager ebenso wie ich mit manchen Entwicklungen unzufrieden sind und dass sie gerne mehr Spielraum hätten.

Aber viele Vorstände und Manager der großen Aktiengesellschaften stehen inzwischen selbst unter einem ganz erheblichen Druck, der vor allem von einigen aggressiven Investmentfonds ausgeht. Natürlich brauchen die Aktiengesellschaften – das sagt ja schon der Name – ihre Aktionäre. Aber einige Investmentfonds mit zum Teil exorbitanten finanziellen Mitteln sind heute vor allem an kurzfristigen Gewinnen interessiert. Im Interesse einer nachhaltigen Unternehmensentwicklung verbringen deshalb die Vorstände und Manager immer mehr Zeit damit, ihre »normalen« Aktionäre und »normale« Investmentfonds bei der Stange und solche problematischen Investoren auf Distanz zu halten. Außerdem gilt es heutzutage auf der Hut zu sein und durch hohe Aktienkurse feindliche Übernahmen zu verhindern.

Dass das kein leichtes Geschäft ist, das sehe ich ein. Und wenn man solche Zusammenhänge kennt, werden Standortverlagerungen und Massenentlassungen trotz steigender Gewinne auch leichter erklärbar. Aber achselzuckend zufriedengeben darf man sich mit solchen Befunden meines Erachtens nicht. Wenn eine grundsätzlich gute Sache wie der internationale Finanzmarkt falsche Auswüchse zeitigt, sich – wie Bundespräsident Köhler drastisch ausgedrückt hat – zu einem »Monster« entwickelt, dann muss die Politik handeln und hier ganz klare Grenzen ziehen. Wir sind 2008 an den Rand des Zusammenbruchs unseres Weltfinanzsystems gekommen. Vielleicht wachen ja jetzt auch diejenigen auf, die bisher eine vernünftige Ordnungspolitik in diesem Bereich blockieren.

Ich hoffe das jedenfalls. Ich bin ein Anhänger offener Märkte, auch offener Finanzmärkte, aber sie bedürfen eines Ordnungsrahmens, in dem die unterschiedlichen berechtigten Interessen berücksichtigt werden.

Was derzeit zum Teil passiert, kann auf Dauer nicht gutgehen. In der Ideologie eines verabsolutierten *Shareholder Value*, die eben andere Interessen und Gemeinwohlbelange ausblendet, verselbständigt sich das Kapital in einer Weise, die von den arbeitenden Menschen als Bedrohung wahrgenommen wird. Dass Karl Marx das schon in seiner aggressiven Klassenkampfrhetorik formuliert hat, sollte uns angesichts der Folgen, die das hatte, zu denken geben:

»So wächst die Macht des Kapitals, die im Kapitalisten personifizierte Verselbständigung der gesellschaftlichen Produktionsbedingungen gegenüber den wirklichen Produzenten. Das Kapital zeigt sich immer mehr als gesellschaftliche Macht, deren Funktionär der Kapitalist ist und die in gar keinem möglichen Verhältnisse mehr zu dem steht, was die Arbeit eines einzelnen Individuums schaffen kann – aber als entfremdete, verselbständigte gesellschaftliche Macht, die als Sache, und als Macht des Kapitalisten durch diese Sache, der Gesellschaft gegenübertritt« (MEW 25, 274).

Für Marx war damit die Stunde der kommunistischen Revolution gekommen, die Stunde der Vergesellschaftung des Kapitals und der Produktionsmittel. Die Geschichte hat uns jedoch auf schreckliche Weise gezeigt, wie dunkel diese Stunde war. Mit der russischen Oktoberrevolution von 1917 senkte sich für Jahrzehnte tiefste Nacht über viele Millionen Menschen. Das darf sich niemals wiederholen.

Aber gerade deswegen müssen wir uns der gegenwärtigen Tendenz zur Verabsolutierung des Kapitals und der Kapitalinteressen entgegenstellen. Die Arbeit und die arbeitenden Menschen haben Vorrang vor dem Kapital. Das heißt nicht, dass Kapitalinteressen nicht berücksichtigt werden sollen. Auch das Kapital gehört ja Menschen, und die Interessen dieser Menschen sollen und müssen natürlich in gehöriger Weise berücksichtigt werden. Ich bin eben kein Marxist, sondern ich bin ein leidenschaftlicher Vertreter der Katholischen Soziallehre. Und deshalb verteidige ich das Eigentum und die Rechte der Eigentümer, auch der Kapital-Eigentümer.

Aber das Kapital darf eben nicht zum Goldenen Kalb stilisiert werden, um das die ganze Menschheit herumtanzen soll. Und vor allem darf nicht die Arbeit als bloßer Kostenfaktor dem Kapital untergeordnet werden. Im Gegenteil: Es gilt das *Prinzip des Vorranges der Arbeit vor dem Kapital*. Diese zentrale Aussage der Katholischen Soziallehre ist häufig missverstanden worden. Was sie bedeutet, hat Papst Johannes Paul II. in seiner berühmten Enzyklika *Laborem exercens* von 1981 ausführlich erläutert.

Der Arbeit kommt der Vorrang zu, weil sie immer *menschliche* Arbeit ist. Geld, Kapital besitzt der Mensch als einen ihm äußerlichen Gegenstand. Die Arbeit hingegen ist nicht von dem Menschen zu trennen, der sie verrichtet, sie ist zutiefst mit ihm verbunden. Deshalb hat die menschliche Arbeit Anteil an der Würde des Menschen. Papst Johannes Paul II. drückt es prägnant so aus: »Die Würde der Arbeit wurzelt zutiefst nicht in ihrer objektiven, sondern in ihrer subjektiven Dimension« (*Laborem exercens* 6,5).

Der Papst bestreitet damit keineswegs die Rechte der Kapital-Eigentümer. Er betont lediglich, dass die Kapitalinteressen dort zurückzutreten haben, wo sie in Konflikt mit der Würde der Arbeit geraten. Kein Profit rechtfertigt entwürdigende Arbeitsbedingungen. Das hat nichts, aber auch gar nichts mit Klassenkampfrhetorik zu tun. Ausdrücklich mahnt Papst Johannes Paul II., »dass man das Kapital nicht von der Arbeit trennen und weder die Arbeit gegen das Kapital noch umgekehrt das Kapital gegen die Arbeit in Gegensatz stellen kann, und noch viel weniger [...] die konkreten Menschen, die jeweils hinter diesen Begriffen stehen« (ebd.13,1).

Und dieser große Papst, der als Pole sehr gut die Ideologie des Marxismus-Leninismus kannte, stellt in seiner Enzyklika auch klar: »Im dialektischen Materialismus ist der Mensch nicht in erster Linie Subjekt der Arbeit und Wirkursache des Produktionsprozesses, sondern wird in Abhängigkeit vom Materiellen gesehen und wird behandelt als eine Art ›Ergebnis‹ der in einer bestimmten Zeit herrschenden Wirtschafts- und Produktionsverhältnisse« (ebd. 13,4).

Die Würde der menschlichen Person in den Mittelpunkt zu stellen, das ist auch heute noch der richtige Ansatz. Was wir demnach nach meiner festen Überzeugung brauchen, ist eine Erweiterung des *Shareholder*-Ansatzes zum *Stakeholder-*

Ansatz. Als Stakeholder eines Unternehmens werden alle sozialen Anspruchsgruppen (engl.: Stakeholder) bezeichnet, die jeweils eigene spezifische Informationsbedürfnisse und Anliegen gegenüber dem Unternehmen haben. Das heißt auf gut Deutsch: Die Manager in den großen Unternehmen haben nicht nur die Rendite der Aktionäre im Blick zu behalten, sondern auch die berechtigten Interessen der Beschäftigten, der Kunden, der ganzen Gesellschaft und auch der Umwelt. Das Kriterium für die Anerkennung von Stakeholdern ist also die ethisch begründbare Legitimität ihrer Ansprüche.

Dass Wirtschaftsorganisationen gegenüber den verschiedensten gesellschaftlichen Gruppierungen in Verantwortung stehen, die weit über den eigenen Organisationsrahmen hinausgeht, spiegelt sich mittlerweile in der Kodifizierung von Unternehmensleitlinien und -grundsätzen wider, die nahezu von allen großen Konzernen verfasst worden sind. Die Unternehmen präsentieren sich hier im Sinne des *Corporate Citizenship* als sozial-ökonomische Größen, die sich der Gesellschaft als mitgestaltende Akteure verpflichtet wissen. Ihre soziale, aber auch ökologische und kulturelle Verpflichtung bringen sie in den Beziehungen zu ihren Stakeholdern zum Ausdruck. Allerdings haben zahlreiche Ereignisse der letzten Zeit wieder einmal deutlich gemacht, dass Papier geduldig ist und Selbstverpflichtungen in Leitlinien und Kodizes angesichts der menschlichen Schwäche wohl nicht ausreichend sind. Wichtige berechtigte Ansprüche müssen auch durch Recht und Gesetz geschützt werden. Aber was nicht gesetzlich verboten ist, ist noch lange nicht moralisch erlaubt.

Welche sozialen Anspruchsgruppen gibt es? Zu unterscheiden ist grundsätzlich zwischen *internen* und *externen* Stakeholdern. Zu den wichtigsten internen Stakeholdern, die jedes größere Unternehmen hat, zählen die drei Gruppen der *(Ka-*

pital-)Eigentümer, des *Managements* und der *Mitarbeiter*. Die Interessen der Eigentümer konzentrieren sich vorwiegend auf Fragen der Erhaltung und Rendite des investierten Kapitals, der nachhaltig erfolgreichen Unternehmensentwicklung sowie der Entfaltung ihrer Entscheidungsspielräume. Je nach Rechtsform gestalten sich die Ansprüche und Interessen unterschiedlich.

Dann gibt es die Interessen der Mitarbeiter, die sich zunächst einmal auf angemessene Lohn- und Arbeitsbedingungen sowie auf eine dauerhafte Arbeitsplatzsicherheit richten. Hier greifen die Interessen der Arbeitnehmer mit denen der Eigentümer auf vielfältige Weise ineinander: Beide Seiten haben ein Interesse an einer guten Unternehmensentwicklung. Eine platte Gegenüberstellung von Arbeit und Kapital entspricht nicht der Realität.

Der ihr innewohnenden menschlichen Würde entsprechend soll die Arbeit auch der Entfaltung der einzelnen Persönlichkeiten dienen. Dazu gehören die Möglichkeit beständiger Fort- und Weiterbildung sowie die Garantie partizipativer und kooperativer Betriebsstrukturen. Das ist auch betriebswirtschaftlich sinnvoll, da für ein Unternehmen nur so vorhandene Potenziale der Belegschaft voll zur Geltung kommen. Eine sich in anständiger Bezahlung und der Übertragung von Verantwortung widerspiegelnde Anerkennung der Mitarbeiter erhöht deren Leistungsbereitschaft und Loyalität zu dem Unternehmen. Auch hier zahlt sich moralisches Handeln letztlich aus, besteht kein Gegensatz zwischen den Grundsätzen einer Tugendethik und den Maximen wirtschaftlicher Klugheit.

Dem Management, den Vorständen und Aufsichtsräten kommt in dem Stakeholder-Value-Modell eine Schlüsselstellung zu. Diese Gruppe hat nicht nur den berechtigten Anspruch auf einen großen Entscheidungs- und Ermessensspielraum bei unternehmerischen Entscheidungen, sondern ihr kommt auch die Verantwortung zu, hierbei die Interessen der anderen Stakeholder zur Geltung zu bringen. Das ist eine herausragend wichtige Aufgabe, die auch entsprechend bezahlt werden sollte. Ich bin deshalb weit davon entfernt, in ein populistisches Lamento gegen Managergehälter einstimmen zu wollen. Wer in Politik, Wirtschaft und Gesellschaft Führungsaufgaben wahrnimmt, soll dafür auch entsprechend entlohnt werden. Schließlich liegt es im Interesse aller, dass die am besten Qualifizierten sich auch bereit finden, diese meist sehr kraft-, zeit- und nervenaufreibenden Posten auszufüllen.

Aber im Bereich der Wirtschaft hat es in den letzten Jahren Exzesse gegeben, vor allem in den USA. Hier gibt es eine maßlose Entwicklung, die ich ablehne. Auch in Deutschland hat es diverse Fälle gegeben, die zu Recht kritisiert worden sind. Die früher im Sinne einer sozialen Balance von deutschen Managern geübte Zurückhaltung in Vergütungsfragen gehört leider in vielen Großunternehmen der Vergangenheit an. Davon geht ein verheerendes Signal an die Gesellschaft aus. Die betroffenen Unternehmen verweisen indes gerne auf den internationalen Wettbewerb um die besten Manager und den Grundsatz der Vertragsfreiheit.

Aber was bedeutet das denn? Es gibt den altehrwürdigen zivilrechtlichen Grundsatz, dass Verträge dann null und nichtig sind, wenn sie sittenwidrig sind. Und gegen die guten Sitten verstößt ein Rechtsgeschäft dann, so sagen es traditionellerweise die Gerichte, wenn es gegen das Anstandsgefühl aller billig und gerecht Denkenden verstößt. Nun, ich finde es in der Tat unanständig, wenn ein Manager das bis zu Tausendfache eines Arbeiters verdient, wie das in den USA manchmal vorkommt. Das Zwanzigfache, wie in Japan üblich, tut es nach meiner Ansicht auch. Und es wäre mir neu, dass japanische Großunternehmen nicht im internationalen Wettbewerb stehen.

Natürlich: Auch in anderen gesellschaftlichen Bereichen gibt es gelegentlich Einkommen, die im Vergleich zum Durchschnittsverdienst unangemessen hoch erscheinen. Ich denke da etwa an den Bereich des Sports oder des Showbusiness. Ich halte es aber für nicht angebracht, wenn sich Manager mit Fußballern und Fernsehstars vergleichen. Bei der Höhe von Managergehältern geht es nicht nur um die Frage eines guten Stils, sondern auch um die Akzeptanz des marktwirtschaftlichen Systems insgesamt. Es geht auch um eine gewisse Unternehmenskultur, in der deutlich wird, dass alle Mitarbeiterinnen und Mitarbeiter zum Erfolg eines Unternehmens beitragen. Deshalb kann der Abstand zwischen dem, was Vorstände bekommen und dem, was die übrigen Beschäftigten erhalten, nicht so auseinanderfallen, dass da überhaupt keine Relation mehr erkennbar ist.

Bei dem Thema Managergehälter komme ich übrigens nicht umhin, auch die Gewerkschaften zu kritisieren, die ja gerne als Vorkämpfer für soziale Gerechtigkeit auftreten. Aber die Explosion der Vorstandsgehälter in den letzten Jahren haben sie nicht verhindert. Das hätten sie durch ihre Vertreter in den paritätisch besetzten Aufsichtsräten der großen Kapitalgesellschaften doch zumindest versuchen können. Mitbestimmung bedeutet auch Mitverantwortung Diese Mitverantwortung haben die Gewerkschaften bei den Managergehältern zu sehr vernachlässigt.

Das Aktiengesetz fordert schon heute, dass die Bezüge eines Vorstandsmitglieds in einem angemessenen Verhältnis zu seinen Aufgaben und auch zur Lage der Gesellschaft stehen. Vielleicht sollte man überlegen, die Aktionäre über die Hauptversammlung selbst in Zukunft in die Entscheidungsfindung einzubeziehen und sie nicht nur, wie es derzeit Rechtslage ist, im Nachhinein zu informieren. Das könnte für mehr Transparenz in der Vergütungsstruktur sorgen.

Meines Erachtens sollte man aber nicht nur über die Höhe der Managergehälter sprechen, sondern auch über das Entlohnungssystem insgesamt. Es werden völlig falsche Anreize gesetzt, wenn große Teile der Vergütung an den Aktienkurs gebunden werden und so die Kapitalinteressen einen ungerechtfertigten Vorrang bekommen. Es ist aber darüber hinaus auch kurzsichtig zu meinen, durch solche Aktienoptions- oder Gewinnbeteiligungsmodelle komme es automatisch zu einer Interessenharmonisierung zwischen Managern und Aktionären. Zumindest Investoren, die eine langfristige Perspektive haben und von einem nachhaltigen Unternehmenserfolg profitieren möchten, können da ein böses Erwachen erleben.

Das sieht man gerade wieder an der Krise auf den Finanzmärkten, die letztlich dadurch ausgelöst wurde, dass so viele Manager in der Finanzindustrie völlig verantwortungslos gehandelt haben und unkalkulierbare Risiken eingegangen sind. Diese Leute werden eben ganz wesentlich über stattliche Gewinnbeteiligungen entlohnt. Also tun sie auch alles, um Gewinn und noch mehr Gewinn zu machen. Das Verlustrisiko tragen andere: die Aktionäre, die Gläubiger oder, wenn alle Stricke reißen, der Staat bzw. die Steuerzahler. Man darf sich doch nicht wundern, dass bei einer solchen Anreizstruktur die Gier irgendwann alle Vorsicht vergessen lässt.

Das war zu den Zeiten anders, als das Bankgeschäft noch von persönlich haftenden Partnern betrieben wurde, die sich die Gewinne teilten, aber auch gemeinschaftlich für die Verluste hafteten. Die Risiken, die diese Bankiers eingingen, waren ihre eigenen Risiken und nicht die Risiken anderer Leute.

Höhe und Art der Vergütung tragen nach meiner Wahrnehmung eine wesentliche Mitschuld daran, dass zahlreiche Manager der Realität der normalen Arbeitnehmer heute seltsam entrückt erscheinen. So etwas ist natürlich gerade in Krisenzeiten fatal, wo alle, Belegschaft und Unternehmensleitung, an einem Strang ziehen müssen. Meine Erfahrung ist, dass die Menschen kaum etwas so sehr verabscheuen wie Doppelzüngigkeit. Sie verstehen nicht – und ich verstehe das auch nicht –, wenn jemand heute einen zweistelligen Millionenbetrag einstreicht und morgen die Parole ausgibt, dass alle den Gürtel enger schnallen müssen. Das ist keine Frage einer hochtrabenden akademischen Unternehmensethik, sondern das hat ganz lebenspraktische Gründe.

Ich habe als Seelsorger auch schon Fälle miterlebt, in denen Betriebe einen strikten Sanierungskurs fahren mussten, um überleben zu können. Ich habe da immer eine große Solidarität der Mitarbeiter und Betriebsräte mit ihren Unternehmen gesehen. Wenn man den Menschen die Notwendigkeit von strukturellen Veränderungen plausibel erklärt, sind sie auch bereit, einen eigenen Sanierungsbeitrag zu leisten. Schließlich geht es ja um ihre Arbeitsplätze.

Aber die Menschen wollen auch, dass es in solchen Anpassungsprozessen gerecht zugeht. Und hier lassen sie sich nicht mit irgendwelchem Wortgeklingel und hohlen Phrasen abspeisen. Die Lasten des Veränderungsprozesses müssen gerecht verteilt werden. Und dabei hat das bewährte Prinzip zu gelten: Starke Schultern haben auch mehr zu tragen. Und die Manager müssen da selbst mit gutem Beispiel vorangehen. Sie können nicht Wasser predigen und selbst Wein trinken, wenn sie glaubwürdig sein wollen. Da können die Vorstände der Großkonzerne meines Erachtens noch viel von ihren Kollegen aus dem Mittelstand lernen.

Neben den internen gibt es auch externe Stakeholder eines Unternehmens. Nach außen hin gestaltet sich das Beziehungsgeflecht zumeist bedeutend vielschichtiger als im inneren Bereich. Zu den hervorzuhebenden externen Stakeholdern zählen: *Kunden*, *Fremdkapitalgeber*, *Lieferanten*, *Konkurrenten* sowie die nur schwer zu fassenden Größen *Staat* und *Gesellschaft*.

Die Kunden repräsentieren dabei eine der wichtigsten Anspruchsgruppen. Ohne sie kann ein Unternehmen nicht agieren. Die Erwartungshaltung der Kunden konzentriert sich auf qualitativ und quantitativ befriedigende Marktleistungen zu günstigen Konditionen sowie entsprechende Serviceangebote. Fremdkapitalgeber verfolgen dagegen das Ziel einer sicheren Kreditvergabe oder Kapitalanlage in Verbindung mit einer ansprechenden Marge oder Rendite. Zulieferer legen Wert auf stabile und faire Liefer- und Zahlungsbedingungen. Die Konkurrenz ist ein weiterer nicht zu vernachlässigender Stakeholder, dem es darum geht, dass geltende Wettbewerbsgrundsätze eingehalten und unlautere Geschäftspraktiken unterlassen werden. Die Anspruchsgruppen *Staat* und *Gesellschaft* stellen umfassende und nur schwer zu differenzierende Größen dar. Zu ihnen zählen die verschiedenen staatlichen und kommunalen Verwaltungsbehörden, Parteien, Interessenorganisationen, auch die Kirchen, wissenschaftliche und kulturelle Einrichtungen und die ganze Bandbreite zivilgesellschaftlicher Verbände, Gruppen und Bürgerinitiativen, die soziale, kulturelle, ökologische und andere berechtigte Gesellschaftsinteressen an die Unternehmen herantragen.

Die Liste der internen und externen Stakeholder ließe sich noch erheblich fortschreiben, was gleichzeitig auch die Komplexität der Beziehungen deutlich macht. Ziel des Stakeholder-Ansatzes ist es, zunächst einmal einfach für die Vielzahl von Mitwirkenden und Betroffenen unternehmerischen Handelns zu sensibilisieren. Werden berechtigte Interessen bewusst von vornherein ausgeblendet, kann dies aus ethischer Perspektive nicht akzeptiert werden.

Zu unterscheiden ist, ob die Beziehungen zu den einzelnen Stakeholdern vertraglicher Art sind, wie beispielsweise zu den Arbeitnehmern, Kunden und Lieferanten, oder ob sie nichtvertraglich sind. Gerade in dem Verhältnis zu nicht oder nur sehr schwer zu organisierenden Stakeholdern zeigt sich mitunter eine besondere unternehmensethische Qualität.

Vor allem kleinere und mittlere Betriebe, die regional begrenzt tätig sind, nehmen berechtigte Ansprüche vor Ort sehr viel eher und deutlicher wahr als manche multinationale Unternehmen, die ihre Standorte nach reinen Kosten-Nutzen-Erwägungen auswählen. Diese laufen dann Gefahr, zu »vaterlandslosen Gesellen« zu werden, deren Verantwortungsbewusstsein gegenüber Staat und Gesellschaft in vielerlei Hinsicht zu versanden droht.

Letztlich kann man die Unternehmen natürlich nicht gesetzlich dazu verpflichten, sich ihrer Stakeholder umfassend zu vergewissern und deren Anliegen und Interessen lückenlos zu berücksichtigen. Der ethische Anspruch des Stakeholder-Ansatzes geht über das rein rechtlich Geschuldete hinaus. Aber er bietet mit diesem »Überschuss« eine Orientierung, mit deren Hilfe ein Unternehmen seiner Einbindung und Rolle in der Gesellschaft besser gerecht werden kann.

Eine solche Anerkennung von Stakeholderansprüchen, für die ich nachdrücklich werben möchte, darf allerdings nicht zu der Annahme führen, so betont der bekannte Wirtschaftsethiker Peter Ulrich, dass Unternehmen »in heroischer Selbstverleugnung generell die Verfolgung von Erfolgs- und Gewinninteressen zurückstellen und zu altruistischen Wohltätern werden müssten, denn selbstverständlich sind auch die unternehmerischen Einkommens- und Gewinninteressen durchaus chancenreiche ›Kandidaten‹ für möglicherweise legitime Ansprüche, zumal wenn von ihnen die Bedienung auch einer Vielzahl weiterer Ansprüche abhängt. Auch dem Unternehmen selbst und allen von seiner betriebswirtschaftlichen Selbstbehauptung unmittelbar oder mittelbar abhängigen Personen kann ja aus ethischer Sicht die Zurückstellung ihrer Ansprüche nicht unbedingt zugemutet werden« (Ulrich 1998, 439).

In der Tat muss es sogar als die wichtigste soziale Verantwortung eines Managers bezeichnet werden, seine Firma nachhaltig erfolgreich zu führen. Damit leistet er dann auch einen wesentlichen Beitrag zum Wohlergehen der ganzen Gesellschaft. Aber trotzdem können die Unternehmen ihre wirtschaftlichen Entscheidungen heute nicht mehr ausschließlich an den Interessen der Aktionäre und Anteilseigner ausrichten. Die Verabsolutierung des Shareholder-Value-Gedankens ist nicht nur moralisch falsch, sie ist auch betriebswirtschaftlich unklug.

Kunden und Verbraucher – informiert durch die Medien und NGOs – achten immer mehr darauf, welche Unternehmen gegenüber ihren Mitarbeitern, gegenüber der Umwelt oder in Entwicklungsländern verantwortungsvoll handeln. Und sie strafen zunehmend jene, die durch Fehlverhalten auffallen. Unternehmensethik wird heute deshalb nicht mehr nur als Kostenfaktor, sondern auch als Erfolgsfaktor wahrgenommen. Und wenn moralisches Handeln sich nicht nur in positiven Gefühlen, sondern auch in guten Unternehmensergebnissen auszahlt, dann ist der Stakeholder-Value kein Gegensatz zum Shareholder-Value. Das Stakeholder-Value-Konzept lässt sich so als eine zeitgemäße und ethisch verantwortliche Weiterentwicklung des Shareholder-Value-Ansatzes und nicht als ein Konkurrenzmodell interpretieren.

Außerdem ist Shareholder nicht gleich Shareholder, Investor nicht gleich Investor. Noch einmal: Eine primitive Kapitalismus-Kritik geht an der Realität vorbei und hilft niemandem, außer vielleicht den Umfragewerten politischer Populisten. Wer wirklich an der Lösung von Problemen interessiert ist, sollte sich aber von Pauschalurteilen fernhalten und sich erst einmal einen Überblick über die komplexen Verhältnisse verschaffen.

In der Tat gibt es heute problematische Finanzinvestoren, die ausschließlich Strategien kurzfristiger Ertragsmaximierung verfolgen, die nicht nur zu Lasten von Arbeitnehmerinteressen, sondern auch zu Lasten einer nachhaltig positiven Unternehmensentwicklung gehen. Wie Entwicklungsländer und hierzulande »Häuslebauer« bereits zu Opfern solcher dubiosen Geschäftspraktiken geworden sind, habe ich schon an anderer Stelle gesagt. Aber derartige Investoren können auch für Unternehmen gefährlich werden. Ich habe oben schon kurz angedeutet, unter welchem Druck die Vorstände vieler Aktiengesellschaften heute mitunter stehen. Aber das Problem betrifft nicht nur die großen börsennotierten Unternehmen, sondern auch mittelständische Firmen.

Hier kommen vor allem die Private-Equity-Fonds ins Spiel. Das sind jene finanzstarken Investmentfonds, die Franz Müntefering einmal als »Heuschrecken« bezeichnet hat. Aber auch dieses sprachliche Bild hat leider mehr zu einer Polemisierung statt zu einer Versachlichung der Debatte beigetragen. In der Tat gibt es schlimme Fälle, in denen solche Fonds unterbewertete gesunde Unternehmen aufgekauft und dann ausgeplündert haben, bis nur noch ein völlig ausgezehrtes Unternehmensgerippe ohne Zukunftsperspektive übrig war. Aber das ist nicht unbedingt der Regelfall. Und wenn so etwas passiert, dann muss schon lange vorher in so einem Unternehmen etwas schiefgelaufen sein.

Wenn ein grundsätzlich vernünftiges System falsche Auswüchse hat, dann muss man diese Auswüchse bekämpfen, aber nicht gleich das ganze System abschaffen. Auch der Kapitalmarkt bedarf eines Ordnungsrahmens, der unerwünschte Erscheinungen ausschließt. Aber dass auf einem global wachsenden Markt der Bedarf der Unternehmen nach Kapital steigt, ist offensichtlich. Und Private Equity, das ist zunächst einmal nichts anderes als der Oberbegriff für privates Beteiligungskapital.

Die größte Herausforderung der Globalisierung ist gerade für den Mittelstand nicht so sehr die wachsende ausländische Konkurrenz. Die Qualität deutscher Produkte und Dienstleistungen ist auch global wettbewerbsfähig. Aber gerade viele mittelständische Unternehmen tun sich häufig schwer, mit ihren global expandierenden Kunden zu wachsen, was jedoch erforderlich ist, um diese nicht an die Konkurrenz zu verlieren. Die Eigenkapitaldecke deutscher Unternehmen ist häufig nicht sehr hoch, und die Banken sind bei der Kreditvergabe vorsichtiger geworden. Hier können dann private Beteiligungsgesellschaften durchaus helfen, indem sie Wachstumskapital zur Verfügung stellen. Der Vorteil ist zudem, dass die Unternehmen – anders als bei einem Kredit – keine Zinsen zahlen müssen und durch die Beteiligungsgesellschaften auch im Management unterstützt werden. Es ist nichts dagegen einzuwenden, wenn für notwendige Sanierungs- und Restrukturierungsmaßnahmen externes Know-how herangezogen wird.

Dass viele Private-Equity-Investoren selbst über wenig Eigenkapital verfügen und Firmenkäufe über Schulden finanzieren, die sie dann den erworbenen Unternehmen aufbrummen, ist ein anderes, bisweilen ein großes Problem. Und ein noch größeres Problem sind mitunter jene finanzstarken Hedgefonds, die inzwischen ebenfalls ganze Unternehmen übernehmen. Die problematischsten dieser Hedgefonds sitzen ja oft in Ländern ohne funktionierende Finanz- und Steueraufsicht und verfügen häufig noch nicht einmal über eine Aktionärsversammlung oder einen Aufsichtsrat. In diesen Fällen existiert also weder eine ausreichende externe noch interne Kontrolle.

Alles das muss man und kann man sicher auch regeln. Letztlich bedarf es hierzu internationaler Vereinbarungen.

Zunächst einmal sollte man auf EU-Ebene durch Richtlinien für bestimmte Mindeststandards, auf jeden Fall für mehr Transparenz sorgen. Hier haben viele Beteiligungsgesellschaften ein großes Defizit. Sie müssen erkennen, dass Kommunikation auch für Wirtschaftsunternehmen in einer offenen Gesellschaft überlebenswichtig ist.

In einem großen Artikel in der Wochenzeitung *Die Zeit* forderte Helmut Schmidt Anfang 2007: *Beaufsichtigt die neuen Großspekulanten!* Zu Recht bezeichnet der Alt-Bundeskanzler es als grotesk, dass jede kleine Sparkasse und Genossenschaftsbank hierzulande von den Finanzaufsichtsbehörden überwacht wird, während die hundert- und tausendmal größeren Fonds mit Sitz in der Karibik völlig unbehelligt bleiben. Schmidt schreibt: »Genauso wie der globale See- oder Luftverkehr strikten Sicherheits- und Verkehrsregeln unterliegt, bedarf der globale Kapitalverkehr der Regulierung, damit Katastrophen vermieden werden. Das ist ein Gebot der vorsorgenden Vernunft – von Anstand und Moral ganz zu schweigen.« Diesem Appell möchte ich mich nachdrücklich anschließen.

Papst Johannes Paul II. hat einmal in einer sehr starken Formulierung gesagt, dass es einen »Missbrauch vor Gott und den Menschen« darstellt, wenn jemand sein Kapital gegen die Menschen und gegen deren Arbeit richtet (vgl. *Centesimus annus* 43,3). Es ist heute die Aufgabe der internationalen politischen Gemeinschaft, im Namen der Menschenwürde und der Gerechtigkeit die damit angesprochene Sozialpflichtigkeit des Eigentums und das richtige Verhältnis zwischen Arbeit und Kapital sicherzustellen. Denn in der Tat ist es so, wie Karl Marx 1864 in den Statuten der *Internationalen Arbeiterassoziation* geschrieben hat, »dass die Emanzipation der Arbeiterklasse weder eine lokale noch eine nationale, sondern eine soziale Aufgabe ist, welche alle Länder umfasst, in denen die moderne Gesellschaft besteht, und deren Lösung vom praktischen und theoretischen Zusammenwirken der fortgeschrittensten Länder abhängt« (MEW 17, 440). Doch diese Emanzipation darf nicht, wie mein Namensvetter sich das vorgestellt hat, in einer Revolution, sondern muss in einer Evolution erfolgen, in der Entwicklung hin zu einer globalen sozialen Wirtschaftsordnung. Wie in unserem nationalen Recht die Interessen der Stakeholder vielfach schon rechtlich geschützt sind (z. B. durch das Arbeitsrecht, Verbraucherschutzrecht, Wettbewerbsrecht etc.), müssen auch international verbindliche rechtliche Standards geschaffen werden. Eine solche rechtliche Flankierung des Stakeholder-Value-Gedankens ist auch deshalb dringend erforderlich, damit diejenigen Unternehmen, die sozial verantwortlich handeln, nicht durch die gewissenlose Schmutzkonkurrenz anderer übervorteilt werden können.

Aber auch beim Stakeholder-Modell muss festgestellt werden, dass wohl nicht alle berechtigten Interessen problemlos zu Wort kommen und partizipativ eingebunden werden. Das hat verschiedene Gründe: Zum einen gibt es eine Reihe von Interessen, deren Organisation und damit öffentliche Artikulation sich äußerst schwierig gestaltet. Hierzu zählen zum Beispiel Arbeitslose und andere Gruppen sozial Ausgegrenzter innerhalb der entwickelten Gesellschaften, aber auch die Menschen in jenen Ländern, die als ganze in dem internationalen Wirtschaftsgeschehen marginalisiert werden. Zum anderen lassen sich Ansprüche ausmachen, die von den Betroffenen oder Benachteiligten nicht selbst artikuliert werden können. Das ist etwa der Fall bei den nachfolgenden Generationen, deren Lebensgrundlagen oft rücksichtslos ausgebeutet werden.

Die Interessen dieser Gruppen, die in der allgemeinen Wahrnehmung immer wieder unterzugehen drohen, müssen nach meinem Verständnis des christlichen Auftrages vor allem von uns als Kirche – gleichsam in anwaltschaftlicher

Stellvertretung – immer wieder vorgebracht und verteidigt werden. Dieser Auftrag ist gemeint, wenn in der kirchlichen Sozialverkündigung immer wieder von der *Option für die Armen* die Rede ist.

In diesem Kapitel ging es um die soziale Verantwortung von Unternehmen. Dieses Thema hat uns in den größeren Zusammenhang der wirtschaftlichen Globalisierung geführt. Darauf möchte ich in dem nächsten Kapitel noch näher eingehen. Doch zuvor will ich noch einen anderen Punkt ansprechen, nämlich die soziale Verantwortung der Politik beziehungsweise der Politiker. So fern liegend ist das ja auch nicht.

Nach der sogenannten *Stamokap*-Theorie (*Staatsmonopolistischer Kapitalismus*), der viele 68er anhingen, sind in unserem System die imperialistischen Bestrebungen der Politik und die kapitalistischen Interessen der Wirtschaft untrennbar ineinander verwoben. Dieser aus meiner Sicht unhaltbare Unsinn geht nicht unmittelbar auf meinen Namensvetter zurück, sondern auf einen seiner Epigonen, nämlich Wladimir Iljitsch Lenin. Lenin entwickelte diese Theorie aus der Erfahrung des Ersten Weltkriegs heraus. Nach seiner Auffassung hatte dieser Weltenbrand die Endphase des Kapitalismus eingeläutet, in der die Großkonzerne – das Monopolkapital – sich den Staat und das Militär unterordneten und für ihre Zwecke dienstbar machten.

Ich möchte hier darauf eingehen, weil die damit verbundene Vorstellung einer unheilvollen Verquickung politischer und wirtschaftlicher Macht immer wieder in den verschiedensten Versionen in den Medien auftaucht und sich bis weit in die sogenannten bürgerlichen Kreise hinein einer gewissen Popularität erfreut. Eine Variante dieses Themas hat sogar einmal ein US-amerikanischer Präsident, Dwight D. Eisenhower, vorgetragen, der 1961 in seiner Abschiedsrede vor

Verflechtungen zwischen Politik, Militär und Rüstungsindustrie, dem »militärisch-industriellen Komplex«, gewarnt hat.

Nun ist es ganz gewiss so, dass Lobbyisten aus der Wirtschaft, auch solche aus der Rüstungsindustrie, versuchen, in ihrem Sinne Einfluss auf politische Entscheidungen zu nehmen. In Berlin, Washington und den anderen Hauptstädten der Welt gibt es weitaus mehr Lobbyisten als Abgeordnete, und ihre Hauptaufgabe besteht darin, für die Interessen derer zu trommeln, von denen sie bezahlt werden. Das ist auch nicht weiter problematisch. Das gehört zu einer Demokratie dazu.

Aber es ist eine herausragend wichtige Aufgabe der Politik, alles zu unterlassen und zu unterbinden, was auch nur den bösen Anschein erwecken könnte, dass Regierung und Parlament nicht nach den Belangen des Gemeinwohls, sondern nach den Profitinteressen bestimmter Wirtschaftsunternehmen entscheiden. Es ist wichtig, dass Manager eine hohe Moral haben und nicht nur auf das rechtlich Geschuldete schauen. Und genauso wichtig ist, dass Politiker glaubwürdig und integer sind. *Demokratie braucht Tugenden*, so lautet der Titel eines Gemeinsamen Wortes des Rates der Evangelischen Kirche in Deutschland und der Deutschen Bischofskonferenz aus dem Jahr 2006. Verschiedene Gruppen handeln in der Demokratie politisch, wenn auch in unterschiedlichen Verantwortlichkeiten. Gemeinsam ist ihnen dabei die Pflicht, dem Gemeinwohl zu dienen. Das Gemeinsame Wort legt einen Schwerpunkt auf vier Hauptgruppen, die nicht isoliert voneinander politisch handeln, sondern in vielen Bezügen stehen: die Bürgerinnen und Bürger, insbesondere in ihrer Aufgabe als Wählerinnen und Wähler, die Politikerinnen und Politiker, ebenso Journalistinnen und Journalisten und die Vertreter spezifischer Interessen, zum Beispiel in den Verbänden. Gemeinsam mit weiteren Akteuren tragen sie die Verantwortung für das Gemeinwohl, für Solidarität und Gerechtigkeit.

Gerade in schwierigen Zeiten, in denen politische Reformen notwendig sind, die auch Zumutungen für viele Menschen bedeuten, kann nicht nachdrücklich genug betont werden: Der Erfolg dieses Unternehmens hängt nicht zuletzt von der Glaubwürdigkeit der Politikerinnen und Politiker ab, die diesen Prozess gestalten. Nur jene Politiker werden von den Menschen als legitime Anwälte des Gemeinwohls und der sozialen Gerechtigkeit akzeptiert werden, die sich auch in ihren eigenen Angelegenheiten anständig verhalten. Das Fehlverhalten Einzelner hingegen kann die Politik und die staatlichen Institutionen insgesamt nachhaltig in Misskredit bringen. Es ist deshalb äußerst wichtig, dass das Vertrauen der Menschen in die Unabhängigkeit und die Gemeinwohlverpflichtung der Politik nicht beschädigt wird und dass jeder Eindruck von Klientelpolitik und Vetternwirtschaft vermieden wird.

Insofern ist es richtig, dass der Deutsche Bundestag 2005 beschlossen hat, dass die Abgeordneten ihre Nebentätigkeiten offenlegen müssen. An dem Streit, ob das momentan in der richtigen Form geschieht, will ich mich gar nicht beteiligen. Natürlich kann man von einem Abgeordneten, der noch seinen Beruf als Rechtsanwalt, Steuerberater oder Arzt ausübt, nicht verlangen, dass er die Namen und Honorare seiner einzelnen Mandanten und Patienten publik macht. Aber als Bürger und Wähler möchte ich schon wissen, wann ein Abgeordneter bei einer Parlamentsentscheidung auch durch eigene finanzielle Interessen betroffen ist.

Die USA werden uns in Europa in vielen Bereichen gerne als leuchtendes Beispiel vor Augen gestellt. Nun, dann sollten unsere Politiker ihren amerikanischen Kollegen auch in eigener Sache folgen: Amerikanische Abgeordnete und Senatoren haben gemäß dem nach dem Watergate-Skandal beschlossenen *Ethics in Government Act* umfassend ihre eigenen Einkünfte und auch Schulden offenzulegen und zum Teil sogar die ihrer Ehepartner und Kinder. Einkommen aus anderen beruflichen Tätigkeiten dürfen amerikanische Parlamentarier nur bis zu einer Höhe von 15 Prozent ihrer Abgeordnetendiäten beziehen, und bestimmte Berufe, die für Interessenkollisionen prädestiniert sind, dürfen sie gar nicht nebenher ausüben.

Wenn Abgeordnete sich von Lobbyisten in teure Restaurants einladen lassen oder wenn Regierungsmitglieder sich ihre Urlaubsreisen von Freunden aus der Wirtschaft finanzieren lassen, dann beschädigen sie das Vertrauen der Menschen in die Politik. Das Gleiche gilt, wenn ein Minister unmittelbar nach seinem Ausscheiden aus dem Regierungsamt einen Posten in einem Unternehmen übernimmt, das in eben jenem Bereich wirtschaftlich tätig ist, für den er zuvor politische Verantwortung getragen hat. Meiner Ansicht nach muss im Interesse der Integrität der staatlichen Institutionen jeder Anschein vermieden werden, dass es einen Zusammenhang zwischen im Amt getroffenen Entscheidungen und einer nach dem Ausscheiden aufgenommenen Tätigkeit in der freien Wirtschaft geben könnte. Deswegen kann ich gut verstehen, dass ein Verhaltenskodex für ausscheidende Regierungsmitglieder gefordert wird, der auch bestimmte Karenzzeiten für die Aufnahme einer beruflichen Tätigkeit im Umfeld der vorherigen Regierungs- und Abgeordnetentätigkeit beinhalten soll.

VIII

Globalisierung
der Gerechtigkeit

Plädoyer für eine solidarische
Weltordnung

»Eine Welt, ein Traum« – das war das Motto der 29. Olympischen Sommerspiele in Peking. Doch für viele Menschen war dieser gigantisch inszenierte Traum ein einziger jahrelanger Alptraum. Ich war den Medien dankbar, dass sie auch die Schattenseiten des heutigen China ausgeleuchtet haben. Sie haben dafür gesorgt, dass das traurige Schicksal der Tibeter und anderer Minderheiten, auch der Christen, in dem Riesenreich wieder stärker in das Bewusstsein der Weltbevölkerung gerückt worden ist. Und sie waren – trotz aller Restriktionen durch die chinesischen Zensurbehörden – mit ihren Kameras und Mikrofonen nicht nur bei den Athleten und Sportfunktionären, sondern sie haben auch nach dem alltäglichen Leben der einfachen Menschen in China geschaut. Und so sahen wir nicht nur die Folklorekulisse aus wehenden Fahnen und lächelnden Gesichtern chinesischer Tänzerinnen. Sehr zum Ärger der kommunistischen Machthaber Chinas wurde die Welt auch aufmerksam auf die elenden Lebensverhältnisse vieler Chinesen.

Nehmen wir nur die Bauarbeiter, von denen die glanzvollen Wettkampfstätten errichtet worden waren. Die bekamen für ihre harte Arbeit einen Hungerlohn; sie mussten in den

Rohbauten schlafen und hatten nicht einmal ordentliche sanitäre Anlagen zur Verfügung. Keiner von ihnen hatte das Geld, um sich die Spiele in den selbst errichteten Stadien anzuschauen. Und nicht nur in den Wettkampfstätten, sondern in ganz Peking war nach getaner Arbeit kein Platz mehr für sie. Wie Hunderttausende andere Menschen wurden sie zur Vorbereitung der Olympiade kurzerhand aus der Stadt entfernt.

Nach Angaben der Menschenrechtsorganisation *Centre on Housing Rights and Evictions* wurden im Zuge der »Stadtmodernisierung« für Olympia rund 1,5 Millionen Menschen im Großraum Peking umgesiedelt – zum großen Teil gegen ihren Willen und ohne angemessene Entschädigung. In der kommunistischen Volksrepublik China gehören Grund und Boden dem Staat und können deshalb für öffentliche Baumaßnahmen jederzeit in Anspruch genommen werden. Vor den Olympischen Spielen traf es vor allem die Alten und Armen in einigen heruntergekommenen Wohnbezirken. Ihr Elend, so befürchtete man wohl, hätte die ausländischen Besucher irritieren und insbesondere die internationale Presse auf die Idee bringen können, über die Opfer des weltweit bewunderten chinesischen Wirtschaftswunders zu berichten. Die chinesische Führung war sich der Macht der Bilder bewusst. Keine Tränen sollten aus dem Land des Lächelns gezeigt werden. Aber in einer auch medial globalisierten Welt können Diktaturen die Not ihres Volkes nicht mehr so leicht verstecken wie früher.

Aber die Arbeiter auf den Olympia-Baustellen hatten es sogar noch vergleichsweise gut. Während die Welt auf die Vorbereitung der Sommerspiele blickte, sahen die staatlichen Instanzen darauf, dass die schlimmsten Brutalitäten unterblieben. Der Alltag eines chinesischen Arbeiters ist sonst oft der blanke Horror. Millionen Wanderarbeiter im Reich der Mitte werden um ihre Löhne betrogen. Manche arbeiten ein ganzes Jahr und werden dann um den versprochenen Lohn geprellt. Verträge, mit denen sie beweisen könnten, dass sie gearbeitet haben, besitzen sie nicht. Korrupte Beamte decken solche Betrügereien skrupelloser Unternehmer. Arbeiter, die sich beschweren, bekommen statt Hilfe nicht selten noch mehr Schwierigkeiten, werden in den schlimmsten Fällen wegen Störung der öffentlichen Ordnung ins Gefängnis gesteckt oder gar zu Tode geprügelt.

Im März 2007 veröffentlichte die Menschenrechtsorganisation *amnesty international* eine erschütternde Dokumentation über das Schicksal chinesischer Wanderarbeiter. Es geht um 200 Millionen Menschen, die das Wirtschaftswunder im Reich der Mitte erst möglich gemacht haben, denen aber nicht nur fundamentale Arbeitnehmer-, sondern auch Menschenrechte verweigert werden. Bis 2015 soll dieses Heer der Elenden auf 300 Millionen Menschen anwachsen. Sie ziehen durch ganz China, um in den neuen Industriemetropolen zu arbeiten. Es ist die größte Migrationsbewegung, die sich je in Friedenszeiten irgendwo auf der Welt ereignet hat.

China hat in den letzten 25 Jahren durch Maßnahmen der wirtschaftlichen Liberalisierung erhebliche Entwicklungsfortschritte gemacht und ist zu einer starken Wirtschaftsmacht geworden. Dadurch ist durchaus auch die gesamtgesellschaftliche Wohlfahrt gesteigert worden. Es entwickelt sich eine Mittelschicht, die einen zunehmenden Wohlstand genießt und deren Lebensstandard sich westlichem Niveau annähert. Auch ist die Zahl der Armen – statistisch gesehen – in diesem Zeitraum geringer geworden. Aber wie im Europa des 19. Jahrhunderts hat der chinesische Kapitalismus auch seine gravierenden Schattenseiten. Vom Bild einer Sozialen Marktwirtschaft ist das weit entfernt.

Die Zustände, unter denen die Wanderarbeiter leben und arbeiten müssen, ähneln jenen, denen europäische Arbeiter in den dunkelsten Phasen der Frühindustrialisierung ausgesetzt waren. 14 bis 16 Stunden Arbeit an sieben Tagen die Woche, ein freier Tag im Monat, entwürdigende Arbeitsbedingungen, keine Krankenversicherung und eine kaum das physische Überleben sichernde Bezahlung sind an der Tagesordnung. Der Amnesty-Bericht beginnt mit der Geschichte des Arbeiters Cha Guoqun, der vom Land in die Stadt Hangzhou im Osten Chinas gezogen war, um dort in einer Fabrik zu arbeiten. Als er sich eine Schnittwunde an seinem Bein zuzog und die sich entzündete, ging er in ein staatliches Krankenhaus. Weil er keine Krankenversicherung hatte, stellte der Arzt ihn vor die Wahl: Entweder für die Behandlung im Krankenhaus 1000 Yuan täglich aus eigener Tasche zahlen oder das Bein wird amputiert. 1000 Yuan, das sind 95 Euro – das Doppelte von Cha Guoquns Monatsverdienst. Er hatte Glück: Er wurde in dem Krankenhaus einer christlichen Hilfsorganisation umsonst behandelt; sein Bein konnte gerettet werden. Dieses Glück haben nicht alle Arbeiter in China.

Zhang, eine 21-jährige Näherin, die innerhalb von vier Jahren in neun verschiedenen Fabriken gearbeitet hat und dabei eine schreckliche Erfahrung nach der anderen machen musste, berichtet in einem Artikel von *China Labour Bulletin* über ihre Zeit in einem Textilbetrieb:

> »Wir mussten jeden Tag Überstunden machen und durften frühestens um 23 Uhr Schluss machen. Manchmal mussten wir auch bis 2 oder 3 Uhr morgens arbeiten, und trotzdem am nächsten Tag pünktlich zum Arbeitsbeginn erscheinen. Morgens fingen wir um 7.30 Uhr an, um 12 Uhr war Mittagspause. Sie sagten, wir hätten eine halbe Stunde Zeit zum Essen und zum Ausruhen, aber sofort nach dem Essen sind alle wieder an die Arbeit gegangen. Der beste Tag war der Sonntag; da mussten wir nur bis 21.30 Uhr arbeiten. Wir waren alle völlig ausgelaugt. Einige

wurden sogar ohnmächtig vor Erschöpfung. Manche waren so müde, dass ihre Finger in die Nähmaschinen gerieten. Danach konnten sie nicht sagen, wie das passiert ist. Aber es war, weil sie völlig übermüdet und im Halbschlaf waren. Jeden Tag gab es einen Morgenappell. Einmal ist eine Frau während des Morgenappells einfach zusammengebrochen. Wir versuchten sie aufzurichten, aber es klappte nicht. Schließlich durfte ihr Mann, der in meiner Abteilung arbeitete, sie nach Hause tragen, und sie machte einen Tag Pause.«

In der letzten Station auf ihrem vierjährigen Horrortrip quer durch das Wirtschaftswunderland China zog sich Zhang an einer völlig unzureichend gesicherten Maschine eine schwere Verletzung zu. Obwohl ihr Arbeitgeber, ein bekannter Hersteller von Designer-Mode, aufgrund grober Fahrlässigkeit eindeutig Schuld an dem Arbeitsunfall hatte, war er nur auf heftiges Drängen von Zhang und ihren Verwandten bereit, sich an den Kosten für die Behandlung im Krankenhaus zu beteiligen.

Inzwischen arbeitet die junge Frau in einem Beratungszentrum für Arbeiterinnen und Arbeiter. Sie möchte die Menschen über ihre Rechte aufklären und ihnen helfen, diese durchzusetzen. Aber das ist nicht so einfach, denn Wanderarbeiter sind praktisch vogelfrei im Reich der Mitte. Das hängt zusammen mit dem chinesischen *Hukou*-System, einer strengen Wohnsitzkontrolle. Offiziell darf sich in China niemand ohne staatliche Erlaubnis außerhalb des Wohnbezirks, in dem er registriert ist, niederlassen. Eine behördliche Ausnahmegenehmigung ist nicht einfach zu bekommen. Voraussetzung sind ein polizeiliches Führungszeugnis, eine Genehmigung der Heimatbehörde und ein gültiger Arbeitsvertrag. Die Behörden verlangen Gebühren für die Papiere, die schlechtbezahlten Beamten wollen zudem meist noch ein

Schmiergeld. Zig Millionen verzweifelte Menschen, die vor der Not auf dem Land in die Städte fliehen, haben aber weder das nötige Geld noch einen Arbeitsvertrag, um die Genehmigungen zu bekommen. Sie sind Illegale im eigenen Land.

Die Fabrikbesitzer wissen das sehr genau, und viele von ihnen nutzen die hilflose Lage ihrer Arbeiter skrupellos aus. In China gibt es durchaus einen staatlich festgesetzten Mindestlohn und auch andere gesetzlich geregelte Mindestarbeitsbedingungen. Wer aber keine gültigen Meldepapiere hat, kann nicht einfach zu den Behörden gehen und sich beschweren, dass seine Rechte verletzt werden. Und weil die Menschen keine Arbeitsverträge bekommen, haben sie auch keine Aussicht auf Besserung ihrer Situation.

Besonders bedrückend ist noch ein anderer Aspekt, den auch *Amnesty International* dankenswerterweise in seiner Studie prominent herausstellt. Das ist das Schicksal der Kinder der Wanderarbeiter. Da ihre Eltern sich illegal in den Städten aufhalten, ist den Kindern der Zugang zu den dortigen staatlichen Schulen in der Regel verschlossen. Die chinesischen Gesetze garantieren jedem Kind eine neunjährige Schulbildung, aber diese muss an dem behördlich zugewiesenen Wohnort wahrgenommen werden. Manchmal greifen die Eltern zur Selbsthilfe und versuchen mit den wenigen ihnen zur Verfügung stehenden Mitteln private Schulen für ihre Kinder zu organisieren. Diese erfüllen dann allerdings meist nicht die staatlichen Auflagen und werden von den Behörden geschlossen. Der Bericht zitiert einen in Peking arbeitenden verzweifelten Vater:

»Ich fühle mich sehr schlecht. Wir kommen aus allen Teilen Chinas und tragen zu der Entwicklung Pekings bei. Aber wir bekommen keine Unterstützung von der Stadt oder von irgendwo sonst her. Die normalen staatlichen Schulen nehmen keine Migrantenkinder. Deshalb unterrichten wir die Kinder selbst und hoffen, dass sie ein bisschen lernen. Es ist hart für uns. Aber wir hatten nicht gedacht, dass es für unsere Kinder genauso hart wird.«

Wegen der Schwierigkeiten, in den Städten Zugang zu den Schulen und zur Gesundheitsversorgung zu bekommen, lassen viele Wanderarbeiter ihre Kinder auf dem Land zurück. Laut einer Studie der Pekinger Renmin-Universität sehen 80 Prozent der Mütter, die als Wanderarbeiterinnen leben, ihre Kinder nur ein- bis zweimal im Jahr, 12 Prozent sogar noch seltener.

Auch die chinesische Politik scheint allmählich zu merken, dass sich das Land hier nicht nur eine große moralische Schuld, sondern auch eine gewaltige Hypothek für die zukünftige Entwicklung auflädt. Der Amnesty-Bericht zitiert ein Mitglied des Nationalen Volkskongresses, des chinesischen Parlaments:

»Die Eltern der Kinder von Wanderarbeitern werden erniedrigt, und die Kinder selbst werden auch wieder diskriminiert. Ihre Seelen werden verwundet, und sie werden die Gesellschaft, in der sie aufwachsen, hassen. Deshalb werden sie einmal eine Bedrohung für diese Gesellschaft darstellen.«

Das alles passiert in einem nominell kommunistischen Land. Mein Namensvetter Karl und auch sein eigensinniger chinesischer Epigone Mao Tse-tung würden sich mit Sicherheit im Grabe umdrehen, wenn sie wüssten, was unter der Flagge des Kommunismus im heutigen China passiert. Man könnte den Eindruck gewinnen, dass die derzeitige chinesische Führung es sich zum Ziel gesetzt hat, die jeweils dunkelsten Seiten des Kommunismus und des Kapitalismus zu einer noch nie dagewesenen Synthese zu bringen.

Das Beispiel des Riesenreichs China, das mit aller Macht auf den globalisierten Markt drängt und sich anschickt, eine der führenden Wirtschaftsnationen der Welt zu werden, macht besonders gut deutlich, dass heutzutage eine nationale Blickverengung in wirtschaftlichen und sozialen Fragen unweigerlich in eine Sackgasse führt. Uns kann es nicht egal sein, wenn in chinesischen Fabriken Arbeitnehmerrechte mit Füßen getreten werden – aus moralischen Gründen nicht, aber auch nicht im Hinblick auf die wirtschaftliche und soziale Zukunft bei uns zu Hause. Ein chinesisches Textilunternehmen, das seinen Arbeitern einen Stundenlohn von 10 Cent zahlt, um dadurch seine Produkte auf dem Weltmarkt konkurrenzlos billig anbieten zu können, bedroht nicht nur das soziale Gleichgewicht in China, sondern auch in Europa und den USA. Es gibt keine Erste, Zweite und Dritte Welt, die nichts miteinander zu tun haben, sondern es gibt nur *Eine Welt*, und was auf ihr passiert, betrifft uns alle.

Ein Umdenken ist dringend erforderlich, auch von uns als Konsumenten. Wenn es beim Textildiscounter um die Ecke eine Jeans für ein paar Euro gibt, sollten wir uns, bevor wir zugreifen, einmal fragen, wie solche Preise überhaupt zustande kommen können. Aber auch bei teureren Textilien sollten wir einmal auf das Etikett schauen und uns die Frage stellen, wo und unter welchen Bedingungen die Sachen hergestellt werden. Wir müssen uns viel stärker unserer Macht als Verbraucher bewusst werden und hier Verantwortung übernehmen. Wenn an den Produkten eines Unternehmens das Blut und die Tränen von modernen Arbeitssklaven kleben, dann sind wir moralisch verpflichtet, diese Produkte nicht zu kaufen, mit unserem Geld solche Verhältnisse nicht zu unterstützen. Ich freue mich über kritische Medien, die uns als Konsumenten helfen und die modernen Ausbeuter zunehmend beim Namen nennen.

»Und er sah sie der Reihe nach an, voll Zorn und Trauer über ihr verstocktes Herz«. Dieses Wort über Jesus aus dem Markus-Evangelium kommt mir manchmal in den Sinn, wenn ich an das Unrecht in unserer Welt denke. Meinen Sie nicht, Zorn sei in jedem Fall eine Sünde. Zorn, der in blinde Wut und Hass umschlägt, der ist in der Tat eine Sünde, sogar eine der sieben Hauptsünden. Aber jener Zorn, der sich nicht gegen etwas richtet, sondern der Leidenschaft für die gute Sache widerspiegelt, der nicht zerstören, sondern wachrütteln und zur Veränderung motivieren will, jener Zorn ist keine Sünde, sondern eine Tugend. Dieser Zorn sagt uns: Schimpfen wir nicht nur. Gemeinsam können wir eine Menge ausrichten und verändern.

1995 zum Beispiel haben die Verbraucher den milliardenschweren Weltkonzern *Shell* in die Knie gezwungen. Aus Protest gegen die Versenkung der Ölplattform *Brent Spar* in der Nordsee boykottierten Autofahrer europaweit dessen Tankstellen. In Deutschland verzeichneten Shell-Tankstellen einen Einbruch der Umsätze um 30 bis 70 Prozent. Der Konzern holte die Ölplattform, die schon auf dem Weg zu ihrem Versenkungsort war, deshalb zurück an Land und demontierte sie dort. So etwas geht auch, wenn Unternehmen zwar nicht die Natur, wohl aber die soziale Gerechtigkeit bedrohen.

Wir dürfen bei unserem Einsatz für ökologische und soziale Verantwortung nicht gegen den Markt kämpfen, sondern wir müssen uns seine Gesetze zunutze machen. Wer als Unternehmer und Arbeitgeber soziale Fairness beweist, muss von uns als Verbrauchern belohnt und vor der unlauteren Konkurrenz unsozialer Marktteilnehmer geschützt werden. Wer dagegen im internationalen Wettbewerb gegen soziale Mindeststandards verstößt, muss an den medialen Pranger gestellt und so vom Markt verdrängt werden.

In unseren Geschäften und Supermärkten gibt es immer mehr Produkte mit Bio-Siegel. Warum gibt es eigentlich kein

Gerechtigkeits-Siegel, damit wir als Konsumenten nicht nur in ökologischer, sondern auch in sozialer Hinsicht Verantwortung übernehmen können?

Jugendliche, das weiß ich wohl, haben ein Faible für Marken. Manch einer schimpft darüber. Aber wenn es »Marken der Gerechtigkeit« gäbe, dann bin ich sicher: Die Jugendlichen würden sie zu Marktführern machen. Aus meinen vielen Begegnungen mit jungen Menschen weiß ich, dass Papst Benedikt XVI. völlig Recht hatte, als er kurz nach seiner Wahl sagte: »Es ist gar nicht wahr, dass die Jugend vor allem an Konsum und an Genuss denkt. Es ist nicht wahr, dass sie materialistisch und egoistisch ist. Das Gegenteil ist wahr: Die Jugend will das Große. Sie will, dass dem Unrecht Einhalt geboten ist. Sie will, dass die Ungleichheit überwunden und allen ihr Anteil an den Gütern der Welt wird. Sie will, dass die Unterdrückten ihre Freiheit erhalten. Sie will das Große. Sie will das Gute.«

Gerade viele junge Menschen in aller Welt ergreifen beherzt die neuen Möglichkeiten, die sich ihnen durch die Globalisierung bieten. Sie lernen Sprachen und besuchen fremde Länder. Das ist gut so, und das macht mir Hoffnung. Weltweite Solidarität wird nur dann Wirklichkeit werden, wenn das Verständnis der Menschen in aller Welt füreinander wächst, wenn das Fremde und das andere nicht als Bedrohung, sondern als Bereicherung wahrgenommen werden. Eine solche Haltung aber wächst am besten in wirklicher menschlicher Begegnung. Solche Orte der Begegnung sind zum Beispiel die Weltjugendtage, auf denen sich junge Menschen aus der ganzen Welt unter dem einigenden Dach der Kirche versammeln, um gemeinsam zu beten und zu feiern.

Am besten lernt man Menschen natürlich kennen, wenn man sie dort besucht, wo sie zu Hause sind. Und noch besser ist es, wenn man eine Zeitlang mit ihnen zusammenlebt. Ich bewundere jene jungen Menschen, die nach ihrer Schulzeit zum Beispiel als *Missionare auf Zeit* für ein Jahr nach Lateinamerika, Asien oder Afrika gehen und dort in Pfarrgemeinden, Sozialstationen und Schulen mit den Armen leben, beten und arbeiten.

Als ich jung war, gab es solche Möglichkeiten noch nicht. Aber Anfang 1999, da war ich noch Weihbischof in Paderborn, hatte ich die Gelegenheit, im Rahmen der Deutschen Kommission Justitia et Pax einmal an einem Exposure-Programm auf den Philippinen teilzunehmen. Das war für mich eine sehr eindrucksvolle Erfahrung.

Exposure bedeutet Ausgesetztsein, Aufdeckung, Enthüllung. In Exposure-Programmen kommt es zu unmittelbaren Begegnungen von Menschen aus dem reichen Teil der Welt mit Armen in unterentwickelten Ländern. Die Teilnehmer verbringen einige Tage bei Gastfamilien und teilen deren Alltag. Es ist eine Begegnung für kurze Zeit, aber in dieser Zeit setzen sich die Teilnehmer der Realität von Armut und Unterentwicklung aus. Dadurch entsteht ein neuer Blick auf diese Probleme. Sie sind fortan nicht mehr bloß abstrakte Probleme, von denen man in den Nachrichten hört oder die sich in Zahlen ausdrücken, sondern es sind die existentiellen Probleme wirklicher Menschen, mit denen man am Tisch gesessen, mit denen man gegessen, geredet, gebetet und gelacht hat. Die Armut hat fortan ein Gesicht.

Ich selbst habe auf den Philippinen einige Tage bei einer Familie in Dahat/Lagonoy gelebt. Die Eindrücke, die ich dort an wenigen Tagen gesammelt habe, haben mich zutiefst berührt. In dem Haus lebte eine Witwe mit ihren Kindern und Enkeln. Als ich dort war, war ihre Schwiegertochter Tessie erst seit einigen Wochen wieder zu Hause. Über Bekannte hatte sie eine Arbeitsstelle als Hausmädchen in Kuwait bekommen und verdiente dadurch mehr als ihr Mann. Der war Busfahrer und fuhr täglich zehn Stunden nach Manila und zurück. In der Familie kam er nicht vor. Wenn er zu

Hause war, schlief er. Fünf Jahre war Tessie ununterbrochen in Kuwait gewesen und hatte ihre eigenen Kinder nicht gesehen. Sie war damals auf Urlaub in Dahat und wollte einige Wochen später wieder nach Kuwait zurückkehren – für mindestens weitere drei Jahre. Sie träumte davon, dann so viel Geld verdient zu haben, dass sich die Familie ein kleines Haus leisten und sie endlich daheim bleiben könnte. Ihr ältester Sohn wäre dann schon volljährig gewesen, und sie hätte ihn in acht bis zehn Jahren nur dieses eine Mal für einige Wochen gesehen. Auch für mich hatte Armut nach dieser Zeit auf den Philippinen fortan einen Namen und ein menschliches Gesicht.

Natürlich möchte ich nicht bei diesem Bereich der persönlichen Erfahrung bleiben. Das wäre übrigens auch nicht im Sinne des Erfinders: Exposure-Programme sind Teil von Entwicklungspolitik; sie sollen durch die Begegnung im Kleinen zum Handeln im Großen bewegen. Die unmittelbare Erfahrung der Folgen von Armut und Ausgrenzung sollen zur Solidarität motivieren. Denn das brauchen wir: eine weltweite Solidarität.

Politiker, die angesichts der Globalisierung für den Vorrang nationaler Eigeninteressen plädieren, seien sie auch noch so »wohl verstanden«, gehen von einem konstruierten und falschen Gegensatz aus. Tragfähige Antworten zur Lösung der neuen Sozialen Frage und zur Sicherung von nachhaltigem Wachstum wird es nur im weitsichtigen globalen Interessenausgleich geben, nicht in einer Politik, die kurzfristige Eigeninteressen als die eigentlichen ausgibt. Die wechselseitige Abhängigkeit von Nord und Süd, Ost und West, von Arm und Reich in der Einen Welt wird immer offensichtlicher.

Ich habe keine grundsätzlichen Einwände gegen die Globalisierung. Sie entspricht in gewisser Weise dem Gedanken der einen Menschheitsfamilie, den wir als Kirche stark machen wollen. Dass also die Welt ökonomisch zusammenwächst, ist zunächst einmal ein Faktum. Aber es ist nicht ein Faktum wie das Wetter, das man bei Regen und bei Sonnenschein einfach hinnehmen muss. Die Globalisierung ist kein naturwüchsiger Vorgang, sondern eine menschliche Gestaltungsaufgabe. Der weltberühmte Wirtschafts-Nobelpreisträger und ehemalige Chefökonom der Weltbank Joseph Stiglitz hat die Ambivalenz und Gestaltungsoffenheit des Prozesses in zwei Büchern verarbeitet: 2002 erschien der Titel *Die Schatten der Globalisierung*, 2006 folgte *Die Chancen der Globalisierung*.

Wenn ich als Christ über die Globalisierung nachdenke, dann ist für mich die universale Ausrichtung des christlichen Glaubens entscheidend: Alle Menschen sind nach dem Bild Gottes geschaffen. Wir Christen verstehen die Menschheit deshalb als eine Gemeinschaft, in der eine jede und ein jeder gleich ausgestattet ist mit einer unantastbaren Würde und in der alle miteinander verbunden sind. In dieser Gemeinsamkeit gründet auch die Pflicht zu einer Solidarität, die sich prinzipiell weder auf die eigene Familie oder das persönliche Lebensumfeld noch auf die Angehörigen von Interessengruppen, Nationen oder Bündnissen eingrenzen lässt. Es ist deshalb, wie schon das Zweite Vatikanische Konzil sagt, die Aufgabe der Menschheit, »eine politische, soziale und wirtschaftliche Ordnung zu schaffen, die immer besser im Dienst des Menschen steht und die dem Einzelnen wie den Gruppen dazu hilft, die ihnen eigene Würde zu behaupten und zu entfalten« (*Gaudium et Spes* 9).

Christlich verstandene Solidarität ist global. Für die aktuelle Globalisierungsdebatte folgt daraus zweierlei: Erstens: Globalisierung, wenn sie verstanden wird als das zunehmende Zusammenrücken in der *Einen Welt*, ist für uns Christen kein Anlass für Untergangsprophetien, sondern in gewissem

Sinne Anknüpfungspunkt für die universale Grundausrichtung und Vision unseres Glaubens. Völlig zu Recht hat der Soziologe Franz-Xaver Kaufmann deshalb die katholische Kirche einmal als den ältesten *global player* bezeichnet, der sich immer schon als Institution mit einem weltweiten Auftrag verstanden hat.

Zweitens: Weil wir im Glauben die globale Einheit der Menschheitsfamilie niemals losgelöst denken können von den Kategorien der gleichen Würde aller und der verpflichtenden Solidarität füreinander, müssen Christen die konkreten Globalisierungsverläufe stets daran messen, ob und inwieweit sie der Würde aller Menschen und ihren elementaren Rechten gerecht werden. Unser Leitbild ist dabei, mit unserem verstorbenen Papst Johannes Paul II. gesprochen, eine Globalisierung der Solidarität, eine Globalisierung der Gerechtigkeit: »Das Gemeinwohl der ganzen Menschheit bedeutet eine Kultur der Solidarität mit dem Ziel, der Globalisierung des Profits und des Elends eine Globalisierung der Solidarität entgegenzuhalten.«

Die Katholische Soziallehre hat immer darauf bestanden, dass Solidarität nicht nur eine Leitorientierung individuellen Verhaltens, sondern auch ein Ziel und Prinzip der sozialen und politischen Ordnung darstellt. Unter dem Vorzeichen ökonomischer Globalisierung hat das weitreichende Folgen. Denn es ist nicht weniger gefordert als die Schaffung einer politischen Ordnung auf Weltebene. Allgemein hat sich der englische Begriff *Global Governance* durchgesetzt. Dabei geht es zum einen darum, eine Rahmenordnung für die sich globalisierende Wirtschaft und den Welt-Finanzmarkt zu entwickeln und damit einen fairen Wettbewerb allererst zu ermöglichen. Aber *Global Governance* ist nicht nur auf die Wirtschaft bezogen. Es geht ganz allgemein darum, ein System von Institutionen und Regeln zu schaffen, die auf die globalen Herausforderungen zugeschnitten sind. Dabei ist darauf zu achten, dass dem Recht *aller Menschen* auf Teilhabe an den materiellen und kulturellen Gütern und auf Teilhabe an politischer Gestaltungsmacht Rechnung getragen wird. Auf die Notwendigkeit einer institutionell gesicherten internationalen Zusammenarbeit hat Papst Paul VI. schon 1965 in seiner Ansprache vor den Vereinten Nationen hingewiesen: »Wer sieht nicht die Notwendigkeit ein, allmählich zur Errichtung einer die Welt umfassenden Autorität zu kommen, die imstande ist, auf der rechtlichen wie auf der politischen Ebene weltweit zu handeln?«

Den Kern einer solchen Weltordnungspolitik sollten die *Vereinten Nationen* bilden sowie die bereits bestehenden internationalen Organisationen, die zum Teil, aber nicht sämtlich zum System der Vereinten Nationen gehören oder mit ihm vertraglich verbunden sind. In diesem Zusammenhang sind vor allem zu nennen: die *Welthandelsorganisation* (*World Trade Organization*, WTO), die *Organisation für wirtschaftliche Zusammenarbeit und Entwicklung* (*Organisation for Economic Co-operation and Development*, OECD), der *Internationale Währungsfonds* (IWF), die *Weltbank* und die *Internationale Arbeitsorganisation* (ILO). Diese Organisationen sind erforderlich, um die Globalisierung der Wirtschaft durch eine Globalisierung der Politik zu ergänzen. Sie dienen dazu, der Entwertungsspirale des Politischen angesichts einer weltweit vernetzten Ökonomie entgegenzuwirken.

Blickt man auf die Realität der internationalen Organisationen, muss man aber feststellen, dass sie ihre Aufgabe, Institutionen einer solidarisch ausgerichteten *Global Governance* zu sein, bislang nur in Ansätzen wahrnehmen. Fehler in der Vergangenheit haben IWF, Weltbank und WTO vielmehr den nicht ganz unberechtigten Vorwurf eingehandelt, in vielen Fällen eher eine kurzsichtige Interessenpolitik für die Wall Street zu betreiben, als ordnungspolitische Verantwortung zu übernehmen.

Ich denke hier zum Beispiel an die Asienkrise Ende der neunziger Jahre des letzten Jahrhunderts. Joseph Stiglitz, der die Wirtschaftsregion drei Jahrzehnte lang studieren konnte, aber auch andere haben die damaligen Vorgänge inzwischen ausführlich analysiert. Natürlich spielte auch eine verfehlte Wirtschaftspolitik in den betroffenen Ländern eine Rolle, und vielerorts waren Korruption und Günstlingswirtschaft verbreitet. Aber auch der IWF hatte erhebliche Fehler begangen.

Der IWF hatte den wirtschaftlich erstarkenden Ländern Asiens eine zu schnelle Öffnung ihrer Finanz- und Kapitalmärkte verordnet. Das lag vor allem im Interesse der amerikanischen und der europäischen Finanzindustrie, die an dem asiatischen Boom mitverdienen wollte. Der IWF versäumte es aber zu prüfen, ob die betroffenen Länder den aus dieser Liberalisierungspolitik resultierenden enormen Kapitalzufluss durch Kredite aus dem Ausland, das Risiko von Devisenspekulationen und die Gefahr einer großen Kapitalflucht in Krisenzeiten überhaupt bewältigen konnten. Sie konnten es nicht, ihr Finanz- und Bankensystem war viel zu schwach.

Geblendet von dem Glanz der Wachstumsraten gewährten zahlreiche Banken asiatischen Firmen großzügige und häufig nicht gesicherte Fremdwährungskredite. Dadurch war die asiatische Wirtschaft den Gefahren der Wechselkursschwankungen auf dem internationalen Devisenmarkt ausgesetzt. Amerikanische und europäische Spekulanten, die auch mitverdienen wollten, investierten über jedes realistische Maß hinaus in asiatische Aktien und Immobilien. Es entwickelte sich ein gigantischer spekulativer Boom, der größtenteils auf Pump finanziert war. Offensichtlich hatten viele Leute vergessen, wie so etwas bereits 1929 geendet hatte.

Es kam also, wie es kommen musste. Als der Aufschwung ins Stocken geriet, bekamen die ausländischen Banken und Investoren kalte Füße, erneuerten ihre ehedem großzügig gewährten Kredite nicht mehr und zogen hektisch ihr Kapital aus der Region ab.

Zu allem Überfluss lockte die Krise Währungsspekulanten an. Einige amerikanische und europäische Hedgefonds und Investmentbanken witterten leichte Beute. Wie ein Rudel hungriger Wölfe stürzten sie sich auf Thailand. Unter Einsatz von Milliarden Dollar spekulierten sie gegen die thailändische Landeswährung, den Baht. In einem verzweifelten Abwehrkampf setzte die thailändische Zentralbank rund 30 Milliarden Dollar ein und musste sich am Ende doch geschlagen geben und den Baht abwerten. Die Währungsspekulanten hatten binnen weniger Wochen geschätzte 8 Milliarden Dollar verdient und Thailand, das die ganze Region mitriss, in den Abgrund gestoßen.

In dieser Situation machte der IWF den nächsten Fehler. Mitten in der wirtschaftlichen Katastrophe, als der thailändische Baht 52 Prozent, der südkoreanische Won 42 Prozent und die indonesische Rupie 77 Prozent ihres Wertes verloren hatten, verordnete der IWF den Regierungen der Länder eine völlig überzogene Spar- und Hochzinspolitik, die deren Volkswirtschaften noch mehr schwächte und die durch die Krise erzeugten sozialen Probleme weiter verschärfte. In Thailand verdreifachte sich die Arbeitslosenquote, in Südkorea vervierfachte sie sich und in Indonesien verzehnfachte sie sich sogar. Insbesondere in Indonesien wurde dadurch das soziale Gleichgewicht völlig aus den Angeln gehoben. Es kam zu einem Ausbruch der Gewalt: Geschäfte wurden geplündert, die seit Jahren schwelenden ethnischen Konflikte eskalierten, und terroristische Anschläge nahmen sprunghaft zu. Immerhin: Diktator Suharto musste nach 32 Jahren an der Spitze Indonesiens abtreten.

Diese kritische Bilanz der IWF-Politik im Zusammenhang mit der Asienkrise darf allerdings nicht zu falschen Schlüssen führen. Nachher ist man immer schlauer, und auch der IWF hat längst eingeräumt, dass er Fehler gemacht hat. Es muss zudem auch gesehen werden, dass der IWF Indonesien, Thailand und Südkorea mit Krediten von mehr als 100 Milliarden Dollar geholfen und sie so vor dem Staatsbankrott bewahrt hat. Auch ohne die unfreiwillige Schützenhilfe des IWF im Vorfeld des Angriffs hätten Währungsspekulanten die asiatischen Tigerstaaten mit hoher Wahrscheinlichkeit attackiert. Mit Sicherheit aber wären die wirtschaftlichen und sozialen Folgen ohne die Hilfe des IWF noch verheerender gewesen.

Gerade die Asienkrise zeigt, dass die bei vielen Globalisierungsgegnern regelrecht verhassten internationalen Organisationen nicht bekämpft, sondern gestärkt werden müssen. Ohne multilaterale Institutionen ist *Global Governance* nicht möglich. Der Weg der Multilateralität ist gerade im Hinblick auf das Ziel einer sozial gerechten Welthandelsordnung alternativlos. Denn bei bloß bilateralen, zwischenstaatlichen Regelungen können sich, wenn es hart auf hart kommt, immer nur die Starken durchsetzen. Wer die Interessen der Armen in der Welt verteidigen und fördern will, tut deshalb gut daran, für stärkere globale Institutionen und für bessere weltweite Regelungen einzutreten.

Ich möchte deshalb unterstreichen, was Bundeskanzlerin Angela Merkel in einem Kommuniqué anlässlich ihres Gespräches mit den Vorsitzenden der wichtigsten internationalen Organisationen am 19. Dezember 2007 gesagt hat:

»Ohne einen fairen politischen Ordnungsrahmen sind Stabilität und Nachhaltigkeit des Globalisierungsprozesses auf Dauer nicht gesichert. Vor allem die führenden Industriestaaten, in zunehmendem Maße aber auch die Schwellenländer müssen Verantwortung und Initiative übernehmen, um geeignete Rahmenbedingungen für eine dynamische, sozial gerechte und ökologisch nachhaltige Weltwirtschaft zu befördern. Die politische Verantwortung für die Gestaltung des Globalisierungsprozesses verlangt jedoch nicht nur eine verstärkte Abstimmung der Regierungen, sondern auch mehr Kohärenz zwischen den führenden internationalen Organisationen wie der Welthandelsorganisation WTO, der Internationalen Arbeitsorganisation ILO, der Organisation für wirtschaftliche Zusammenarbeit und Entwicklung OECD, dem Internationalen Währungsfonds IWF und der Weltbank, um die grundlegenden Werte der Sozialen Marktwirtschaft, des freien Wettbewerbs und Handels sowie des Umwelt-, Verbraucher- und Arbeitnehmerschutzes zu sichern.«

Das wichtige Stichwort hier ist *Kohärenz*. Die bisher zu beklagende begrenzte Wirksamkeit der internationalen Organisationen hängt vor allem zusammen mit den faktischen komplexen Verflechtungszusammenhängen in der globalen Wirtschafts- und Sozialstruktur, der eine unzureichende Koordination zwischen den Institutionen der Weltpolitik gegenübersteht. Hier hinkt die Politik der Realität viel zu sehr hinterher. Man versucht mit Mitteln von gestern oder vorgestern auf die Probleme von heute und morgen zu reagieren. Das kann natürlich nicht gutgehen.

Wenn zum Beispiel von der Internationalen Arbeitsorganisation ILO unter dem Dach der Vereinten Nationen arbeitsrechtliche Mindeststandards formuliert werden, dann darf das in der Praxis der Welthandelsorganisation WTO nicht ignoriert werden, sondern dann müssen diese Kernarbeitsnormen im Welthandel durchgesetzt werden, notfalls mit Hilfe von Sanktionen. In Deutschland oder anderen demokratischen Ländern mit funktionierenden staatlichen Institutionen würden die Bürger ihre Regierung aus dem Amt fegen, wenn die Politik des Wirtschaftsministeriums permanent die Maßnahmen des Arbeits- und Sozialministeriums konterkarieren würde.

Auch manche andere populäre Parole der Globalisierungskritiker ist zu einfach. Da wird beispielsweise immer wieder pauschal behauptet, dass der globale Markt schuld daran sei, dass die Armen immer ärmer würden. Das ist so aber nicht ganz richtig. Es stimmt, wenn der globale Markt keinen Ordnungsrahmen hat und ungleiche Wettbewerbsbedingungen den Armen keine Chance geben. Aber man muss auch klar sagen: Die Armen leiden oft genug darunter, dass der globale Markt von den wohlhabenden Ländern ausgehebelt wird. Das ist etwa dann der Fall, wenn die Industrieländer die Exportwirtschaft der Entwicklungsländer durch die Errichtung von Schutzzöllen und Handelshemmnissen aller Art behindern, ihnen also Chancen verbauen. Hier muss sich etwas ändern.

Ein beispielhafter Schritt in die richtige Richtung ist der 2001 von der EU-Kommission gefasste Beschluss, für die Importe aus den ärmsten Ländern der Welt bis 2009 alle Abgaben, Zölle und Quoten abzuschaffen. Weil am Ende eine vollständige Öffnung des europäischen Marktes für alle Produkte dieser Länder (außer Waffen) steht, hat der damalige EU-Außenhandelskommissar Pascal Lamy von der »Everything-But-Arms-Initiative« gesprochen.

Aber trotzdem bleiben erhebliche Wettbewerbsverzerrungen. Bei Agrarprodukten, einem der wenigen Felder, auf dem die Entwicklungsländer den Industrieländern ernsthafte Konkurrenz machen könnten, schlagen 50 Milliarden Euro Subventionen gewaltig zu Buche, mit denen die EU jährlich die europäische Landwirtschaft fördert. Kritiker haben die EU-Initiative zur Förderung der armen Länder deshalb in »Everything-but-Farms-Initiative« umbenannt. Das ist aber fatal, wenn man bedenkt, dass 70 Prozent der Menschen in den Entwicklungsländern direkt oder indirekt von der Landwirtschaft abhängig sind.

Natürlich plädiere ich nicht dafür, einfach hinzugehen und die Subventionen für die Landwirtschaft in Europa komplett abzuschaffen. Ich weiß sehr wohl, dass auch viele Bauern in Deutschland, Österreich, Polen und den anderen Staaten der EU es nicht leicht haben und um ihre Zukunft kämpfen. Ohne staatliche Unterstützung müssten viele von ihnen aufgeben, was für unsere ländlichen Regionen in wirtschaftlicher, menschlicher, landschaftspflegerischer und kultureller Hinsicht eine Katastrophe wäre. Die Erhaltung einer lebensfähigen Landwirtschaft hat auch für die entwickelten Länder eine weit über den ökonomischen Aspekt hinausgehende Bedeutung.

Die in vielen Ländern betriebene Agrarpolitik hat allerdings in den letzten Jahrzehnten jedes vernünftige ordnungspolitische Maß verloren – zum Schaden nicht nur der armen, sondern auch der reichen Länder. Die EU-Länder, die USA, Kanada und Japan subventionieren ihre Landwirtschaften jährlich mit rund 350 Milliarden Dollar, das ist fast eine Milliarde pro Tag. Die Industrienationen sind in einen regelrechten Subventionswettlauf eingetreten, bei dem es vor allem um Wettbewerbsvorteile auf dem Weltmarkt geht. Nach Schätzungen von Nichtregierungsorganisationen werfen die Industrieländer ihre Agrarprodukte zu Preisen auf den Markt, die um mehr als ein Drittel unter den Produktionskosten liegen.

Da können Entwicklungsländer nicht mithalten. Aber ihnen werden nicht nur die Exportchancen für ihre Landwirtschaftsprodukte geraubt, sondern es werden vor allem auch ihre landwirtschaftlichen Binnenmärkte bedroht, die mit den hoch subventionierten Agrarprodukten aus den Industrieländern überschwemmt werden. Das führt zu der perversen Situation, dass wir schon seit vielen Jahren die Gleichzeitigkeit von Hunger und einer weltweiten Überproduktion an Nahrungsmitteln haben.

Allerdings verursacht der Subventionswettlauf auch Fehlentwicklungen in den Industrieländern. Der mit den immensen Exportsubventionen immer weiter angeheizte Konkurrenzkampf um Anteile auf dem Weltagrarmarkt hat zu instabilen und teils ruinös niedrigen Preisen bei Landwirtschaftsprodukten geführt und notwendige ökologische und ökonomische Anpassungen verhindert. Zahlreiche kleine und mittlere Landwirtschaftsbetriebe sind hieran bereits zugrunde gegangen. Ihnen hat die Subventionspolitik ganz offensichtlich nicht geholfen, sondern schwer geschadet.

Ein Umdenken ist also dringend erforderlich. Die Deutsche Kommission Justitia et Pax hat gemeinsam mit der Katholischen Landvolkbewegung und der Katholischen Landjugendbewegung als eigenen Diskussionsbeitrag in dieser Sache 2005 ein gemeinsames Positionspapier mit dem Titel *Agrarhandel als Testfall für gerechte Welthandelsbedingungen* herausgegeben. Nach unserer Auffassung ist eine völlige Liberalisierung des Agrarmarktes nicht der richtige Weg; sie würde im Norden und im Süden zu einer Konzentration der landwirtschaftlichen Produktion in wenigen riesigen Agrarfabriken führen.

Wer in den Industriestaaten lebenswerte ländliche Regionen und Kulturlandschaften erhalten möchte und wer in den armen Ländern eine die Armutsbekämpfung wirksam befördernde ländliche Entwicklung möchte, muss den bäuerlichen Charakter der Landwirtschaft hier wie dort bewahren. Auch eine Abschaffung der staatlichen Beihilfen und Interventionen ist nicht erstrebenswert. Wir müssen aber ein neues Konzept für unsere Agrarpolitik entwickeln, das die derzeitige »Spirale« bei den Exportsubventionen durchbricht und stattdessen das ordnungspolitische Ziel verfolgt, den lokalen und regionalen Bezug der Landwirtschaft sowohl in den entwickelten als auch den unterentwickelten Ländern wieder zu stärken. Die Überwindung der einseitigen Exportorientierung in der Agrarpolitik ist erforderlich, um die regionalen Wirtschaftskreisläufe zu stärken und auf diese Weise in den unterentwickelten Ländern die Nahrungsmittelversorgung der Bevölkerung verbessern zu können und in den entwickelten Ländern die landschaftspflegerischen und ökologischen Potenziale der Landwirtschaft besser ausschöpfen zu können.

Die Liberalisierung des Welthandels insgesamt muss, wie es Joseph Stiglitz formuliert hat, »asymmetrisch« erfolgen, aber in genau umgekehrter Weise asymmetrisch, als sie es derzeit tut. Im Augenblick üben die Industrieländer Druck auf die Entwicklungsländer aus, damit sie ihre Märkte für die Produkte und Dienstleitungen öffnen, bei denen die Industrienationen Wettbewerbsvorteile haben. Bei den Produkten und Dienstleistungen hingegen, bei denen die Entwicklungsländer die Nase vorn haben, schotten sich die reichen Länder nach wie vor sehr stark ab.

In seinem Buch von 2006 stellt Stiglitz fest, dass – trotz sogenannter »Zollpräferenzen« für Entwicklungsländer – die Industrieländer durchschnittlich viermal so hohe Zölle gegen Entwicklungsländer als gegen andere Industrienationen verhängen. Und er macht die Rechnung auf: »Die Mindereinnahmen, die die reichen Länder den armen Ländern durch Handelshemmnisse bescheren, sind drei Mal höher als die gesamte Entwicklungshilfe, die sie leisten« (Stiglitz 2006, 109). Auch an diesem Missverhältnis sind aber eben nicht Markt und Freihandel schuld, sondern die politische Verhinderung von Markt und Freihandel. Hätten die Entwicklungsländer tatsächlich die Möglichkeit, auf dem Weltmarkt ihre komparativen Vorteile auszuspielen, sähe die Welt anders aus.

Das langfristige Ziel sollte tatsächlich Freihandel, ein fairer Wettbewerb sein. Mittelfristig, also auf dem Weg dorthin, müssten die Welthandelsregeln die armen Länder im Hinblick auf ihre Entwicklungschancen bevorzugen und nicht wie bisher benachteiligen. Das bedeutet, dass nicht die Entwicklungsländer, sondern zunächst einmal die Industrieländer ihre Märkte öffnen müssten. Es geht dabei darum, den Entwicklungsländern überhaupt erst die Chance zu eröffnen, einen leistungsfähigen Wirtschaftsstandort aufzubauen. Natürlich müssen auch die sich entwickelnden Schwellenländer ihre eigenen Märkte dann schrittweise öffnen. Sonst fehlt ihnen der für den wirtschaftlichen Fortschritt notwendige Zugang zu Kapital und innovativem Wissen. Aber das Zauberwort lautet eben: *schrittweise*. Ein spekulativer Boom wie im Vorfeld der Asienkrise gefährdet die wirtschaftliche Stabilität weltweit und nutzt niemandem, außer einigen wenigen »Wall-Street-Zockern«, die mit den Zukunftsperspektiven von Millionen Menschen spielen, als seien es Jetons am Roulettetisch.

Ich weiß, dass gerade angesichts der anhaltend hohen Arbeitslosenzahlen in den meisten Industrienationen viele Menschen die Befürchtung haben, dass eine derartige Entwicklungshilfe die Wettbewerbssituation auf dem Weltmarkt noch weiter verschärfen und damit noch mehr Arbeitsplätze in den reichen Ländern gefährden würde. Dieser Gedanke mag egoistisch erscheinen, ist aber angesichts des vielfältigen Leids, das die Arbeitslosigkeit mit sich bringt, auch für mich nachvollziehbar.

Die gute Botschaft, die uns vor einem Gewissenskonflikt bewahrt, lautet aber: Dieser Gedanke geht von falschen ökonomischen Annahmen aus. Es ist ja nicht so, dass das auf der Welt für Investitionen zur Verfügung stehende Kapital eine feste Summe hat. Wenn ein Deutscher hunderttausend Euro in einem Schwellenland investiert, dann kann man deshalb nicht einfach sagen, dass dieses Geld für Deutschland verloren ist. Denn das zur Verfügung stehende Kapital vermehrt sich mit der Anzahl der Investitionsmöglichkeiten. Und es vermehrt sich die Anzahl der Menschen, die auch in den sich entwickelnden Ländern Güter und Dienstleistungen nachfragen, die in den reichen Ländern produziert werden.

Man könnte also sagen: Es geht nicht darum, einen vorhandenen Kuchen zu teilen, sondern einen größeren Kuchen zu backen. Der mengenmäßig größte Austausch von Gütern und Dienstleistungen findet bekanntlich zwischen den Industrienationen statt, die sich dadurch den eigenen Wohlstand gegenseitig erhalten. Und wenn es in Zukunft mehr wohlhabende Länder geben wird, zwischen denen ein reger Handel stattfinden kann, wird das auch langfristig die wechselseitigen Wohlfahrtsgewinne steigern, die aber dann auch bei allen ankommen müssen und nicht nur bei wenigen Reichen. Dann könnte das wahr werden, was Karl Marx bereits 1867 vorhergesagt hat. Für ihn war es damals freilich eine Befürchtung, für uns heute ist es eine Hoffnung: »Das industriell entwickeltere Land zeigt dem minder entwickelten nur das Bild der eignen Zukunft« (MEW 23, 12).

Um die Armut in der Welt zu bekämpfen, müssen wir auf unseren Wohlstand also nicht ganz verzichten, sondern wir müssen dabei helfen, dass die Armen auch zu Wohlstand kommen. Dafür müssen wir durchaus bereit sein, in Form von Entwicklungshilfe gegenüber den armen Ländern erst einmal etwas abzugeben, also zu teilen. Aber wenn die reichen Länder ihre Hilfe so leisten, dass dadurch wirkliche Entwicklungschancen für die ärmeren Länder eröffnet werden, wird das langfristig nicht nur ihre moralische, sondern auch ihre wirtschaftliche Leistungsbilanz erhöhen. Das erfordert sicherlich Anpassungen, die solidarisch getragen werden müssen.

Diese Vision einer Welt, in der es Wohlstand oder wenigstens Chancen für alle gibt, erscheint uns heute jedoch leider noch wie ein phantastischer, völlig unerreichbarer Traum. Auf der Welt leben heute 6,7 Milliarden Menschen. Mehr als ein Drittel von ihnen, über 2,5 Milliarden, existieren in bitterer Armut; sie müssen mit weniger als zwei Dollar täglich auskommen. Eine Milliarde Menschen hat sogar weniger als einen Dollar pro Tag zur Verfügung. Mehr als 850 Millionen Menschen auf unserer Welt leiden Hunger. Es wird geschätzt, dass täglich 24 000 Menschen an den Folgen von Unterernährung sterben – in der Mehrzahl Kinder.

Wenn wir über das richtige Konzept von Entwicklungshilfe sprechen wollen, müssen wir uns dieses himmelschreiende Unrecht vor Augen halten. In der Lebenswirklichkeit von Hunderten Millionen Menschen geht es nicht um mittel- oder langfristige Entwicklungschancen. Diese Menschen haben überhaupt keine Langfristigkeitsperspektive, sondern sie kämpfen jeden Tag um ihr nacktes Überleben. Damit Strategien einer nachhaltigen Hilfe zur Selbsthilfe überhaupt einen tatsächlichen Anknüpfungspunkt haben, muss diese extreme Armut zunächst einmal beseitigt werden.

Unsere kirchlichen Hilfswerke wie *Misereor* kämpfen seit Jahrzehnten gegen diese Armut an. Aber mit Spendengeldern und Hilfsprojekten alleine wird dieser Kampf nicht zu gewinnen sein. Hier liegt eine politische, eine weltpolitische Aufgabe, der im Namen der Menschlichkeit endlich höchste Priorität gegeben werden muss!

Aus dieser Einsicht heraus haben auf der 55. Generalversammlung der Vereinten Nationen, die vom 6. bis 8. September 2000 in New York stattfand – dem sogenannten *Millenniumsgipfel* –, die Staats- und Regierungschefs von 189 Ländern eine Erklärung verabschiedet, in der sie Entwicklung und Armutsbeseitigung als eines von vier zentralen politischen Handlungsfeldern für das 21. Jahrhundert benannten (neben Frieden, Sicherheit und Abrüstung; Schutz unserer gemeinsamen Umwelt; Menschenrechte, Demokratie und gute Regierungsführung). Aus dieser *Millenniumserklärung* wurden später acht Entwicklungsziele abgeleitet, die *Millenniumsentwicklungsziele*, bei denen bis 2015 quantifizierbare Ergebnisse erreicht werden sollen:

1. Der Anteil der Weltbevölkerung, der unter extremer Armut und Hunger leidet, soll in diesem Zeitraum halbiert werden.
2. Allen Kindern soll zumindest eine Grundschulausbildung ermöglicht werden.
3. Die Rechte der Frauen sollen gestärkt und eine Gleichstellung der Geschlechter gefördert werden.
4. Die Sterblichkeitsrate bei Kindern unter fünf Jahren soll um zwei Drittel gesenkt werden.
5. Die Müttersterblichkeitsrate soll um drei Viertel gesenkt werden.
6. Die Ausbreitung von AIDS, Malaria und anderen schweren Krankheiten soll zum Stillstand gebracht und allmählich eine Trendumkehr erreicht werden.
7. Der Umweltschutz, die nachhaltige Nutzung und der Zugang zu natürlichen Ressourcen soll signifikant verbessert werden.
8. Es soll eine weltweite Entwicklungspartnerschaft aufgebaut werden.

Im Sommer 2007 haben die Vereinten Nationen mit Blick auf das bisher Erreichte allerdings eine ernüchternde Halbzeitbilanz ziehen müssen. Generalsekretär Ban Ki Moon beklagte vor allem, dass die meisten Industriestaaten ihre Versprechungen bei der Entwicklungshilfe nicht eingehalten hätten. Er erinnerte sie an die bereits 1970 gegebene und 2002 erneuerte Zusage, ihre Entwicklungshilfe auf 0,7 Prozent des Bruttonationaleinkommens aufzustocken. Das hätten bislang nur fünf Staaten realisiert: Dänemark, Luxemburg, die Niederlande, Norwegen und Schweden. Auf diese Weise werde es aber selbst für noch so gut regierte Entwicklungsländer unmöglich, die Millenniumsziele zu erreichen.

Das ärgert mich. Es geht doch nur um 0,7 Prozent unseres Einkommens! Das würden wir im eigenen Portemonnaie kaum spüren, aber es wäre genug Geld, um das schlimmste Elend in der Welt zu beseitigen. Würden die Reichen den Armen diese 0,7 Prozent ihres Überflusses zur Verfügung stellen, könnte das Leben von Millionen Menschen gerettet werden. Ich verstehe deshalb nicht, warum unsere Regierungen dieses Geld nicht endlich zur Verfügung stellen. Die Haushaltskonsolidierung wird daran sicher nicht scheitern. Und besser könnten wir unser Geld nicht investieren. Es geht darum, dass ganz lebensnotwendige Dinge bezahlt werden können: Brunnen zur Wasserversorgung der Menschen, leistungsfähiges Saatgut für die Bauern, Impfstoffe und Medikamente gegen bei uns längst ausgerottete Krankheiten, Schulbücher für Kinder und Moskitonetze zur Malariabekämpfung, um nur einige Beispiele zu nennen. Ich weiß, dass diese 0,7 Prozent nicht alle Probleme lösen, aber ohne diesen für uns eigentlich minimalen Beitrag bleiben die politisch so feierlich beschworenen Millenniumsziele leere Rhetorik.

Natürlich hängen die Entwicklungschancen der armen Länder aber nicht allein von der Solidarität und Hilfsbereitschaft der reichen Länder ab. Entwicklungshilfe kann nur nachhaltigen Erfolg haben als Hilfe zur Selbsthilfe. Es muss deshalb unser Ziel sein, dass die Entwicklungsländer mittel- bis langfristig dahin kommen, dass sie aus ihrer wirtschaftlichen Eigentätigkeit heraus Wohlstand generieren. Dafür brauchen diese Länder aber eine entsprechende Infrastruktur, womit ich vor allem auch eine funktionierende, nichtkorrupte Verwaltung meine. Das Stichwort, unter dem diese Faktoren diskutiert werden, ist *Good Governance*.

Viele Länder sind auch deswegen arm, weil sie von korrupten Leuten regiert werden, die eine reine Vetternwirtschaft betreiben. Das weiß kaum jemand so gut wie Peter Eigen, der 25 Jahre lang für die Weltbank arbeitete, unter anderem als Abteilungsleiter in Lateinamerika und zuletzt als Direktor der Regionalmission der Weltbank in Ostafrika. Während seine 2002 verstorbene erste Ehefrau Jutta als Ärztin in den Slums arbeitete, verhandelte Eigen mit Regierungsvertretern über wirtschaftspolitische Maßnahmen. Die beiden Idealisten betrachteten das als zwei Teile eines gemeinsamen Kampfes gegen Not und Armut. Eigen musste aber immer wieder erleben, wie schamlos sich viele Politiker und Beamte die eigenen Taschen voll machten, während ihr Volk Hunger litt. Und er erkannte, dass das in vielen Ländern herrschende Ausmaß an Korruption seine Arbeit ins Leere laufen ließ. In einem Interview mit der *Badischen Zeitung* aus dem Jahr 2005 stellt er fest:

»Die Korruption ist ein eminent wirtschaftspolitisches Phänomen. Der Sinn von Korruption ist es, Wirtschaftspolitik zu pervertieren, also falsche Entscheidungen zu kaufen. Sie machte vieles, was wir bei der Weltbank versucht haben aufzubauen, wieder zunichte. Es wurden die falschen Projekte ausgesucht, immer mit dem Hintergedanken, wie viele Korruptionsgelder man verdienen kann. Was die Bevölkerung brauchte, spielte kaum eine Rolle.«

1993 quittierte Peter Eigen seinen Dienst, weil er damals innerhalb der Weltbank beziehungsweise seitens der führenden Industrienationen, die die größten Anteilseigner der Weltbank sind, nicht genügend Willen feststellen konnte, gegen das Problem der Korruption vorzugehen. Er kehrte nach

Deutschland zurück und gründete *Transparency International*, eine inzwischen weltweit gegen Korruption kämpfende Organisation.

Dieses private Engagement war bitter notwendig, denn in den führenden Industrienationen war es bis Ende der neunziger Jahre des letzten Jahrhunderts den Unternehmen nicht verboten, im Ausland politische Amts- und Entscheidungsträger zu schmieren. Eine rühmliche Ausnahme in diesem Punkt waren nur die USA, die bereits 1977 mit dem *Foreign Corrupt Practices Act* ein entsprechendes Gesetz erlassen hatten. Auch in Deutschland war es bis 1999 nicht strafbar, wenn deutsche Firmen im Ausland Bestechungsgelder gezahlt haben; Schmiergelder konnten sogar als »nützliche Aufwendungen« von der Steuer abgesetzt werden. Das OECD-Übereinkommen über die Bekämpfung der Bestechung ausländischer Amtsträger im internationalen Geschäftsverkehr vom 17.12.1997, auf dessen Grundlage auch der deutsche Gesetzgeber endlich handelte, geht wesentlich auf das Lobbying von *Transparency International* zurück.

Auch wenn die OECD-Länder inzwischen gehandelt haben, sind die Probleme mit der Korruption in vielen Entwicklungs- und Schwellenländern aber immer noch vorhanden. Peter Eigen nennt in dem besagten Interview als Beispiele Länder wie Nigeria oder Kongo, die sehr reich an Bodenschätzen sind:

»Diese Staaten müssten das Paradies sein, sind aber jahrzehntelang von korrupten Regierungen ruiniert worden. Sie sind deshalb oft nicht nur arm, sondern auch zerrissen von Gewalt. Der Kongo könnte eines der reichsten Länder der Welt sein. Stattdessen sind in den vergangenen Jahren drei Millionen Menschen umgebracht worden, weil sich die Bevölkerung mit Gewalt um die Verteilung der Ressourcen streitet. Außerdem stellen wir fest:

Die meisten Länder, in denen Erdöl liegt, sind die korruptesten – mit Ausnahme von Botswana und Norwegen. In den anderen Öl-Staaten wurde und wird ganz gezielt bestochen, um sich die lokalen Eliten hörig zu machen, die die Förderrechte vergeben. Die Folge ist, dass die Bevölkerungen bis zum Hals im Elend stecken.«

Entwicklungshilfe bedeutet deshalb auch nicht nur finanzielle Hilfe, sondern auch organisatorische Hilfe bei dem Aufbau einer funktionierenden Verwaltung in den ärmeren Ländern. Gerade das Problem der Korruption zeigt, dass wirtschaftliche Entwicklung nicht getrennt von politischer Entwicklung betrachtet werden darf. Nur in demokratischen Verfassungsstaaten mit einer parlamentarisch kontrollierten Regierung, unabhängigen Gerichten und freien Medien ist es bisher gelungen, das Problem der Korruption nachhaltig in den Griff zu bekommen.

In den letzten Jahren ist auch den reichen Ländern zunehmend bewusst geworden, wie sehr die Stabilität ihrer Volkswirtschaften inzwischen von Faktoren abhängt, die eine rein nationalstaatliche Politik alleine nicht mehr beeinflussen kann. Die Zukunft auch der mächtigsten Industrienationen ist auf Gedeih und Verderb mit der Entwicklung der ganzen Welt verknüpft. Niemand kann sich mehr abschotten. Wir leben in einer globalen Schicksalsgemeinschaft.

Bereits 1965 hat das Zweite Vatikanische Konzil von dem »Weltgemeinwohl« als notwendigem Ziel der internationalen Zusammenarbeit gesprochen: »Aus der immer engeren und allmählich die ganze Welt erfassenden gegenseitigen Abhängigkeit ergibt sich als Folge, dass das Gemeinwohl [...] heute mehr und mehr einen weltweiten Umfang annimmt und deshalb auch Rechte und Pflichten in sich begreift, die die ganze Menschheit betreffen. Jede Gruppe muss den Bedürfnissen und berechtigten Ansprüchen anderer Gruppen, ja dem Gemeinwohl der ganzen Menschheitsfamilie Rechnung tragen« (*Gaudium et Spes* 26).

Das Weltgemeinwohl kann sowohl positiv als auch negativ bestimmt werden. Es gibt substanzielle Voraussetzungen, die notwendigerweise erfüllt sein müssen, wenn das Wohl der Weltgemeinschaft realisiert werden soll. Das *Entwicklungsprogramm der Vereinten Nationen* (*United Nations Development Programme, UNDP*) hat hierfür den Begriff der »globalen öffentlichen Güter« entwickelt. Es handelt sich hierbei um alle Güter, deren Nutzen über Landesgrenzen und auch Generationen hinausreicht. Dazu gehören etwa eine gesunde Umwelt, ein intaktes Weltklima, Frieden, Sicherheit, wirtschaftliche und soziale Stabilität oder kulturelles Erbe. Von der Existenz solcher globalen öffentlichen Güter hängt die Zukunft der ganzen Menschheit ab.

Negativ gewendet müssen wir jedoch feststellen, dass diese globalen öffentlichen Güter und damit das Wohl der Weltgemeinschaft heute in vielfacher Hinsicht in Frage gestellt sind. Ethnische Konflikte und kriegerische Auseinandersetzungen nehmen zu; globale Terrornetzwerke versetzen die ganze Welt in Angst und Schrecken; die Verbreitung von Massenvernichtungswaffen ist immer schwerer zu kontrollieren; internationale Finanzmarktkrisen bringen Volkswirtschaften weltweit aus dem Gleichgewicht; ein großer Teil der Weltbevölkerung lebt in extremer Armut; der Klimawandel bedroht die Zukunft der Menschheit. Man könnte analog zu dem Begriff der globalen öffentlichen Güter von globalen öffentlichen Übeln sprechen, die uns alle unterschiedslos bedrohen.

Mit der Frage, wie in Zukunft die Existenz der globalen öffentlichen Güter sichergestellt werden kann und wie die globalen öffentlichen Übel wirksam bekämpft werden können, steht und fällt die Zukunft der ganzen Menschheit. Es gibt deshalb gar keine Alternative zur Zusammenarbeit von allen Nationen und Völkern unserer Erde, es gibt keine Alternative zur Globalisierung von Gerechtigkeit und Solidarität. Karl Marx hatte das schon sehr früh erkannt und deshalb bereits 1864 die *Erste Internationale* gegründet.

Aber für Karl Marx und seine »Jünger« war Solidarität immer bloß Klassensolidarität. Hier liegt ein entscheidender Unterschied zum Christentum. Wir Christen beziehen alle Menschen in den Solidaritätsgedanken ein; niemand wird ausgeschlossen, weil alle Menschen nach dem Bild Gottes geschaffen sind. Eine solche allgemeinmenschliche Solidarität gibt es in der kommunistischen Ideologie nicht. Die kommunistische Solidarität beruht auf der tatsächlichen oder vermeintlichen Gemeinsamkeit der Interessen innerhalb der Arbeiterklasse. Die Idee der Menschenwürde kommt hier nicht vor. Deshalb war es auch kein tragischer Unfall der Geschichte, sondern in der marxistischen Ideologie angelegt, dass der Solidaritätsbegriff im real existierenden Sozialismus beziehungsweise Kommunismus durch die tatsächlichen Verhältnisse politischer und wirtschaftlicher Unterdrückung pervertiert wurde.

Erst durch die Gründung der oppositionellen Gewerkschaft Solidarność 1980 in Polen wurde der durch die kommunistischen Machthaber in Osteuropa diskreditierte Solidaritätsbegriff politisch rehabilitiert. Die Solidarność griff dabei ganz bewusst die christliche Solidaritätsidee auf. Bei seiner ersten Reise als Papst in sein Heimatland Polen hatte Johannes Paul II. seine Landsleute ermutigt und zur Solidarität aufgerufen. Daher auch der Name der unabhängigen Gewerkschaft, deren Gründung auf der Danziger Leninwerft den Anfang vom Ende der kommunistischen Unterdrückung in Osteuropa einläutete.

Die Idee der Solidarität war stark genug, um den Menschen in Osteuropa den Mut zu geben, sich ihre politische und wirtschaftliche Freiheit zu erstreiten. Heute geht es darum, diese Freiheit auch für die anderen Armen und Unterdrückten in der Welt zu erringen. Es geht in der Tat um eine Globalisierung der Solidarität. Das Gebet, das Papst Johannes Paul II. 1979 während einer Heiligen Messe in Warschau sprach, hat immer noch Gültigkeit: »Herr, sende aus deinen Geist und erneuere das Antlitz der Erde – dieser Erde!«

Um des Menschen willen
Für eine Globale Soziale Marktwirtschaft

Gegen Ende des ersten Bandes seiner Schrift *Das Kapital* stellt Karl Marx die Frage, wie es zum Kapitalismus hat kommen können. Er möchte also erörtern – und daran sieht man, dass er zeitlebens Philosoph geblieben ist –, wo der Anfang, die Wurzel allen Übels liegt. An dieser Stelle wird es plötzlich theologisch, denn er kommt auf den Sündenfall zu sprechen. Aber an dieser Stelle wird es auch, wie meistens, wenn er auf religiöse Motive Bezug nimmt, sarkastisch. Ich möchte den Beginn dieses Abschnitts gerne ausführlich zitieren:

> »Man hat gesehn, wie Geld in Kapital verwandelt, durch Kapital Mehrwert und aus Mehrwert mehr Kapital gemacht wird. Indes setzt die Akkumulation des Kapitals den Mehrwert, der Mehrwert die kapitalistische Produktion, dieser aber das Vorhandensein größerer Massen von Kapital und Arbeitskraft in den Händen von Warenproduzenten voraus. Diese ganze Bewegung scheint sich also in einem fehlerhaften Kreislauf herumzudrehn, aus dem wir nur hinauskommen, indem wir eine der kapitalistischen Akkumulation vorausgehende ›ursprüngliche‹ Akkumulation (›previous accumulation‹ bei Adam Smith) unterstellen, eine Akkumulation, welche nicht das Resul-

tat der kapitalistischen Produktionsweise ist, sondern ihr Ausgangspunkt.

Diese ursprüngliche Akkumulation spielt in der politischen Ökonomie ungefähr dieselbe Rolle wie der Sündenfall in der Theologie. Adam biss in den Apfel, und damit kam über das Menschengeschlecht die Sünde. Ihr Ursprung wird erklärt, indem er als Anekdote der Vergangenheit erzählt wird. In einer längst verflossnen Zeit gab es auf der einen Seite eine fleißige, intelligente und vor allem sparsame Elite und auf der andren faulenzende, ihr alles und mehr verjubelnde Lumpen. Die Legende vom theologischen Sündenfall erzählt uns allerdings, wie der Mensch dazu verdammt worden sei, sein Brot im Schweiß seines Angesichts zu essen; die Historie vom ökonomischen Sündenfall aber enthüllt uns, wieso es Leute gibt, die das keineswegs nötig haben. Einerlei. So kam es, dass die ersten Reichtum akkumulierten und die letztren schließlich nichts zu verkaufen hatten als ihre eigne Haut. Und von diesem Sündenfall datiert die Armut der großen Masse, die immer noch, aller Arbeit zum Trotz, nichts zu verkaufen hat als sich selbst, und der Reichtum der wenigen, der fortwährend wächst, obgleich sie längst aufgehört haben zu arbeiten. [...] In der wirklichen Geschichte spielen bekanntlich Eroberung, Unterjochung, Raubmord, kurz Gewalt die große Rolle. In der sanften politischen Ökonomie herrschte von jeher die Idylle. Recht und ›Arbeit‹ waren von jeher die einzigen Bereicherungsmittel, natürlich mit jedesmaliger Ausnahme von ›diesem Jahr‹. In der Tat sind die Methoden der ursprünglichen Akkumulation alles andre, nur nicht idyllisch« (MEW 23, 741 f.).

Der Kapitalismus ist für Karl Marx in sich schlecht. Es gibt für ihn keine Rechtfertigung dieses Systems, weil es seiner

Auffassung nach einen gewaltsamen Ursprung und eine gewaltsame Natur hat, weil es notwendig dazu führen müsse, die Menschheit gewaltsam in zwei Klassen zu teilen: einerseits die Klasse der Ausbeuter und andererseits die im Lauf der Geschichte immer weiter anwachsende Klasse der Ausgebeuteten.

Wenn Marx mit dieser Analyse Recht gehabt hätte, wenn diese Analyse noch heute gegenüber unserer Marktwirtschaft stimmen würde, dann müsste auch ich als Christ für ein anderes Wirtschaftssystem eintreten – nicht für das von meinem Namensvetter erdachte, aber eben für ein anderes als das marktwirtschaftliche. Die Marktwirtschaft wäre abzulehnen, wenn sie – wie es die Moraltheologie sagt – eine *occasio proxima*, eine naheliegende, sich geradezu anbietende Gelegenheit zur Sünde wäre. Also wenn jemand konkret sagen müsste: »Ich kann nur wirtschaftlich erfolgreich sein, wenn ich die Zehn Gebote *nicht* einhalte.« Dann würde ich auf der Seite derer stehen, die die Marktwirtschaft entschieden ablehnen. Denn dann wäre der Mensch in einem System verfangen, das ihn nicht zu seinen eigenen Möglichkeiten führt, sondern ihn seiner Würde beraubt, in Freiheit das Gute zu tun. Ein solches System wäre das, was man in der Theologie der Befreiung eine *Struktur der Sünde* genannt hat.

Diese Voraussetzung gilt im Kleinen wie im Großen. Davon kann ich niemanden dispensieren, weder in der Kirche, noch in der Wirtschaft, auch nicht in einem einzelnen Unternehmen. Wenn jemand sagen müsste: »Ich arbeite in einem Betrieb, in dem ich gezwungen bin, zu sündigen«, also einen anderen Menschen zu missachten, ihm nicht sein Recht zu geben, dann dürften wir das nicht hinnehmen, weil es der Menschenwürde widerspricht. Oder eben, wenn wir feststellen müssten, wie es der Titel eines Buches von Ulrich Wickert behauptet, dass in unserer Gesellschaft der Ehrliche der Dumme sei. Das Buch hat ja Resonanz gefunden, weil offensichtlich viele der Meinung waren, dass Wickert damit irgendwie Recht habe. Aber wenn dem tatsächlich so wäre, dann müsste man auch konsequent sagen: Halt, hier stimmt etwas nicht mehr, und das müssen wir ändern, da müssen wir das Ruder schleunigst herumreißen.

Die Tatsache, dass der Marxismus trotz aller schrecklichen Verirrungen in dem sogenannten »real existierenden Sozialismus« bis heute zahlreiche Anhänger hat, zeigt, dass viele Menschen Marx' Bewertung des Kapitalismus als in sich schlechtes System Recht zu geben scheinen. Und diese Menschen kann man keineswegs als dumm, naiv und uninformiert abtun. Lange Zeit zog der Marxismus auch im freien Teil Europas gerade viele Intellektuelle, ja einige der klügsten Köpfe ihrer jeweiligen Generation in seinen Bann.

Im Jahr 2000 hat unser heutiger Papst Benedikt XVI., der damalige Kardinal Joseph Ratzinger, dazu geschrieben: »Im Grunde war die marxistische Heilslehre in freilich unterschiedlich instrumentierten Variationen als die einzige ethisch motivierte und zugleich dem wissenschaftlichen Weltbild gemäße Wegweisung in die Zukunft dagestanden. Deshalb hat sie auch nach dem Schock von 1989 nicht einfach abgedankt. Man braucht nur einmal zu bedenken, wie wenig von den Schrecknissen kommunistischer Gulags die Rede, wie verloren die Stimme Solschenizyns geblieben ist: Über all dieses spricht man nicht. Eine Art Scham verbietet es; selbst Pol Pots mörderisches Regime wird nur gelegentlich im Vorbeigehen erwähnt. Aber eine Enttäuschung ist doch geblieben und eine tiefe Ratlosigkeit« (Ratzinger 2000, 10).

Auf diese Ratlosigkeit müssen wir eine Antwort finden. 1992 legte der amerikanische Politikwissenschaftler Francis Fukuyama ein Buch mit dem Titel *Das Ende der Geschichte* vor. Fukuyama vertrat darin die These, dass sich nach dem

Untergang der Sowjetunion und der Befreiung ihrer ehemaligen sozialistischen Satellitenstaaten der Liberalismus, die Demokratie und die Marktwirtschaft ganz von selbst überall in der Welt ausbreiten würden. In dem Kalten Krieg der Ideologien habe das Gute, die Freiheit, gesiegt, und damit sei eben die Geschichte an ihr Ende gekommen, gleichsam zu ihrer innerweltlichen Erfüllung gelangt. In Zukunft würden die fried- und freiheitsliebenden Nationen nur noch auf dem Markt miteinander konkurrieren.

Anfang 2008 nun hat ein anderer amerikanischer Politikwissenschaftler, Robert Kagan, ein Buch vorgelegt, das den Titel trägt: *Die Rückkehr der Geschichte und das Ende der Träume*. Und in der Tat: Fukuyama hatte sich geirrt. Wir erleben zurzeit leider nicht die Ausbreitung von Freiheit und Demokratie, sondern die Rückkehr autokratischer Regime, die keinen friedliebenden Handel treiben, sondern ihre wirtschaftliche und militärische Macht nutzen, um ihre geopolitischen Interessen zu verfolgen. Hinzu ist der islamistische Terrorismus getreten, der zu neuen politischen Herausforderungen und Spannungen geführt hat. Auf Tendenzen in diese Richtung hatte schon Samuel Huntington mit seinem Buch *Clash of Civilizations* hingewiesen. Vom »Ende der Geschichte« im Sinne einer sich alternativlos durchsetzenden Marktwirtschaft und Demokratie kann also keine Rede sein. Im Bereich der Wirtschaft erleben wir eben nicht die Ausbreitung von allgemeinem Wohlstand, sondern die Gräben zwischen Arm und Reich in der Welt sind tiefer denn je.

Freiheit, so mussten wir in den Jahren nach 1989 lernen, bleibt weiterhin ein teures Gut, um das wir uns eifrig bemühen müssen, wenn wir es nicht verlieren wollen. Die liberale Demokratie, der Rechtsstaat und die freie Marktwirtschaft stehen in einer neuen Weise vor dem Anspruch der Ethik.

Das mag für viele überraschend kommen. Nach dem Ende des Kalten Krieges haben viele so gedacht wie Francis

Fukuyama, vor allem in der Wirtschaft. Sie haben geglaubt, dass die Marktwirtschaft ohne Alternative ist, und deshalb haben sie sich auch keine Gedanken mehr über das ethische Fundament der Wirtschaft und des Wirtschaftens gemacht. An vielen wirtschaftswissenschaftlichen Fakultäten lernen die Studenten heute nur noch, innerhalb bestimmter Modelle komplizierte Rechnungen anzustellen. Aber Grundlagenwissen wird kaum noch vermittelt, geschweige denn diskutiert. Kaum ein junger Volkswirt kennt heute noch die Bücher von Wilhelm Röpke, Walter Eucken, Alexander Rüstow oder Friedrich August von Hayek. Das ist nicht nur ein intellektuelles Armutszeugnis, sondern auch gesellschaftspolitisch bedenklich, weil diese Leute nie gelernt haben, ihr Expertenwissen in die Gesellschaft hinein zu kommunizieren und Ökonomie auch als Geisteswissenschaft zu verstehen. Es geht um das Handeln von Menschen, ein Handeln unter Knappheitsbedingungen.

Ich sehe deshalb mit Sorge die Tendenz zu einer gefährlichen Entwicklung, in der sich das, was wir in Deutschland und in anderen Ländern Marktwirtschaft nennen, wieder hin zu einem primitiveren Kapitalismus verändert. Die internationale Finanzmarktkrise im Sommer 2008 zeigt uns überdeutlich, wie schnell wir auf abschüssiges Terrain geraten, wenn auf dem Markt Moral und Ethik ausgeklammert werden und wenn man meint, auf eine staatliche Ordnungspolitik verzichten zu können, die die Marktbewegungen in gemeinwohldienlichen Bahnen hält.

Ich möchte an der Differenz zwischen Marktwirtschaft und Kapitalismus festhalten. Wenn die Kapitalrendite das einzige Orientierungsmerkmal für eine Wirtschaft wird – und das wird sie leider immer mehr –, dann werden die Menschen, die dabei unter die Räder zu kommen drohen, womöglich wieder zu marxistischen Utopien Zuflucht nehmen. Aber das darf nicht geschehen. Wir haben die schlimmen

Folgen dieser Utopien gesehen. Aber dafür, dass das nicht passiert, müssen wir etwas tun. Wir müssen daran arbeiten, dass die Marktwirtschaft weiterhin in einem Ordnungsrahmen stattfindet, der gemeinwohlorientiert ist und Raum lässt für eine institutionalisierte Solidarität in einem funktionierenden Sozialstaat, und zwar im Blick auf das »Weltgemeinwohl«.

Der Sozialstaat ist nicht nur das, was übrig bleibt, wenn wir gut gewirtschaftet haben, wie manche meinen – ganz nach dem Motto: Wenn wir gut wirtschaften, dann hat man auch etwas übrig für das Soziale. Ich bin fest überzeugt: Der Sozialstaat ist eine nicht nur moralisch, sondern eine politisch und ökonomisch notwendige Bedingung für den Fortbestand der Marktwirtschaft. Ohne den sozialstaatlichen Ausgleich der Klassengegensätze, die im Frühkapitalismus geherrscht hatten, hätte die Marktwirtschaft im Kampf mit dem Sozialismus sicher den Kürzeren gezogen.

Der Sozialstaat entlastet – in welchem Umfang und in welcher Form, das ist durchaus veränderbar – die Teilnehmer des anstrengenden Unternehmens Marktwirtschaft etwas von den Risiken, die nicht nur der Markt, sondern schon das Leben an sich mit sich bringt. Das geschieht etwa, indem die Risiken für den Einzelnen wie Krankheit, Arbeitslosigkeit und Alter in eine solidarische Verpflichtung hineingenommen werden. Und der Sozialstaat soll allen Menschen die Chance geben, sich einzubringen, zu lernen, das Leben zu gestalten aus eigener Kraft. Das kommt letztlich dem ganzen Gemeinwesen zugute, denn die »wichtigste Ressource ist der Mensch selbst« *(Centesimus annus* 32).

Wie auch immer das im Einzelnen organisiert wird, das muss bleiben. Sonst wird die Marktwirtschaft die Akzeptanz der Menschen und damit ihre Zukunft verlieren. Die Menschen müssen die Bereitschaft haben, sich auf das Risiko des Marktes einzulassen. Sozialphilosophen wie John Rawls und

Otfried Höffe sehen ganz in diesem Sinne eine gesellschaftsvertragstheoretische Begründung des Sozialstaats, ohne den eine Marktgesellschaft nicht allgemein zustimmungsfähig und damit sozialethisch nicht legitimierbar wäre. Aus genuin christlicher Perspektive tritt zu dieser Begründung der Gedanke hinzu, dass der Sozialstaat in einer entwickelten Gesellschaft die institutionalisierte Form der Solidarität ist, auf die jeder Mensch kraft der ihm eigenen, unveräußerlichen Würde einen unbedingten Anspruch hat.

Natürlich darf der Sozialstaat auch nicht die Eigenverantwortung des Einzelnen für sein eigenes Leben missachten. Ein allumfassender Versorgungsstaat ist eine gefährliche Illusion. Aber der Einzelne kann eben nicht, zumal nicht in einer globalen Wirtschaft, die Risiken mit seiner Arbeitskraft ganz alleine tragen. Und ein solcher Sozialstaat, der nicht nur den Einzelnen, sondern die Menschen in ihrem Miteinander sieht, setzt im Grunde voraus, dass das Prinzip der Personalität, wie es im christlichen Menschenbild vorgestellt wird, als Orientierungs- und Handlungsrahmen im politischen, ökonomischen, gesellschaftlichen Leben und auch als Wertmaßstab im persönlichen Leben stark bleibt.

Diejenigen, die nach der Katastrophe des von den Nationalsozialisten entfachten Zweiten Weltkriegs die europäische Rechts-, Sozial- und Wirtschaftsordnung wieder aufgebaut haben, wussten sehr gut, dass Wirtschaft kein Selbstzweck ist, sondern im Dienst des Menschen zu stehen hat. Wenn heute viele die »Neoliberalen« kritisieren, dann wird es manchen wundern, dass der Erfinder dieses Begriffes, Alexander Rüstow, genau das wollte, was viele Kapitalismuskritiker heute wieder zu Recht einfordern. Den alten Wirtschaftsliberalismus des Frühkapitalismus nannte Rüstow »Paläoliberalismus«, und der von ihm und anderen vertretene »Neoliberalismus« sollte sich gerade dadurch auszeichnen, dass er eben nicht alles nur auf wirtschaftliche Größen bezieht, sondern die wirtschaftlichen Dinge überwirtschaftlichen Gesichtspunkten unterordnet. Nicht nur die jungen Volkswirte, auch ihre kapitalismuskritischen Altersgenossen kennen sich eben viel zu wenig mit den Klassikern der Wirtschaftsphilosophie aus. Sie wissen zu wenig von den Wertgrundlagen der Marktwirtschaft und halten die Diskussionen darum für überholt und irrelevant. Welch ein Irrtum!

Was wir heute allerdings erleben, ist, dass die Wirtschaft in manchen Bereichen nicht mehr, so wie es eigentlich sein sollte, der Lebenswelt dient, sondern dass die Imperative der Ökonomie zunehmend die Lebenswelt kolonialisieren – so sinngemäß ein Wort des Philosophen Jürgen Habermas. Wir sehen das hierzulande in besonders dramatischer, weil letztlich existenziell bedrohlicher Weise bei den Familien, die zunehmend Schwierigkeiten haben, die Anforderungen des Familienlebens mit den Imperativen der modernen Wirtschafts- und Arbeitsgesellschaft unter einen Hut zu kriegen.

Hier ist es die Aufgabe des Staates, die Rahmenbedingungen neu zu justieren. Alexander Rüstow nannte das *Vitalpolitik*. Diese Vitalpolitik zielt auf eine anthropologische Begründung der Sozialpolitik ab, die die Lebenslagen der Menschen berücksichtigt. »Vital ist dasjenige, was die ›vita humana‹, was das menschliche Leben, das menschenwürdige Leben fördert. Es ist unsere neoliberale Meinung«, so Rüstow, »dass diese Vitalpolitik, diese Politik, die sich auf den Marktrand bezieht, eine durchaus überragende Bedeutung hat, während der Markt nur Mittel zum Zweck ist« (Rüstow 1961, 68).

Einen *solchen* »Neoliberalismus« lasse ich mir auch als katholischer Bischof und als christlicher Sozialethiker gefallen, weil hier der Wirtschaft und dem Wirtschaften ein dezidiert ethisches Fundament, eine ethische Ausrichtung gegeben wird, die sich an der Würde des Menschen, an der gleichen Würde *aller* Menschen orientiert.

Joseph Höffner, der große katholische Sozialwissenschaftler und spätere Kölner Erzbischof und Kardinal, hat dieses Anliegen von Rüstow bereits 1953 zustimmend aufgegriffen. Schon damals hat er geschrieben: »Von der bisherigen Sozialpolitik ist die Gewährung von Renten und sonstigen laufenden Geldzuwendungen wohl zu einseitig in den Vordergrund gestellt worden. Die Rente ist gewiss in den Fällen notwendig, in denen eine Wiedereingliederung in das Berufsleben nicht mehr oder doch auf lange Zeit nicht möglich ist. Mit allen Kräften muss jedoch versucht werden, jenen Menschen, die der sog. ›Rehabilitation‹ fähig sind [...], wieder zum eigenverantwortlichen Unterhaltserwerb zu verhelfen.«

Dies, so Höffner bereits vor über fünfzig Jahren, sei nicht nur deswegen erforderlich, »weil die Höhe der Soziallasten und die Zahl der Sozialleistungsempfänger in ökonomischer Beziehung bedenklich genannt werden muss [...], sondern um des Menschen selber willen. Was man gemeinhin Glück zu nennen pflegt, besteht nicht an erster Stelle im Empfang von Renten und sonstigen Geldzuwendungen, sondern darin, seine Fähigkeiten in Leistungen umsetzen zu können und sich selbst dadurch eigenverantwortlich zu verwirklichen. Wir müssen den Menschen in seiner Ganzheit, in seiner Lebenssituation sehen, also ›vitalpolitisch‹ denken« (Höffner 1953/2006, 151 f.). Eine solche Orientierung setzt ein Menschenbild voraus, das sich mit den Alltagssituationen der Menschen konfrontieren lässt und sich so bewährt.

Diese Solidarität, die jedem Menschen eine gerechte Teilhabe an den wirtschaftlichen, politischen, kulturellen und sozialen Werten eröffnen möchte, darf sich aber nicht nur auf die nationale Gemeinschaft beziehen. Für einen Christen, der alle

Erdenbürger als Kinder Gottes betrachtet, ist das eine moralische Selbstverständlichkeit. Aber in einer globalisierten Welt, in der politische und wirtschaftliche Turbulenzen entgrenzt sind und damit zur Angelegenheit der ganzen internationalen Gemeinschaft werden, ist diese moralische Forderung globaler Solidarität auch ein Gebot der politischen Klugheit.

Leider sind die Institutionen auf Weltebene bei weitem noch nicht stark genug, um diese politische Aufgabe zu erfüllen. Und in vielen Staaten gibt es auch erhebliche Widerstände gegen eine Stärkung der internationalen Organisationen, weil man einen Verlust an Souveränität, an eigener Entscheidungs- und Gestaltungsfreiheit befürchtet. Dabei geht es doch, wie Papst Benedikt in seiner Rede vor der UN-Vollversammlung in Erinnerung gerufen hat, um eine internationale Ordnung, die Freiheit nicht einschränken, sondern im Gegenteil Freiheit fördern und ermöglichen soll.

Vielleicht ist es eine besondere Aufgabe von uns Europäern, der Welt zu zeigen, dass eine solche Ordnung keine bloße Utopie, sondern eine reale Möglichkeit ist. Über Jahrhunderte hinweg sind sich die europäischen Völker mit Misstrauen und Eifersucht begegnet, immer wieder haben sie aus egoistischem Machtstreben heraus ihren Kontinent mit Kriegen überzogen und unvorstellbares Leid über Millionen und Abermillionen Menschen gebracht. Daran hat auch der luxemburgische Premierminister Jean-Claude Juncker erinnert, als er im Oktober 2007 in Paderborn die St.-Liborius-Medaille für Einheit und Frieden verliehen bekam. Mit der Medaille werden bedeutende Persönlichkeiten geehrt, die sich auf christlicher Grundlage um die friedliche Einheit Europas verdient gemacht haben. Ich hatte die Ehre, zu diesem Anlass die Festrede zu halten. In seiner Dankesrede sagte Juncker: »Das Wichtigste an Europa und das, worauf die Europäer dauerhaft stolz sein sollten, ist, dass wir es auf diesem gepeinigten und gefolterten und zerriebenen Kontinent hingekriegt haben, aus diesem ewigen Nachkriegssatz ›Nie wieder Krieg‹, aus diesem ewigen Gebet, ein politisches Programm zu machen.«

Aber auf diesem Erfolg soll sich Europa nicht ausruhen. Mit der eigenen Freiheit und dem eigenen Wohlstand ist für uns Europäer auch eine Verpflichtung gegenüber denen verbunden, die ihr Leben in Unfreiheit und Armut fristen. Es ist unsere moralische Pflicht, diese Verantwortung wahrzunehmen, und zwar nicht als die politisch und wirtschaftlich Überlegenen, die alles immer schon besser wissen, sondern als diejenigen, die auch noch viel lernen und sich verändern müssen. Auch das hat Juncker auf sehr sympathische Weise ausgedrückt: »Ich halte sehr viel davon, dass Europa sich unprätentiös als Angebot für die Welt empfindet, was wiederum zur Folge hat, dass wir unser Angebot dauernd ändern müssen, weil: Wir sind nicht die Welt.«

Ähnlich der nationalstaatlichen Rahmenordnung und den noch weiter zu entwickelnden europäischen Institutionen brauchen wir heute weltweite Regelungen, wir brauchen eine *Globale Soziale Marktwirtschaft*. Dazu gehören faire Welthandelsbedingungen, eine Rahmenordnung für den internationalen Finanz- und Kapitalmarkt, die Garantie von unabdingbaren Arbeitnehmerrechten und vieles mehr. Für weltweite Solidarität und Gerechtigkeit zu arbeiten ist ein Auftrag für die Politik, aber auch für jeden, der am wirtschaftlichen Geschehen beteiligt ist. Und das sind letztlich wir alle.

Auch die Kirche will mit ihrer Verkündigung des Evangeliums, ihrer Soziallehre sowie ihrem weltweiten sozialen und karitativen Engagement diese zentrale Aufgabe des 21. Jahrhunderts mitgestalten. Das hat Papst Johannes Paul II. gegenüber der ganzen Welt 1991 noch einmal bekräftigt, also kurz nach dem Untergang des Sowjetkommunismus: »Allen jenen, die heute auf der Suche nach einer neuen und authentischen Theorie und Praxis der Befreiung sind, bietet die Kirche nicht nur ihre Soziallehre und überhaupt ihre Botschaft über den in Christus erlösten Menschen, sondern auch ihren konkreten Einsatz und ihre Hilfe für den Kampf gegen die Ausgrenzung und das Leiden an« *(Centesimus annus 26,4)*. Diesem Versprechen fühle ich mich als Bischof in besonderem Maße verpflichtet. Die Katholische Soziallehre gehört zum Verkündigungsauftrag der Kirche und des Bischofs. Sie ist geistlich begründet, theologisch fundiert und vernünftig und kann so für alle Menschen guten Willens einen wesentlichen Beitrag leisten zur Verteidigung und Entfaltung der Personenwürde aller Menschen.

Wir stehen vor einer wirklich epochalen Aufgabe, die besonders Europa herausfordert. Wenn wir ihr nicht gerecht werden, dann wird uns, davon bin ich zutiefst überzeugt, Karl Marx als Wiedergänger der Geschichte begegnen. Aber das soll er um des Menschen willen nicht. Er soll in Frieden ruhen.

Literatur

Die Bibel. Altes und Neues Testament. Einheitsübersetzung, Freiburg 2008.

Päpstliche Enzykliken und weitere kirchliche Dokumente
(in chronologischer Reihenfolge)

RERUM NOVARUM, Enzyklika von Papst Leo XIII. vom 15.5.1891 (Bundesverband der Katholischen Arbeitnehmerbewegung Deutschlands [Hrsg.], Texte zur katholischen Soziallehre. Die sozialen Rundschreiben der Päpste und andere kirchliche Dokumente, 8. Aufl., Kevelaer 1992, 1–38).

QUADRAGESIMO ANNO, Enzyklika von Papst Pius XI. vom 15.5.1931 (Bundesverband der Katholischen Arbeitnehmerbewegung Deutschlands [Hrsg.], Texte zur katho lischen Soziallehre. Die sozialen Rundschreiben der Päpste und andere kirchliche Dokumente, 8. Aufl., Kevelaer 1992, 61–122).

MATER ET MAGISTRA, Enzyklika von Papst Johannes XXIII. vom 15.5.1961 (Bundesverband der Katholischen Arbeitnehmerbewegung Deutschlands [Hrsg.], Texte zur katholischen Soziallehre. Die sozialen Rundschreiben der Päpste und andere kirchliche Dokumente, 8. Aufl., Kevelaer 1992, 171–240).

PACEM IN TERRIS, Enzyklika von Papst Johannes XXIII. vom 11.4.1963 (Bundesverband der Katholischen Arbeitnehmerbewegung Deutschlands [Hrsg.], Texte zur katholischen Soziallehre. Die sozialen Rundschreiben der Päpste und andere kirchliche Dokumente, 8. Aufl., Kevelaer 1992, 241–290).

GAUDIUM ET SPES, Pastoralkonstitution des Zweiten Vatikanischen Konzils vom 7.12.1965 (Rahner, Karl/Vorgrimler, Herbert [Hrsg.], Kleines Konzilskompendium, 25. Aufl., Freiburg i. Br. 1994, 494–552).

POPULORUM PROGRESSIO, Enzyklika von Papst Paul VI. vom 26.3.1967 (Bundesverband der Katholischen Arbeitnehmerbewegung Deutschlands [Hrsg.], Texte zur katholischen Soziallehre. Die sozialen Rundschreiben der Päpste und andere kirchliche Dokumente, 8. Aufl., Kevelaer 1992, 405–440).

LABOREM EXERCENS, Enzyklika von Papst Johannes Paul II. vom 14.9.1981 (Schriftenreihe *Verlautbarungen des Apostolischen Stuhls*, Bd. 32).

GERECHTIGKEIT SCHAFFT FRIEDEN. Hirtenwort d. Deutschen Bischöfe vom 18.4.1983 (Schriftenreihe *Die deutschen Bischöfe. Hirtenschreiben und Erklärungen*, Bd. 34).

WIRTSCHAFTLICHE GERECHTIGKEIT FÜR ALLE. Die katholische Soziallehre und die amerikanische Wirtschaft. Hirtenwort der Nationalen Konferenz der katholischen Bischöfe der Vereinigten Staaten von Amerika von 1986 (Schriftenreihe *Stimmen der Weltkirche*, Bd. 26).

SOLLICITUDO REI SOCIALIS, Enzyklika von Papst Johannes Paul II. vom 30.12.1987 (Schriftenreihe *Verlautbarungen des Apostolischen Stuhls*, Bd. 82).

CENTESIMUS ANNUS, Enzyklika von Papst Johannes Paul II. vom 1.5.1991 (Schriftenreihe *Verlautbarungen des Apostolischen Stuhls*, Bd. 101).

FÜR EINE ZUKUNFT IN SOLIDARITÄT UND GERECHTIGKEIT. Wort des Rates der Evangelischen Kirche in Deutschland und der Deutschen Bischofskonferenz zur wirtschaftlichen und sozialen Lage in Deutschland vom 22.2.1997 (Schriftenreihe *Gemeinsame Texte*, Bd. 9).

FIDES ET RATIO, Enzyklika von Papst Johannes Paul II. vom 14.9.1998. (Schriftenreihe *Verlautbarungen des Apostolischen Stuhls*, Bd. 135).

MEHR BETEILIGUNGSGERECHTIGKEIT. Beschäftigung erweitern, Arbeitslose integrieren, Zukunft sichern: Neun Gebote für die Wirtschafts- und Sozialpolitik. Memorandum einer Expertengruppe, berufen durch die Kommission VI für gesellschaftliche und soziale Fragen der Deutschen Bischofskonferenz, vom 29.10.1998 (Schriftenreihe *Die deutschen Bischöfe. Erklärungen der Kommissionen*, Bd. 20).

GERECHTER FRIEDE. Hirtenwort der Deutschen Bischöfe vom 27.9.2000 (Schriftenreihe *Die deutschen Bischöfe. Hirtenschreiben und Erklärungen*, Bd. 66).

GLOBAL GOVERNANCE. Unsere Verantwortung, Globalisierung zu einer Chance für alle werden zu lassen. Ein Bericht an die Bischöfe der ComECE, hrsg. von der Kommission der Bischofskonferenzen der Europäischen Gemeinschaft (ComECE), Brüssel 2001.

DAS SOZIALE NEU DENKEN. Für eine langfristig angelegte Reformpolitik. Impulstext der Kommission für gesellschaftliche und soziale Fragen der Deutschen Bischofskonferenz vom 12.12.2003 (Schriftenreihe *Die deutschen Bischöfe. Erklärungen der Kommissionen*, Bd. 28).

AGRARHANDEL ALS TESTFALL FÜR GERECHTE WELTHANDELSBEDINGUNGEN. Gemeinsames Positionspapier der Deutschen Kommission Justitia et Pax, der Katholischen Landvolkbewegung und der Katholischen Landjugendbewegung, hrsg. v. d. Deutschen Kommission Justitia et Pax (Schriftenreihe *Gerechtigkeit und Frieden*, Bd. 108), Bonn 2005.

DEUS CARITAS EST, Enzyklika von Papst Benedikt XVI. vom 25.12.2005 (Schriftenreihe *Verlautbarungen des Apostolischen Stuhls*, Bd. 171).

DEMOKRATIE BRAUCHT TUGENDEN. Gemeinsames Wort des Rates der Evangelischen Kirche in Deutschland und der Deutschen Bischofskonferenz zur Zukunft unseres demokratischen Gemeinwesens vom 20.11.2006 (Schriftenreihe *Gemeinsame Texte*, Bd. 19).

KOMPENDIUM DER SOZIALLEHRE DER KIRCHE, hrsg. v. Päpstlichen Rat für Gerechtigkeit und Frieden, Freiburg i. Br. 2006.

SPE SALVI Enzyklika von Papst Benedikt XVI. vom 30.11.2007 (Schriftenreihe *Verlautbarungen des Apostolischen Stuhls*, Bd. 179).

FAMILIENGERECHTE RENTE. Gutachten im Auftrag der Kommission für gesellschaftliche und soziale Fragen der Deutschen Bischofskonferenz zu einer familiengerechten Reform der gesetzlichen Rentenversicherung; Bonn April 2008 (Schriftenreihe *Arbeitshilfen der deutschen Bischofskonferenz*, Bd. 214).

Benedikt XVI., Eine menschlichere Welt für alle. Die Rede vor der UNO. Kommentiert von Gernot Erler, Udo Di Fabio, Klaus Töpfer, Freiburg 2008.

CARITAS IN VERITATE, Enzyklika von Papst Benedikt XVI. vom 26.6.2009 (Schriftenreihe *Verlautbarungen des Apostolischen Stuhls*, Bd. 186).

AUF DEM WEG AUS DER KRISE. Beobachtungen und Orientierungen. Stellungnahme einer von der Kommission für gesellschaftliche und soziale Fragen der Deutschen Bischofskonferenz berufenen Arbeitsgruppe zur Finanz- und Wirtschaftskrise vom 4.12.2009 (Schriftenreihe *Die deutschen Bischöfe. Erklärungen der Kommissionen*, Bd. 30).

Sonstige verwendete Literatur

Albert, Michel, Kapitalismus contra Kapitalismus, Frankfurt a. M. u. a. 1992.

Althammer, Jörg, Erwerbsarbeit in der Krise? Zur Entwicklung und Struktur der Beschäftigung im Kontext von Arbeitsmarkt, gesellschaftlicher Partizipation und technischem Fortschritt (Soziale Orientierung, Bd. 13), Berlin 2002.

Amnesty International (Hrsg.): People's Republic of China. Internal migrants: Discrimination and abuse. The human cost of an economic ›miracle‹, London 2007.

Anzenbacher, Arno, Christliche Sozialethik. Einführung und Prinzipien, Paderborn u. a. 1997.

Arbeitsplätze schaffen. Ein Vorschlag zur Gestaltung des sogenannten Dritten Arbeitsmarktes, hrsg. v. d. *Aktion Arbeit* im Bistum Trier, Trier 2008.

Arendt, Hannah, Vita activa oder Vom tätigen Leben, 2. Aufl. (Taschenbuchausgabe), München 2003

Augustinus, Aurelius, Vom Gottesstaat, eingel. u. übers. v. Wilhelm Thimme, 2 Bde., Zürich 1955.

Ders., Selbstgespräche über Gott und die Unsterblichkeit der Seele, lat./dt., Zürich 1954.

Becker, Irene, Armut in Deutschland: Bevölkerungsgruppen unterhalb der ALG-II-Grenze (Arbeitspapier des Projekts »Soziale Gerechtigkeit«, Goethe-Universität Frankfurt a. M., Fachbereich Wirtschaftswissenschaften), Frankfurt a. M. 2006.

Bernhardt, Wolfgang, Sechs Jahre Deutscher Corporate Governance Kodex – Eine Erfolgsgeschichte?, in: Betriebs-Berater. Zeitschrift für Recht, Steuern und Wirtschaft 63 (2008), 1686–1692.

Castells, Manuel, Der Aufstieg der Netzwerkgesellschaft. Teil 1 der Trilogie: Das Informationszeitalter, übers. v. Reinhart Kößler, Opladen 2001.

Cordes, Paul Josef (Hrsg.), Helfer fallen nicht vom Himmel. Caritas und Spiritualität, Freiburg i. Br. 2008.

Dassmann, Ernst, Kirchengeschichte I. Ausbreitung, Leben und Lehre der Kirche in den ersten drei Jahrhunderten, Stuttgart u. a. 1991.

Davies, James B. u. a., The world distribution of household wealth, UNU-WIDER, Helsinki 2006.

Di Fabio, Udo / Oermann, Nils Ole (Hrsg.), Was schulden wir einander? Mit Beiträgen von Udo Di Fabio, Ludger Honnefelder, Robert Leicht, Nils Ole Oermann, Gesine Schwan (Duisburger Dialoge Bd. 1), Berlin 2008.

Fukuyama, Francis, Das Ende der Geschichte. Wo stehen wir?, München 1992.

Goldschmidt, Nils / Wohlgemuth, Michael (Hrsg.), Die Zukunft der Sozialen Marktwirtschaft. Sozialethische und ordnungsökonomische Grundlagen (Untersuchungen zur Ordnungstheorie und Ordnungspolitik, Bd. 45), Tübingen 2004.

Habermas, Jürgen, Theorie des kommunikativen Handelns, 2 Bde., 2. Aufl., Frankfurt a. M. 1981.

Ders., Theorie und Praxis. Sozialphilosophische Studien, 4. Aufl., Frankfurt a. M. 1971.

Habisch, André, Corporate Citizenship. Gesellschaftliches Engagement von Unternehmen in Deutschland, Berlin u. a. 2003.

Hamann, Adalbert / Richter, Stephan (Hrsg.), Arm und Reich in der Urkirche, Paderborn, 1964.

Hasse, Rolf H. u. a. (Hrsg.), Lexikon Soziale Marktwirtschaft. Wirtschaftspolitik von A bis Z, Paderborn u. a. 2002.

Hayek, Friedrich A. v., Recht, Gesetzgebung und Freiheit. Eine neue Darstellung der liberalen Prinzipien der Gerechtigkeit und der politischen Ökonomie, 3 Bde., übers. v. Martin Suhr, Landsberg am Lech 1981.

Ders., Die Verfassung der Freiheit, Neuausgabe, Tübingen 2005.

Heimbach-Steins, Marianne (Hrsg.), Christliche Sozialethik. Ein Lehrbuch, 2 Bde., Regensburg 2004/2005.

Hobbes, Thomas, Leviathan sive de materia, forma, et potesta civitatis ecclesiasticae et civilis, in: Ders., Malmesburiensis opera philosophica quaelatini scripsit, Vol. III, hrsg. V. William Molesworth, London 1839, Nachdruck Aalen 1966.

Höffe, Otfried, Politische Gerechtigkeit. Grundlegung einer kritischen Philosophie von Recht und Staat, 3. Aufl., Frankfurt a. M. 2002.

Ders., Vernunft und Recht. Bausteine zu einem interkulturellen Rechtsdiskurs, Frankfurt a. M. 1996.

Höffner, Joseph, Christliche Gesellschaftslehre, Neuausgabe, hrsg., bearb. u. erg. v. Lothar Roos, Kevelaer 1997.

Ders., Neoliberalismus und christliche Soziallehre (1959), in: Gabriel, Karl / Große Kracht, Hermann-Josef (Hrsg.), Joseph Höffner (1906–1987). Soziallehre und Sozialpolitik, Paderborn u. a. 2006, 187–195.

Ders. u. a., Neuordnung der sozialen Leistungen. Denkschrift auf Anregung des Herrn Bundeskanzlers, Köln 1955.

Ders., Soziale Sicherheit und Eigenverantwortung. Der personale Faktor in der Sozialpolitik (1953), in: Gabriel, Karl/ Große Kracht, Hermann-Josef (Hrsg.), Joseph Höffner (1906–1987). Soziallehre und Sozialpolitik, Paderborn u. a. 2006, 139–155.

Ders., Wirtschaftsordnung und Wirtschaftsethik. Richtlinien der katholischen Soziallehre. Eröffnungsreferat bei der Herbstvollversammlung der Deutschen Bischofskonferenz in Fulda am 23. 9. 1985, hrsg. v. Sekretariat der Deutschen Bischofskonferenz, Bonn 1985.

Horkheimer, Max / Adorno, Theodor W., Dialektik der Aufklärung. Philosophische Fragmente, Neuausg., Frankfurt a. M. 1969.

Huntington, Samuel P., Kampf der Kulturen. Die Neugestaltung der Weltpolitik im 21. Jahrhundert, 3. Aufl., München 1998.

Jahoda, Marie / Lazarsfeld, Paul F. / Zeisel, Hans, Die Arbeitslosen von Marienthal. Ein soziographischer Versuch über die Wirkungen langandauernder Arbeitslosigkeit. Mit einem Anhang zur Geschichte der Soziographie, 18. Aufl., München 2004.

Johannes Paul II., Erinnerung und Identität. Gespräche an der Schwelle zwischen zwei Jahrtausenden, Augsburg 2005.

Kagan, Robert, The Return of History and the End of Dreams, New York 2008.

Kant, Immanuel, Gesammelte Schriften, hrsg. v. der Königlich Preußischen Akademie der Wissenschaften (Akademie-Ausgabe = AA), Berlin 1902 ff.

Kaufmann, Franz-Xaver, Wie überlebt das Christentum?, 2. Aufl., Freiburg u. a. 2000.

Ders., Schrumpfende Gesellschaft. Vom Bevölkerungsrückgang und seinen Folgen, Frankfurt a. M. 2005.

Ders., Zukunft der Familie im vereinten Deutschland. Gesellschaftliche und politische Bedingungen, München 1995.

Ketteler, Wilhelm E. v., Sämtliche Werke und Briefe, im Auftrag der Akademie der Wissenschaften und der Literatur, Mainz, hrsg. von E. Iserloh, Mainz 1977 ff.

Kirchhof, Paul, Ehe und Familie als Voraussetzungen für die Überlebensfähigkeit unserer Gesellschaft, hrsg. vom Presseamt des Erzbistums Köln 2002.

Ders., Das Gesetz der Hydra. Gebt den Bürgern ihren Staat zurück, München 2006.

Klages, Helmut, Technischer Humanismus. Philosophie und Soziologie der Arbeit bei Karl Marx (Soziologische Gegenwartsfragen. Neue Folge, Bd. 19), Stuttgart 1964.

Korff, Wilhelm u. a. (Hrsg.), Handbuch der Wirtschaftsethik, 4 Bde., Gütersloh 1999.

Kronauer, Martin, Exklusion. Die Gefährdung des Sozialen im hoch entwickelten Kapitalismus, Frankfurt a. M. / New York 2002.

Ders. u. a., Im Schatten der Arbeitsgesellschaft. Arbeitslose und die Dynamik sozialer Ausgrenzung, Frankfurt a. M. / New York 1993.

Küppers, Arnd, Gerechtigkeit in der modernen Arbeitsgesellschaft und Tarifautonomie (Abhandlungen zur Sozialethik, Bd. 50), Paderborn u. a. 2008.

Langner, Alfred, Katholische und evangelische Sozialethik im 19. und 20. Jahrhundert. Beiträge zu ideengeschichtlichen Entwicklungen im Spannungsfeld von Konfession, Politik und Ökumene, Paderborn u. a. 1998.

Lebenslagen in Deutschland. 3. Armuts- und Reichtumsbericht der Bundesregierung, Berlin 2008.

Mackenroth, Gerhard, Die Reform der Sozialpolitik durch einen deutschen Sozialplan (1952), in: Boettcher, Erik (Hrsg.), Sozialpolitik und Sozialreform. Ein einführendes Lehr- und Handbuch der Sozialpolitik, Tübingen 1957, 43–74.

Markschies, Christoph, Warum sich das Christentum in der Spätantike durchsetzte, in: zur debatte, 3/2006, 33–35.

Marx, Karl / Engels, Friedrich, Werke, hg. v. Institut für Marxismus-Leninismus beim ZK der SED, Berlin (Ost) 1957 ff.

Marx, Reinhard, An der Bildung entscheidet sich unsere Zukunftsfähigkeit. Ansprache beim St. Martins-Jahresempfang 2005 des Katholischen Büros Mainz, hrsg. v. Bernhard Nacke, Katholisches Büro Mainz, Mainz 2005.

Ders., Ist Kirche anders? Möglichkeiten und Grenzen einer soziologischen Betrachtungsweise (Abhandlungen zur Sozialethik, Bd. 29), Paderborn u. a. 1990.

Ders., Die Stakeholder eines Unternehmens. Unternehmerisches Handeln vor dem Anspruch der Ethik, in: Not-helle-Wildfeuer, Ursula / Glatzel, Norbert (Hrsg.), Christliche Sozialethik im Dialog. Zur Zukunftsfähigkeit von Wirtschaft, Politik und Gesellschaft. Festschrift zum 65. Geburtstag von Lothar Roos, Grafschaft 2000, 465–482.

Ders., Subsidiarität – Gestaltungsprinzip einer sich wandelnden Gesellschaft, in: Rauscher, Anton (Hrsg.), Subsidiarität – Strukturprinzip in Staat und Gesellschaft (Mönchengladbacher Gespräche, Bd. 20), Köln 2000, 35–62.

Ders., Weltgemeinwohl als sozialethische Kategorie. Anmerkungen zum weltweiten Horizont katholischer Soziallehre, in: Stimmen der Zeit 212 (1994) 37–48.

Ders. / Nacke, Bernhard, Gerechtigkeit ist möglich. Zwischenrufe zur Lage des Sozialstaats, Freiburg i. Br. u. a. 2004.

Ders., / Wulsdorf, Helge, Christliche Sozialethik. Konturen – Prinzipien – Handlungsfelder (Lehrbücher zur katholischen Theologie, Bd. 21), Paderborn 2002.

Metz, Johann B., Glaube in Geschichte und Gesellschaft. Studien zu einer praktischen Fundamentaltheologie, Mainz 1977.

Nell-Breuning, Oswald von, Die Arbeitswertlehre in der scholastischen Theologie, in der katholischen Soziallehre und nach Karl Marx, in: Strohm, Theodor (Hrsg.), Christliche Wirtschaftsethik vor neuen Aufgaben. Festgabe für Arthur Rich zum siebzigsten Geburtstag, Zürich 1980, 57–74.

Ders., Gerechtigkeit und Freiheit. Grundzüge katholischer Soziallehre, hrsg. von der Katholischen Sozialakademie Österreichs, Wien u. a. 1980.

Ders., Kapitalismus und gerechter Lohn, Freiburg i. Br., 1960.

Ders., Katholische Kirche und Marxsche Kapitalismuskritik, in: Stimmen der Zeit 180 (1976), 365–374.

Nothelle-Wildfeuer, Ursula, Soziale Gerechtigkeit und Zivilgesellschaft (Abhandlungen zur Sozialethik, Bd. 42), Paderborn u. a. 1999.

Dies., Wilhelm Emmanuel von Ketteler (1811–1877), in: Heidenreich, Bernd (Hrsg.), Politische Theorien des 19. Jahrhunderts. Bd. 3. Antworten auf die soziale Frage, Wiesbaden 2000, 275–294.

O'Donovan, Leo J., tempi – Bildung im Zeitalter der Beschleunigung. Bildungskongress der Kirchen am 16. November 2000 in Berlin, hrsg. v. d. Zentralstelle Bildung der Deutschen Bischofskonferenz, Bonn o. J. (Sonderdruck).

Rahner, Karl / Vorgrimmler, Herbert, Kleines Konzilskompendium, 26. Aufl., Freiburg 1996.

Ratzinger, Joseph, Einführung in das Christentum. Vorlesungen über das Apostolische Glaubensbekenntnis, Neuausg. mit neuer Einleitung, München 2000.

Ders., Salz der Erde. Christentum und katholische Kirche an der Jahrtausendwende. Ein Gespräch mit Peter Seewald, 4. Aufl., Stuttgart 1996.

Ders., Werte in Zeiten des Umbruchs. Die Herausforderungen der Zukunft bestehen, Freiburg i. Br. 2005.

Rauscher, Anton (Hrsg.), Die Bedeutung der Religion für die Gesellschaft. Erfahrungen und Probleme in Deutschland und den USA (Soziale Orientierung, Bd. 17), Berlin 2004.

Rawls, John, Eine Theorie der Gerechtigkeit, Frankfurt a. M. 1975.

Reich, Robert, Superkapitalismus. Wie die Wirtschaft unsere Demokratie untergräbt, Frankfurt a. M. / New York 2007.

Roos, Lothar, Es geht um die Würde des Menschen. Zum sozialethischen Vermächtnis von Johannes Paul II. (Kirche und Gesellschaft, Heft 321), Köln 2005.

Röpke, Wilhelm, Jenseits von Angebot und Nachfrage, 5. Aufl. (Ausgewählte Werke, hrsg. v. F. A. v. Hayek u. a.), Bern / Stuttgart 1979.

Ders., Civitas humana. Grundfragen der Gesellschafts- und Wirtschaftsreform, 4. Aufl. (Ausgewählte Werke, hrsg. v. Friedrich A. von Hayek u. a.), Bern/Stuttgart 1979.

Ders., Die Lehre von der Wirtschaft, 12. Aufl. (Ausgewählte Werke, hrsg. v. F. A. v. Hayek u. a.), Bern/Stuttgart 1972.

Rüstow, Alexander, Ortsbestimmung der Gegenwart. Eine universalgeschichtliche Kulturkritik, 3 Bde., Erlenbach-Zürich 1950–57.

Ders., Paläoliberalismus, Kommunismus und Neoliberalismus, in: Geiß, Franz / Meyer, Fritz W. (Hrsg.), Wirtschaft, Gesellschaft und Kultur. Festgabe für Alfred Müller-Armack zum 60. Geburtstag, Berlin 1961, 61–70.

Ders., Rede und Antwort, Ludwigsburg 1963.

Ders., Das Versagen des Wirtschaftsliberalismus, 2. Aufl., Heidelberg 1950.

Schäfer, Daniel, Die Wahrheit über die Heuschrecken. Wie Finanzinvestoren die Deutschland AG umbauen, Frankfurt a. M. 2006.

Schmidt, Helmut, Beaufsichtigt die neuen Großspekulanten!, in: DIE ZEIT 6/2007 v. 1. 2. 2007.

Schmitt, Carl, Römischer Katholizismus und politische Form, Neuausgabe, 2. Aufl., Stuttgart 2002.

Schockenhoff, Eberhard, Grundlegung der Ethik. Ein theologischer Entwurf, Freiburg i.Br. u. a. 2007.

Schramm, Michael u. a. (Hrsg.), Der fraglich gewordene Sozialstaat. Aktuelle Streitfragen – ethische Grundlagenprobleme, Paderborn 2006.

Sen, Amartya, Ökonomie für den Menschen. Wege zu Gerechtigkeit und Solidarität in der Marktwirtschaft, übers. v. Christiana Goldmann, 3. Aufl., München 2005.

Smith, Adam, Untersuchung über Wesen und Ursachen des Reichtums der Völker, übers. v. Monika Streissler, hrsg. u. eingel. v. Erich W. Streissler, 2 Bde., Düsseldorf 1999.

Spaemann, Robert, Grenzen. Zur ethischen Dimension des Handelns, Stuttgart 2001.

Stiglitz, Joseph, Die Chancen der Globalisierung, München 2006.

Ders., Die Schatten der Globalisierung, Berlin 2002.

The »Nine Lives« of a Chinese Woman Migrant Worker. Ms. Zhang Tells Her Story, in: China Labour Bulletin Weekly Roundup No. 3 (14.3.2006). Internetquelle: http://www.china-labour.org.hk/en/node 36368 (24.7.2008).

Thurow, Lester C., Die Zukunft des Kapitalismus, übers. v. Ursel Reinke, Düsseldorf/Berlin 2000.

Ulrich, Peter, Integrative Wirtschaftsethik. Grundlagen einer lebensdienlichen Ökonomie, 2. Aufl., Bern u.a. 1998.

Register

225, 234, 237 ff., 251 f., 281, 289, 291 ff.
Merkel, Angela 274 f.
Metz, Johann B. 63
Müller, Adam H. 12
Müller-Armack, Alfred 31, 93, 96

Nell-Breuning, Oswald v. 32, 42 f., 122, 183

O'Donovan, Leo J. 208 ff.

Paul VI. 271
Pius XI. 83, 110
Platon 130, 212

Ratzinger, Joseph: siehe Benedikt XVI.
Rawls, John 298
Roosevelt, Franklin D. 192 f.
Röpke, Wilhelm 31, 64, 91, 93, 184, 234 f., 296
Rousseau, Jean-J. 47 f.
Rüstow, Alexander 31, 83, 91, 296, 298 ff.

Schmidt, Helmut 233, 251
Schmitt, Carl 38
Sen, Amartya 65 ff., 106, 178
Sheehan, Michael 140
Singer, Paul 139
Skilling, Jeffrey K. 52
Smith, Adam 72 ff., 77, 80 ff., 91 f.
Spaemann, Robert 209 f.
Spital, Hermann-J. 201
Stiglitz, Joseph 272, 279

Taparelli, Luigi 154 ff.
Thurow, Lester 24, 120 f., 163 f.

Ulrich, Peter 247 f.

SACHREGISTER

Agrarpolitik 276 ff.
Altes Testament 85, 127 f., 130 ff.
Arbeit vor Kapital 238 f., 241, 251
Arbeiterfrage: siehe Soziale Frage
Arbeitslosengeld II 99 ff., 179, 202, 204 f.
Arbeitslosigkeit 100, 110 ff., 179, 186, 196 ff.
Arbeitsrecht 14, 16 f., 78 ff., 264, 275
Armut 22, 34 ff., 65 ff., 80 f., 97 ff., 134, 138 ff., 151 f., 160 ff., 213 f., 257 ff., 282 ff.
Asienkrise 272 ff.
Aufklärung 37, 45 ff., 57 f., 60 f., 71, 130, 212

Banken 27 f., 86 ff., 141, 194 f.
Bergpredigt 143 ff.
Beteiligung, Beteiligungsgerechtigkeit 123 f., 175 f., 178 f., 185 ff., 198 ff., 271, 300 f.
Bilanzfälschungen 51 ff.
Bildung, Bildungsgerechtig-keit 100, 105 ff., 157 f., 179, 205 ff.

Chancen, Chancengerechtigkeit 66 f., 105 ff., 157 f., 178, 213 ff.
China 257 ff.
Christliche Sozialethik: siehe Soziallehre der Kirche
Christliches Menschenbild 45 f., 57 ff., 68, 96, 130 f., 155, 175, 185, 206, 239

Demographischer Wandel 103 f., 217 ff.
Demokratie 25 f., 39, 43, 45, 48, 89, 254 ff., 287, 295
Dritter Arbeitsmarkt 201 ff.

PETER SEEWALD

JESUS CHRISTUS

———

DIE BIOGRAPHIE

Zerfleddert und vollgekritzelt, gilt das Evangelium heute als Sammelsurium unwahrer Behauptungen und anmaßender Fälschungen – der Glanz des Göttlichen ist vom Staub der Vergänglichkeit überweht. Doch welches Bild von Jesus ist das echte, das wahre? Was können wir heute von ihm wissen? Und wie müssen die biblischen Texte gelesen werden, um den Code zu entschlüsseln, der sich in ihnen verbirgt? Mit diesen Fragen im Gepäck ist Peter Seewald den Spuren des Mannes aus Nazareth gefolgt. Er rührt an Tabus, ergreift Partei für das Unfassbare – und zeichnet ein atemberaubendes Porträt Jesu Christi, wie man es noch nicht gelesen hat.

PATTLOCH

ANDREAS KNAPP
UND MELANIE WOLFERS

GLAUBE, DER NACH FREIHEIT SCHMECKT

———

EINE EINLADUNG AN ZWEIFLER UND SKEPTIKER

Warum sind Menschen heute noch so verrückt, an Gott zu glauben? Weil der Glaube uns Freiheit, Selbstvertrauen und Gelassenheit beschert – davon sind beide Autoren überzeugt. Unterhaltsam, frisch und undogmatisch beschreiben sie den Kern einer zeitgemäßen Religiosität und weichen auch kritischen Anfragen an das Christentum nicht aus.

»Durch dieses Buch weht ein Wind, der mich umgehauen hat. So spritzig und fröhlich kann der christliche Glaube sein.«
Werner Tiki Küstenmacher

PATTLOCH

CLAUS HIPP

DIE FREIHEIT, ES ANDERS ZU MACHEN

———

MEIN LEBEN, MEINE WERTE, MEIN DENKEN

»In einer Gesellschaft ohne Werte ist der Einzelne buchstäblich wert-los.« Das ist die Überzeugung von Claus Hipp. Sein Handeln ist von christlicher Verantwortung geprägt, Ehrlichkeit und Bescheidenheit zeichnen ihn aus – und dem entspricht auch der Grundton seines Buches. Es lebt von persönlichen Geschichten und ist dennoch keine Autobiographie. Denn Claus Hipp nennt die Probleme unserer Zeit beim Namen. Und er beschreibt, wie die Tugenden Klugheit, Tapferkeit, Gerechtigkeit und Maßhalten zur Grundlage seines Erfolges wurden. Auch wenn er zugesteht, dass ethisches Handeln oft an seine Grenzen stößt, wie er selbst leidvoll erfahren musste.

PATTLOCH

ALBRECHT MÜLLER

MEINUNGSMACHE

———

WIE WIRTSCHAFT, POLITIK
UND MEDIEN UNS DAS DENKEN
ABGEWÖHNEN WOLLEN

Der Autor weist an vielen Beispielen nach, was uns im Alltag
bereits überall unterschwellig begegnet: Die öffentliche Mei-
nungsbildung und damit auch die politischen Entscheidungen werden von kleinen Zirkeln und sehr großen Interessen
bestimmt. Das Gemeinwohl hat abgedankt!
Aufklärung im besten Sinne – und eine Ermunterung, sich
einzumischen: für alle, die sich das Denken nicht verbieten
lassen.

DROEMER

DIRK MÜLLER

CRASHKURS

———

WELTWIRTSCHAFTSKRISE ODER JAHRHUNDERTCHANCE? – WIE SIE DAS BESTE AUS IHREM GELD MACHEN

Die Wirtschaftskrise hat ungezählte Anleger und vermeintliche Experten in die Tiefe gerissen. Aber sie hat auch einen Star hervorgebracht: Dirk Müller, den bekanntesten deutschen Wertpapierhändler, der durch seine zutreffenden Prognosen, sein klares Urteil und seine anschauliche Sprache zum Anwalt der Anleger wurde. In »Crashkurs« legt er schlüssig die Ursachen des Bankenkollapses dar, trifft Voraussagen und gibt handfeste Tipps. Müller hat sein von Presse und Lesern gefeiertes Werk grundlegend überarbeitet und um aktuelle Prognosen und Ratschläge erheblich erweitert.

»Wenn mein Bankberater nur ein einziges Mal so unverschlüsselt mit mir geredet hätte, wäre mein Vertrauen in die Geldinstitute nicht so dramatisch in sich zusammengestürzt.« *Stern*

KNAUR TASCHENBUCH VERLAG